DE LA
LOI
ROIALE

a' AMSTERDAM chez PIERRE HUMBERT

DU POUVOIR
DES SOUVERAINS,
ET DE LA
LIBERTÉ
DE
CONSCIENCE.
EN DEUX DISCOURS,

traduits du Latin

de Mr. NOODT, Profeſſeur en Droit
dans l'Univerſité de *Leide :*

Par JEAN BARBEYRAC,
Profeſſeur en Droit & en Hiſtoire à Lauſane, &
Membre de la Société Roiale des Sciences,
de BERLIN.

Seconde Edition, revuë, & augmentée de pluſieurs
Notes, comme auſſi du Diſcours de JEAN FRE-
DERIC GRONOVIUS ſur la LOI ROIALE ; &
d'un Diſcours du Traducteur ſur la NATURE DU
SORT,

A AMSTERDAM,
Chez PIERRE HUMBERT.
MDCCXIV.

Rara temporum felicitate, ubi sentire quæ ve-
lis, & quæ sentias dicere licet.

TACIT. Histor. *Lib.* I. *Cap.* I.

A MESSIEURS

LES COMTES

LOUIS & CHRISTIAN,

COMTES D'HOHENLOE

ET DE GLEICHEN,

Seigneurs de *Langenburg* & de *Cra-
nichfeld* &c. &c. &c.

MESSIEURS,

Si je ne Vous connoif-
fois, comme je fais, je

crain-

craindrois que les matié-
res de ce Livre ne fuſſent
trop ſérieuſes & trop
profondes, pour être de
Vôtre goût, & je n'au-
rois peut-être pas oſé
prendre la liberté de Vous
le dédier. La Jeuneſſe eſt
fort ſujette à n'aimer que
la bagatelle ; & la plus
haute Naiſſance n'inſpire
pas toûjours des ſenti-
mens plus raiſonnables.
Mais je puis dire ſincé-
rement & ſans Vous flat-
ter, qu'autant que bien
d'autres ſont paſſionnez
pour

pour de vains amuſe-
mens, autant l'ètes-vous
pour des choſes bonnes
& ſérieuſes. Vous faites
vos délices de ce qui
ſert à perfectionner & à
orner les beaux talens
que vous avez reçûs de
la Nature : vous n'avez
pas de plus grand plaiſir,
que d'entrer dans des
converſations utiles : &
Vôtre ſageſſe prématu-
rée , grave ſans affecta-
tion & aſſaiſonnée d'une
aimable gaieté , rend preſque inutile l'exactitude.

d'un

VIII EPITRE

(a) Mr. Loder. d'un (*a*) Gouverneur vigilant.

Depuis que vous êtes ici, Vous avez, MESSIEURS, appris nôtre Langue en très-peu de tems : Vous avez pris une bonne teinture des Mathématiques : & Vous avez fait de grands progrès dans tous les Exercices qui vous conviennent. Mais fur tout Vous avez témoigné un defir ardent de connoître le Droit Naturel & le Droit Civil : & Vous avez atten-

tendu avec beaucoup
d'impatience, que le re-
tour de ma fanté me per-
mît de Vous en expliquer
familiérement les princi-
pes. La bonté de Vôtre
Efprit Vous a fait d'abord
comprendre, combien
cette Science eft utile à
tout le monde, & parti-
culiérement à ceux qui
font appellez à gouverner
les autres, & à adminif-
trer la Juftice. J'admire
tous les jours l'attention
extrème que Vous joignez
à une heureufe compré-

hen-

henſion , & à une gran-
de droiture de Jugement.
En un mot , je me fais un
très-grand plaiſir de Vous
propoſer , comme je le
puis véritablement, pour
exemple & pour modé-
le , non ſeulement à tous
ceux de Vôtre âge & de
Vôtre rang , mais encore
à tant de Fainéans & de
Vagabonds, qui , au lieu
de chercher à s'inſtruire,
comme Vous , de ce qui
eſt néceſſaire pour ſe bien
aquitter des devoirs de
leur état , paſſent tranquil-
le-

lement leurs plus beaux jours dans la molleſſe, & dans une ſuite perpétuelle de diſſipations & de divertiſſemens.

Par cette ſeule raiſon, la Ville de LAUSANE, d'ailleurs fort honorée du ſéjour que Vous y avez déja fait, & que vous comptez d'y faire encore, devroit, MESSIEURS, vous avoir une grande obligation. Il ne tient pas à Vous, que Vous ne piquiez d'émulation toute ſa Jeuneſſe, & bien des per-

ſonfonnes même d'un âge plus avancé.

Ainfi, MESSIEURS, je n'ai nul befoin de profiter de l'occafion, & du droit que pourroit me donner l'honneur que Vous m'avez fait de vouloir bien être mes Difciples, pour ménager ici quelque exhortation indirecte, que Vous prendriez, j'en fuis fûr, en bonne part, quand même je Vous l'adrefferois ouvertement & fans détour. Il me fuffit de fouhait-

haitter , comme j'ai tout
lieu de l'esperer , que Vous
continuïez , comme vous
avez fait jusqu'ici ; &
que , sans vous démentir
jamais , Vous tâchiez de
vous surpasser vous - mê-
mes , s'il est possible.
Vous goûtez dès-à-pré-
sent , les fruits du bon
parti que Vous avez pris
de bonne heure : mais je
Vous promets , que Vous
éprouverez de plus en
plus le plaisir & l'utilité
qui revient de l'étude des
bonnes choses. Plus Vous

avan-

avancerez en âge & en connoiſſance, & moins Vous aurez lieu de vous repentir de n'avoir pas donné dans les vanitez & les folies du Siécle. En même tems que Vous ferez la joie de Vôtre Illuſtre Pére, qui n'a rien tant à cœur que de Vous donner une éducation digne de Lui & de Vous ; Vous vous diſtinguerez de la maniére du monde la plus glorieuſe, dans l'eſprit de toutes les perſonnes ſages & éclairées, & Vous vous aquer-

aquerrez un plein droit
de regarder avec un juſte
mépris quantité de per-
ſonnes de Vôtre rang,
qui font conſiſter leur
Grandeur en des choſes
qui devroient faire leur
honte.

Recevez donc, MES-
SIEURS, comme une
marque ſincére de l'im-
preſſion que Vôtre méri-
te a fait ſur moi, le Li-
vre que j'ai l'honneur de
Vous préſenter. Vous y
verrez les mêmes princi-
pes, ſur leſquels Vous

m'en-

m'entendez raiſonner, &
qui ſe trouvent heureuſe-
ment conformes à Vôtre
goût : Principes des plus
importans, ſur tout pour
les perſonnes d'une con-
dition, où l'on eſt fort
expoſé à la tentation de
ſe croire tout permis, par
rapport à ſes Inférieurs,
& de ne reſpecter pas
même les droits inviola-
bles de la Conſcience,
ou plûtôt les droits de
DIEU, qui s'en eſt reſer-
vé l'empire à lui ſeul,
comme il l'a naturelle-
ment

ment fur tous les Hommes, Grands & Petits. Graces au Ciel, je Vous crois préfervez de bonne heure d'une fi dangereufe contagion : mais on ne fauroit être là-deffus trop fur fes gardes. Je fuis avec refpect

MESSIEURS,

A *Lanfane*, ce 20 Novembre 1713.

Vôtre très-humble & très-obéïffant Serviteur

BARBEYRAC.

AVERTISSEMENT

Sur cette seconde Edition.

VOICI une nouvelle Edition des Discours de Mr. Noodt, mais accompagnée de deux autres Piéces, qui doivent faire regarder le Livre entier comme quelque chose de plus qu'une nouvelle Edition, puis que ces supplémens seuls auroient pû faire un autre volume, à peu près de la même grosseur que celui qui parut en MDCCVII.

La prémiére Piéce est une

au-

autre Traduction, du genre de celles qui coûtent plus qu'une composition proprement ainsi nommée. Mr. NOODT, dans son Prémier Discours, traite du vrai sens de la LOI ROIALE du Peuple Romain, à l'occasion de l'étenduë du Pouvoir des Souverains : & là il suppose qu'on a lû une Harangue du célébre JEAN FREDERIC GRONOVIUS, qui est celui qui avoit le mieux découvert l'origine de cette Loi. J'ai donc cru, qu'on ne me sauroit pas mauvais gré, si je traduisois ce Discours, qui d'ailleurs est assez rare, & très-curieux par lui-même. On y verra a-

vec

vec plaifir de quelle maniére les Empereurs Romains s'emparérent infenfiblement de l'Autorité Souveraine, & l'adreffe avec laquelle ils fûrent jetter de la poudre aux yeux du Peuple, pour lui faire accroire qu'il confervoit encore quelque forme de République; jufqu'à ce qu'avec le tems il eût perdu tout fentiment de Liberté, & dépouillé entiérement l'horreur qu'il avoit pour les titres même qui fentoient tant foit peu la Monarchie.

L'Auteur de ce Difcours, qui, comme chacun fait, étoit un très-favant homme & un très-judicieux Critique, l'avoit compofé peu de tems avant

vant sa mort, à l'occasion d'u-
ne Solemnité Académique. Son
stile est fort serré, & plein
d'ailleurs d'expressions dont il
est assez difficile de conserver
toute la force dans une Langue vivante. Mais il a fallu,
outre cela, indiquer exactement les sources où l'Auteur
avoit puisé quantité de faits
qu'il rapporte, sans alleguer
ses garants, ou du moins en
les citant d'une maniére fort
vague. J'ai crû aussi devoir
expliquer bien des choses qui
auroient embarrassé un Lecteur François; & faire en
passant quelques autres remarques, qui me paroissoient
utiles. De là sont nées les
No-

Notes , dont ce Discours est
chargé , par dessus les autres.
On comprendra aisément quelle peine je dois avoir euë , sur
tout à déterrer , autant qu'il
m'a été possible , les Auteurs
d'où étoient tirez certains faits,
& à chercher l'endroit de
leurs Livres où ils pouvoient se
trouver. Mais j'ai crû que cela étoit absolument nécessaire
pour la satisfaction des Lecteurs , & pour mettre hors
d'atteinte les raisons de l'Auteur , toutes fondées sur des
preuves historiques. Nous vivons dans un Siécle , où l'on
s'est mis sur le pié de n'en croire personne sur sa parole ; &
c'est à une telle Loi , qui ne
pa-

paroîtra jamais trop sévére aux Amateurs sincéres de la Vérité, qu'on est redevable de l'exactitude qui régne dans les bons Ouvrages de nôtre tems, & de la facilité avec laquelle chacun peut se convaincre de la justesse & des citations, & des raisonnemens fondez là-dessus.

L'autre Piéce, où l'on traite de la nature du SORT, est toute de moi ; & j'en marque l'occasion au commencement du Discours. Quoi que ce Discours n'aît par lui-même aucun rapport avec la matiére des trois autres, il entrera par un endroit dans celle du Discours sur la Liberté de Conscience, entant qu'il

qu'il fournit un exemple bien
sensible du panchant extrême
qu'ont les Ecclésiastiques, à
dominer sur les Consciences.
On y verra un Prédicateur,
qui s'étant mis dans l'esprit
de ressusciter la pensée chi-
mérique de quèlques Théologiens, qui regardoient l'usage du Sort dans le Jeu, com-
mē une profanation ; se dé-
chaine contre ceux qui ne sont
pas de son sentiment, comme si tout étoit perdu, &
comme s'il combattoit pro a-
ris & focis. On le verra se
laisser si fort aveugler par son
entêtement présomtueux, que
de croire mieux réüssir que les
autres à arrêter les abus du
Jeu,

Jeu , en publiant un Livre, qui ne peut servir à autre chose qu'à confirmer les Joueurs de profession dans leur train de vie ; puis qu'il s'attache à leur prouver , que (a) les plus petits Jeux , où il y a le moins à gagner & à perdre , font par cela même les plus profanes. *Rembarrer un tel personnage , n'est-ce pas maintenir les droits naturels de la Conscience , & en même tems les droits de la Liberté Chrétienne?*

(a) Pag. 19.

Je n'ai pas grand chose à dire sur la revision des deux Discours de Mr. NOODT, qui avoient déja paru. Si je préparois le Lecteur à y trou-

** ver

ver un grand nombre de cor-
rections ou de changemens confidérables, je ferois tort à
l'Auteur même, qui eut la
bonté de me témoigner qu'il é-
toit content de la prémiére E-
dition, peu de tems après
qu'elle eût vû le jour. Mr.
S A V A G E, qui publia ces
Difcours en Anglois, l'année
fuivante, crut auffi qu'il pouvoit fe repofer fur la fidélité
de ma Traduction, qui lui tint
lieu d'Original pour la fienne.
Il eft bon pourtant de remarquer, que j'ai eu le bonheur
de pouvoir conferer mon prémier travail avec la nouvelle
Edition que Mr. N O O D T
vient de donner de ces deux
Dif-

*Difcours, dans le Recueil de tous fes Ouvrages. J'ai ajoûté par-ci par-là quelques No*tes, aliud agendo. *Voilà tout ce dont j'avois à avertir le Lecteur.*

A Laufane, ce 20. Novembre 1713,

PRÉFACE

D U

TRADUCTEUR.

Telle qu'elle étoit dans la prémiére
Edition, de MDCCVII.

L'AVEUGLEMENT de l'Esprit Humain, ou plûtôt le peu de soin qu'ont la plûpart des Hommes de faire usage de leurs lumiéres, ne paroît pas moins en ce qu'ils se trouvent embaraffez & qu'ils s'égarent même prodigieusement dans le jugement qu'ils portent sur
cer-

certaines Queſtions très-faci-
les à décider; qu'en ce qu'ils
ſe tourmentent beaucoup pour
comprendre des choſes qui
ſont manifeſtement au deſſus
de leur portée, & qu'ils croient ſavoir ce qu'ils ne ſavent
point du tout, ſe repaiſſant
même quelquefois de mille abſurditez palpables, plûtôt que
de ſe réſoudre à ignorer ce que
Dieu a trouvé bon de dérober
à leur connoiſſance.

Je ſuis fort trompé ſi l'on
ne doit mettre au prémier
rang les matiéres qui ſont traitées dans les deux Diſcours que
l'on publie ici en François.
Pour peu qu'on examine les
choſes ſans paſſion & ſans pré-

ju-

jugé, on verra bien tôt ce
qu'il faut penſer de l'étenduë
du *Pouvoir des Souverains*, &
de la *Liberté de Conſcience*; &
on trouvera là-deſſus, ſans
beaucoup de peine, des Principes ſuffiſans pour réſoudre
toutes les Queſtions qui en
dépendent.

S'il s'agiſſoit de ſe faire u-
ne juſte idée de la ſubordina-
tion qu'il peut y avoir entre
les Intelligences Céleſtes, de
leurs Emplois, de leurs Fonctions, de ce que les *Anges*,
par exemple, doivent aux
Archanges; je ne ſerois pas
ſurpris que l'on fût pouſſé à
bout par les embarras qui naî-
troient de tous côtez, parce
que

que nous ne connoiſſons point
la nature de ces Eſprits bien-
heureux, ni les fondemens de
la ſupériorité des uns par rapport aux autres. Mais quand
il n'eſt queſtion que de ſavoir,
quelle Autorité un Homme
peut avoir ſur un autre Homme, où eſt la difficulté ? Nous
qui ſommes Hommes, avons-
nous beſoin qu'on nous ap-
prenne quels ſont les droits
naturels des Hommes, & juſqu'où chacun veut ou peut y
renoncer ? Le Peuple eſt-il
fait pour le Prince, ou le
Prince pour le Peuple ? Doit-
on adorer une Divinité que
l'on ne reconnoît point; ou
rendre à la Divinité que l'on

re-

reconnoît , un Culte que l'on croit lui être defagréable? Aucun homme mortel peut-il dominer fur la Confcience d'un autre, dont les mouvemens ne lui font même connus que par des Signes fujets à être fort équivoques? N'y a-t-il qu'à fuppofer gravement ce qui eft en queftion , pour aquérir un privilége, dont les autres peuvent s'emparer, aufli bien que nous, par une raifon toute femblable à celle en vertu de quoi on fe l'attribue? Ces principes font très-fimples & de la derniére évidence: perfonne n'oferoit les rejetter ouvertement & directement: il faut fe crever les yeux

yeux pour ne pas voir quel parti on doit prendre là-desſus. Et cependant je n'en veux pas davantage, pour conclurre d'une maniére démonſtrative, que le Souverain, de quelque titre ſuperbe qu'il ſoit revêtu, n'a pas plus de Pouvoir que n'en demande le Bien Public; & qu'il faut laiſſer à chacun une pleine liberté de ſuivre la Religion qui lui paroit la meilleure.

Il y auroit donc lieu de s'étonner, que bien des gens aient oſé ſoûtenir le contraire, ou directement, ou indirectement, ſi l'on ne ſavoit par une experience qui n'eſt que trop commune, quelle for-

force ont les Paſſions & les Intérêts mondains, ou du moins l'Entêtement pour certaines Opinions, & un attachement ſervile aux idées reçues que l'on adopte de bonne heure ſans les examiner jamais. Ce qu'il y a de plus ſurprenant, c'eſt de voir que des gens, qui font profeſſion du Chriſtianiſme, prétendent trouver dans les Ecrivains Sacrez dequoi défendre des Opinions auſſi abſurdes & auſſi inhumaines, que celle du *Pouvoir Deſpotique* des Soûverains, & celle de l'*Intolérance* ou de la *Perſécution* pour cauſe de Religion. En quoi ils ſe montrent auſſi mauvais Cri-

Critiques, & auffi ignorans Théologiens, que lâches A-dulateurs, & Docteurs pré-fomptueux, pour ne rien dire de pis. Il eft vrai encore que quelques-uns n'auroient pas tant affecté de donner la préférence à l'Opinion perni-cieufe qui éléve les Princes au deffus des Loix, s'ils ne s'é-toient entêtez d'avancer, à quelque prix que ce foit, les conquêtes du Pyrrhonifme; à quoi ce fentiment leur a pa-ru propre, par le grand nom-bre d'inconveniens terribles qu'il entraîne après foi, & qui portent par contrecoup con-tre la Divinité de l'Ecriture Sainte, fuppofé qu'elle lâche,

** 6 pour

pour ainſi, dire, la bride à tous les caprices des Souverains.

Plût-à-Dieu néanmoins qu'on pût auſſi aiſément gué-rir les Princes de l'Ambition, & des autres Vices qui font qu'ils abuſent de leur Pouvoir, ou les empêcher de prêter l'o-reille aux Flatteurs & à des Eccléſiaſtiques vains, four-bes, intéreſſez ; qu'il ſeroit facile, ſi on laiſſoit par tout la liberté entiére du Jugement, de déſabuſer pleinement les Eſprits des fauſſes idées que les Partiſans du Pouvoir Deſpotique & de l'Intoleran-ce prennent ſoin d'inſpirer & d'entretenir à la faveur des Tribunaux de l'Inquiſition.

Ce

Ce seroit alors qu'on auroit
lieu d'espérer de voir enfin
bannir du monde la Tyrannie,
& pour le Temporel, & pour
le Spirituel. Tout ce qu'on
peut faire, dans l'état où sont
les choses, c'est de conserver,
d'affermir, d'éclaircir, de renouveller de tems en tems
les idées d'une honnête Liberté, dans les lieux où il est
permis de dire ce que l'on pense. Peut-être que par ce
moien quelques étincelles de
la Vérité volant jusques dans
les Païs où est le Siége de la
Tyrannie & le Roiaume des
Ténébres, feront ouvrir les
yeux à un grand nombre de
gens, & les porteront ou à

** z   se-

secouer le joug, ou à se retirer les uns après les autres
dans des Païs de liberté, & à
laisser ainsi les Tyrans incor-
rigibles regner avec leurs
Suppôts sur de vastes solitudes.

C'est à quoi servira beaucoup ce petit Ouvrage, si on
le lit avec soin, & qu'on le
médite attentivement, pour
tirer des Principes qui y sont
établis les Conséquences qui
en résultent dans tous les cas
qui ont du rapport à la matiére du Pouvoir des Souverains, & à celle de la Liberté de Conscience. Ces deux
importantes Questions n'ont
été bien développées & dé-
dui-

duites méthodiquement de leurs véritables Principes, que dans le Siécle paffé, où d'habiles gens les ont pouf-fées d'une maniére à forcer leurs Adverfaires dans tous leurs retranchemens , & à réduire au filence les Difpu-teurs les plus opiniâtres. Mais je ne fai fi perfonne les a encore traitées en peu de mots avec autant de force & de netteté, que fait ici Mr. NOODT. Il leur a don-né un tour qui n'eft pas com-mun : les penfées les plus rebat-tuës prennent entre fes mains un air d'original; & l'on en trouvera de plus ici qui auront toute la grace de la nouveauté.

L'ex-

L'explication de la *Loi Roiale*
du Peuple Romain, roule fur
un point d'Hiftoire curieux,
& on lira, je m'affûre, avec
plaifir, tout ce que Mr. *Noodt*
dit là-deffus dans le I. Difcours.

Les louanges d'un Traduc-
teur font fufpectes : je ne
m'étendrai pas à faire ici l'é-
loge de mon Auteur. Le
jugement avantageux du Public a d'ailleurs prévenu &
rendu inutile tout ce que je
pourrois dire. Le *Difcours
fur la Liberté de Confcience*
a même été déja traduit en
Flamand ; & il ne falloit pas
envier plus long tems à ceux
qui n'entendent que le François,

çois , le plaiſir & l'utilité
qu'ils peuvent retirer de la
lecture d'un Ouvrage ſi bien
raiſonné. L'autre ne méri-
toit pas moins d'être répandu dans le monde à la faveur
der Langues vivantes , * dans
leſquelles je ne ſache pas qu'il
aît été encore publié ; & je
ſuis bien aiſe d'en donner
l'exemple par une Traduc-
tion Françoiſe , que l'on a
ſans doute ſouhaittée de quelque endroit depuis qu'on a
vû l'Extrait que donna †
Mr. Le Clerc de la Se-
conde

---

* Ils ont été tous deux traduits en Anglois , par Mr. *Savage* , & publiez ainſi à *Lon-*
dres , en 1708.

† *Biblioth. Choiſie* , Tom. VII. pag.
228.

conde Edition de l'Original.

Je voudrois avoir pû faire
paſſer dans la Traduction de
ces deux Diſcours toute la
* vivacité de l'Original , &
toute la force de cette Eloquence mâle & ſolide, qui y
brille, ſur tout dans le dernier , autant que la matiére en
a été ſuſceptible. Mais , outre
les défauts que l'on doit mettre ſur le compte du Traducteur , la Langue Latine a ici un
grand avantage, c'eſt qu'elle
fournit dequoi dire en peu de
mots

* Voiez ce que dit Mr. Le Clerc
à la fin de l'Extrait du Second Diſcours,
dans le Tom. XI. de la *Biblioth. Choiſie*
(pag. 231.) que je viens de recevoir,
dans le tems que j'allois envoier mon Ma-
nuſcrit (en 1705).

mots ce que l'on ne ſauroit exprimer en François que d'une
maniére plus étenduë, & par
conſéquent plus languiſſante.
Il n'eſt pas d'ailleurs facile de
traduire un Auteur qui écrit
comme fait Mr. *Noodt*. Son
ſtile eſt des plus ſerrez, &
plein non ſeulement de façons
de parler peu communes, quoi
que tirées ou imitées de bons
Auteurs, ſur tout de *Séneque*
& de *Tacite*; mais encore de
termes & d'expreſſions du
Droit Romain, qu'il poſſéde
à fond, comme il paroit par
pluſieurs Ouvrages où il a fait
en ce genre tant de belles dé-
couvertes. Quoi qu'il en ſoit,
je n'ai rien négligé de ce qui
                                    dé-

dépendoit de moi, pour mettre cette Traduction en état de ne pas rebutter ceux qui ont entendu louer l'Original: & si quelquefois il a fallu changer un peu le tour, ou développer la pensée, pour s'accommoder au goût des Lecteurs François, j'ai eû une attention extrême à ne pas laisser échapper le moindre mot qui ne s'accordât exactement avec le but & les idées de l'Auteur. Pour rendre plus utile la lecture de cet Ouvrage, j'ai mis non seulement à la marge de petits Sommaires, qui font voir d'un coup d'œil la méthode & l'Analyse de chaque Discours; mais encore

re j'ai ajoûté en quelques endroits de petites Notes au bas
des pages : & j'efpére que l'Auteur me pardonnera bien la
liberté que j'ai prife. Ces Notes ne contiennent prefque que
des Citations de quelques paffages d'Auteurs Anciens, auxquels il m'a femblé que l'Auteur faifoit allufion , ou qui
fervent à confirmer ce qu'il
dit ; & des renvois à d'autres
Ouvrages , où l'on trouvera
plus étendues bien des chofes que l'Auteur n'a touchées
qu'en peu de mots. Ceux devant qui Mr. *Noodt* a prononcé ces Difcours, & ceux
en faveur defquels il les a fait
enfuite imprimer , n'avoient
que

que faire de tout cela : & bien
loin que je veuille donner à
entendre qu'il n'a pas dit tout
ce qui étoit néceſſaire pour
ſon deſſein , je ne puis aſſez
admirer l'adreſſe avec laquelle il a ſû renfermer tant de
choſes dans un ſi petit eſpace,
& propoſer avec tant de clar-
té, en ſi peu de mots, tout
ce qu'il y a d'eſſentiel dans
des matiéres qui ſont deve-
nues ſi vaſtes par la chaleur
des Diſputes & par les chicanes des Adverſaires. Je m'eſti-
merai fort heureux, ſi l'Auteur eſt content de ma fidélité à exprimer ſes penſées ; &
je trouverai alors ma peine ſuf-
fiſamment recompenſée, puis
que

que je pourrai me promettre
à coup sûr l'approbation du
Public.

De *Berlin* le 20 De-
cembre 1706.

T A-

TABLE
DES DISCOURS

Contenus dans ce Volume.

DISCOURS *sur la Loi Roiale du Peuple Romain, traduit du Latin de* J. F. GRONOVIUS.   Pag. 1

DISCOURS *du Traducteur sur la Nature du Sort.*   82

DISCOURS *de Mr.* NOODT, *sur les Droits de la Puissance Souveraine, & sur le vrai sens de la Loi Roiale du Peuple Romain.*   208

DISCOURS *du même Auteur sur la Liberté de Conscience, où l'on fait voir, que par le Droit de la Nature & des Gens la Religion n'est point soûmise à l'Autorité Humaine.*   304

DIS-

DISCOURS
SUR LA
LOI ROIALE
DU PEUPLE ROMAIN.

Traduit du Latin de

JEAN FREDERIC GRONOVIUS,

Autrefois Profeſſeur en Belles Lettres
à Leide.

'Ai pris, MESSIEURS *, le prémier ſujet qui m'eſt tombé ſous la main ; & c'eſt TACITE qui m'a donné occaſion de l'examiner. Il n'y a ſortoit de ſon ſecond & dernier Rectorat de l'Académie de *Leide* ; car il paroît par ſon Portrait, qui eſt à la tête de la Seconde Edition de ſon TITE LIVE publiée par Mr. ſon Fils, qu'il mourut dans cette même année. Au reſte, il y a dans l'Original un Exorde de cinq ou ſix pages, que j'ai cru devoir retrancher. Il ne contient autre choſe que des complaintes lugubres ſur une maladie contagieuſe qui avoit regné dans le païs, & des reflexions pieuſes ſur ce que l'on commençoit à en être heureuſement délivré. Cela étoit bon pour la circonſtance du tems : mais la choſe n'aiant aucun rapport avec le ſujet du Diſcours, on ne trouvera pas mauvais que je me ſois épargné la peine de traduire un morceau hors d'œuvre, que ceux qui n'ont pas vû l'Original n'auroient jamais ſoupçonné qui manquât ici, ſi je ne les en avois avertis.

* Ce Diſcours fut prononcé le 8. Février, M. DC. LXXI. lors que l'Auteur

A

a pas long tems que j'ai commencé
d'expliquer publiquement cet excellent
Hiſtorien, ſur les louanges duquel il
n'eſt pas néceſſaire de s'étendre ; vous
en connoiſſez aſſez le mérite. Comme
dès l'entrée du prémier Livre de ſes
Annales, je traitois des moiens dont
Auguſte ſe ſervit pour changer le Gouvernement des *Romains*, & pour les
faire paſſer de la Liberté & du Conſulat à la Monarchie ; il me vint tout d'un
coup dans l'eſprit, que je ne ferois pas
mal de bien digerer & de tourner un
peu élégamment les penſées que j'avois
euës depuis long tems ſur la Loi
Roiale, & les remarques que j'a-
vois écrites là-deſſus confuſément, à
meſure qu'elles ſe préſentoient, pour
vous les propoſer aujourd'hui, & vous
en faire les juges. La queſtion eſt très-
belle, très-importante, & très-délica-
te. Elle a été fort agitée & par les Po-
litiques, & par les amateurs de l'Antiquité. Il ſemble même qu'il n'y ait
plus rien à dire. Cependant je trouve
que ceux qui l'ont traitée ont tous ou
omis entiérement, ou mis hors de ſa
place, les choſes les plus eſſentielles &
par où il falloit commencer néceſſai-
re-

rement. Il y a d'ailleurs entr'eux une
si grande diversité de sentimens, qu'on
est fort embarrassé à choisir : & quelque vraisemblable qu'une des opinions
ait paru d'abord, si on l'examine avec
un peu de soin, on y découvre bien-
tôt quelque fausse couleur, qui la rend
suspecte. C'est ce que je vais montrer
par des raisons invincibles, si vous
voulez bien, MESSIEURS, m'accorder aujourd'hui une attention favorable, comme celle dont vôtre bonté
m'a honoré tant de fois. Je ne vous
demande qu'une petite heure, pendant
laquelle je tâcherai, avec l'aide de
Dieu, de dire des choses qui ne soient
ni désagréables aux Savans, ni inutiles à la Jeunesse.

POUR ôter d'abord toute ambigui-
té, j'entens par la LOI ROIALE,
une Ordonnance, un Ecrit, un Acte
public, contenant les articles des conventions & des conditions sous lesquelles quelcun est établi Roi par délibération du Sénat & avec l'approbation décisive du Peuple. De sorte
que l'épithéte de *Roiale* est tirée de
ce qui fait la matiére de cette Loi :
au même sens que les Anciens ont dit

la (1) *Loi des années*, la (2) *Loi du ContraÊt de Louage*, les (3) *Loix des Impôts*, la (4) *Loi Commiſſoire*. Il y a-voit auſſi une ſorte de Loi faite par le Peuple diviſé en Curies, laquelle on appelloit (5) *la Loi du Commandement*, c'eſt-à-dire, la Loi touchant le pouvoir de commander conféré à ceux qui a-voient obtenu quelque Charge : car quand ils vouloient aller dans quelque (6) Province ou à la Guerre, la ſimple élec-tion ne ſuffiſoit pas pour les autoriſer à prendre en main le Commandement; mais après avoir été nommez par le Peu-ple diviſé en Centaines, il falloit une nouvelle Aſſemblée, & cela du Peuple di-

(1) *Lex annalis*, c'eſt-à-dire, la Loi qui régloit l'â-ge qu'on devoit avoir, pour prétendre aux Charges. On l'appelloit auſſi, *Lex annaria*. Voïez JUSTE LIP-SE, *De Magiſtratibus Populi Romani*, Capp. IV. V. VI.

(2) *Lex locationis*, pour dire les conditions de ce ContraÊt. C'eſt ainſi que s'expriment très-ſouvent les Juriſconſultes, en matiére de toutes ſortes de ContraÊts. *Si in* LEGE LOCATIONIS *comprehenſum ſit*, ut arbitratu domini opus adprobetur &c. DI-GEST. Lib. XIX. Tit. II. *Locati, conduÊli*, Leg. XXIV. init. *Si eo tempore enixa eſt ancilla, quo ſecundum* LE-GEM DONATIONIS *manumiſſa eſſe debuit &c.* Lib. I. Tit. V. *De ſtatu hom.* Leg. XXII.

(3) *Leges cujuſque publici.* Expreſſion de TACITE, *Annal.* Lib. I. Cap. LI. *num.* I. ſur quoi voïez la Note de GRONOVIUS lui-même, qui montre très-bien qu'il s'agit-là des articles où étoient contenus les droits que pourroient exiger ceux qui tenoient à ferme les impôts de la République.

(4) *Les*

divifé en Curies, pour leur donner le droit de commander actuellement. C'eft ainfi encore que *Cajus Terentillus Arfa*, Tribun du Peuple, propofa une Loi, portant *que l'on établit cinq hommes qui fiffent des* (7) LOIX TOUCHANT L'AUTORITE DES CONSULS; *afin*, difoit-il, *que les Confuls ne s'ingéraffent pas d'exercer fur le Peuple plus de pouvoir que le Peuple même ne lui en avoit donné, & qu'ils fe gardaffent bien de ne fuivre d'autre Loi que leur caprice.*

Si quelques Grands Hommes, qui ont traité de la *Loi Roiale*, s'étoient apperçûs qu'il faut pofer d'abord pour fondement l'explication que je viens de

(4) *Lex Commiffaria*, c'eft-à-dire, une convention ajoûtée à un Contract qui eft telle, que, fi on vient à y manquer, tous les engagemens où l'on étoit entré font rompus. Il y a un Titre entier du DIGESTE & du CODE, qui traite *de Lege Commiffaria*.

(5) J'en trouve un exemple dans TITE LIVE, qui dit que le Dictateur *L. Papirius* propofa une telle Loi : *Atque ei* LEGEM CURIATAM DE IMPERIO *ferenti*, *trifte omen diem diffidit*. Lib. IX. Cap. XXXVIII. *num.* 15.

(6) Voiez CICERON, *de Lege Agraria contra Rull.* Orat. II. Cap. XII. & *ad Famil.* Lib. I. Epift. IX. pag. 60. *Ed. maj. Grav.*

(7) L'Auteur a tiré ceci de TITE LIVE : *Qua ne æterna illis* [Confulibus] *licentia fit*, *Legem fe promulgaturum*, *ut quinque viri creentur* LEGIBUS DE IMPERIO CONSULARI *fcribendis*. *Quod Populus in fe jus dederit*, *eo Confulem ufurum : non ipfos libidinem ac licentiam pro lege habituros*. Lib. III. Cap. IX. *num.* 5.

A 3 (1) C'eft

de donner ; ils n'auroient eu garde de
mettre cette Loi au rang de celles que
firent quelques Rois des anciens Romains, touchant le supplice, par exemple, d'une Femme enceinte, &
sur le Pouvoir Paternel. Ils ne se feroient pas vantez si legérement d'avoir
les premiers découvert (1) dans Tite Live la *Loi Roiale*, que plusieurs
personnes très-savantes & très-exactes
avoient jusqu'alors cherchée inutilement ; car il est de la derniere évidence, que ces Loix, dont on parle,
sont des Loix faites par les Rois, &
non pas des Loix qui concernent les
Rois : au lieu que le Jurisconsulte Ulpien, & l'Empereur Justinien
disent (2) formellement, que la *Loi
Roiale*, dont il s'agit, rouloit sur l'au-
to-

----

(1) C'est François Hotoman, qui s'est vanté
de cela dans ses Notes sur les Institutes de
Justinien, *Lib*. I. *Tit*. II. *§*. 6. & dans ses *Anti-
quitez Romaines*, pag. I. L'endroit de Tite Live
est au Livre XXXIV. *Cap*. VI. *num*. 7. où *Lucius Valerius*, Tribun du Peuple, répondant à ceux qui dissua-
doient l'abolition de la *Loi Oppienne* au sujet des ajus-
temens des Femmes, demande si c'est une Loi Roïale, qui soit aussi ancienne que la Ville de *Rome*: *An
vetus regia Lex, simul cum ipsa urbe nata ?* Mais, outre
qu'il s'agit-là d'une Loi faite par un Roi de *Rome*, &
non pas d'une Loi qui regarde le pouvoir du Roi ; le
raisonnement du Tribun ne suppose pas même qu'il
y ait eu véritablement une telle Loi ; cela est clair
com-

torité du Prince, & que c'est en vertu de cette Loi que tout le pouvoir
(3) sur le Peuple même passà entre les
mains des *Césars*. Elle est aussi appellée (4) la *Loi de l'Empire*, dans un
Rescript D'ALEXANDRE SE'VE'-
RE. Mais de la maniére que ces Empereurs & ce Jurisconsulte en parlent,
bien des gens croient qu'ils semblent
avoir voulu préparer des tortures aux
Curieux, plûtôt que d'expliquer l'origine & l'étenduë de ce qu'il y a de
plus considérable & de plus éclattant
dans tout le Corps du Droit. Car,
comme il ne se trouve aucun Auteur,
ni parmi ceux qui ont écrit ou l'Histoire Universelle, ou les Vies des Empereurs, ni parmi ceux qui ont traité,
soit expressément ou par occasion, des
Loix,

comme le jour par les paroles mêmes ; & par toute
la suite du discours.

(2) *Quum Lege Regia, quæ de imperio ejus lata est, Populus ei & in eum omne suum imperium & potestatem conferat.* DIGEST. Lib. I. Tit. IV. *De constitut. Principum,* Leg. I, *init.* INSTITUT. Lib. I. Tit. II. §. 6.

(3) L'Auteur explique ici les mots *ei & in eum*, comme si *in eum* étoit mis pour *in se*. Mais voiez ce que
je dis dans une *Note* sur la Seconde Partie du premier
Discours de Mr. *Noodt,* dans l'endroit où l'on trouve
à la marge, *Vrai sens de la Loi Roiale.*

(4) *Licet enim* LEX IMPERII *Solennibus Juris Imperatorem solverit &c.* COD. Lib. VI. Tit. XXIII. *De Tes-
tamentis &c.* Leg. III.

A 4

(1) Tel

Loix, des mœurs, & des coûtumes
remarquables du Peuple Romain ; n'y
aiant, dis-je, aucun d'eux, qui ait
fait mention de la *Loi Roiale*, quoi
que la plûpart soient assez exacts à
parler de choses de beaucoup moindre
importance : quelques (1) Modernes
en sont venus jusqu'à soûtenir que cette Loi n'avoit jamais été faite, ni seulement proposée, & que c'étoit une
pure chimére, une ruse de Politique,
une chose inventée tout exprès en faveur des Princes régnans, pour donner quelque couleur à leur tyrannie.
On a soupçonné que l'auteur de cette
imposture étoit ou ULPIEN, ou
TRIBONIEN, qui avoient voulu par
là faire leur cour à ALEXANDRE SE'-
VE'RE, ou à JUSTINIEN. Et il ne
faut pas s'étonner qu'on soit entré dans
une telle pensée ; puis que la *Loi Sali-*
que, qui exclut les Femmes de la
Cou-

(1) Tel est FRANÇOIS DE CONNAN, Jurisconsulte François du XVI. Siécle, dans ses *Comment. Jur.*
Civilis, Lib. I. Cap. XVI. Tel est encore un Auteur
Allemand, qui se nomme CYRIACUS LENTULUS,
dans son *Aula Tiberiana*, publiée à *Herborn* en M. DC.
LXIII. pag. 242. & seqq. Et MARTIN SCHOOCKIUS,
Professeur à *Groningue*, dans une Lettre Latine, *De fig-*
mento Legis Regiæ, publiée en M. DC. LXI. L'Auteur a
en vuë principalement ce dernier Auteur, avec qui il
eut une dispute fort échauffée, sur les *Usura Centesimæ,*
car

Couronne de *France*, & qui a été (2) constamment observée dans ce fameux Roiaume pendant une si longue suite de siécles, a bien été exposée à de semblables soupçons. D'autres, plus raisonnables, ont fait reflexion, que, quelque incertaine que soit l'origine de la *Loi Roiale*, il n'y a pas pour cela plus de lieu de révoquer en doute sa réalité, que d'ôter le *Nil* du rang des Fleuves, sous prétexte que pendant fort long tems les sources en ont été inconnuës. Ils ont donc cherché dans l'Antiquité, les uns d'un côté, les autres de l'autre, pour découvrir quelque trace qui les conduisît dans le bon chemin. Plusieurs remontant jusqu'à la naissance de *Rome*, se sont imaginez que la *Loi Roiale* n'étoit autre chose que celle qui avoit autorisé *Romulus*, selon la simplicité des anciens tems, à (3) gouverner comme il le jugeroit à

pro-

car c'est à lui qu'il en veut, & qu'il appelle *Theologisto-ricophilosophologus*, dans sa Réponse intitulée, *De Cen-tesimis Usuris & Fænore Unclario* 'Αντιξήχσις.

(2) C'est ce que l'on a contesté depuis peu, par des raisons assez fortes. Voiez l'Extrait du III. Tome des ACTES PUBLICS D'ANGLETERRE, inséré dans la BIBLIOTHEQUE CHOISIE de Mr. LE CLERC, Tom. XXII. pag: 381. & suiv.

(3) *Nobis* Romulus, *ut libitum, imperitaverat.* TACIT. Annal. Lib. III. Cap. XXVI.

A 5   (1) Dans

propos. Selon eux, après que les *Tar-quins* eurent été chassez à cause de leur orgueil insolent, cette Loi fut abro-gée & ensevelie dans l'oubli, aussi bien que toutes leurs autres Ordonnances: mais on la vit renaître tout d'un coup & rentrer dans tous ses droits, lors que le bien de la paix demanda que la Puiss... e Souveraine fut déposée entre les mains d'un seul homme. Voilà l'o-pinion de (1) MANUCE, de (2) CU-JAS, D'HOTOMAN (3), & de (4) GIFANIUS, quatre Savans du pré-mier ordre. Quelques-uns (5) croient que la *Loi Roiale* doit sa naissance aux *Douze Tables*, dressées vers l'an CCC. de la fondation de *Rome*, & qu'avec un petit changement qu'on y fit, ce qu'elles portoient touchant deux per-sonnes, on l'appliqua dans la suite à u-ne seule: (6) *Qu'il y ait*, disent-elles, *deux Magistrats revêtus de l'Autorité*
Ro-

---

(1) Dans son Traité *des Loix Romaines.*
(2) Dans ses *Notes* sur les INSTITUTES, *Lib.*I.*Tit.* II. §. 6.
(3) J'ai cité ci-dessus l'endroit où il parle de cela.
(4) C'est apparemment dans ses Notes sur le Corps du Droit Civil.
(5) On attribuë cette pensée à HENRI BERN-HARD, dans son Traité *de Romano Principe.*
(6) *Regio imperio duo sunto; iique praeeundo, judicando,*
(*)

Roiale, lesquels soient appellez Préteurs,
Juges, Consuls, à cause des fonctions de
leur emploi. Mais c'est-là une Loi de
l'Orateur Romain, qui, à la manière
de PLATON, forgeoit des Réglemens pour une République imaginaire
qu'il concevoit devoir être bâtie à peu
près sur le modéle de la Romaine, &
nullement une Loi réelle des *Décem-*
virs, qui étoient véritablement reve-
tus du pouvoir que CICERON ne
s'attribuoit que par une feinte ingé-
nieuse. C'est une Loi faite, non dans
le *Champ de Mars*, sous le *Mont Qui-*
rinal, auprès du *Tibre*, avec l'approbation & par l'autorité des trois Ordres de Citoiens; mais dans le Bois
d'*Arpines*, sous le Chêne de *Marius*,
au bord de la Riviére de *Fibréne*, où
Ciceron & *Atticus* (7) disoient en riant:
(8) *Soit fait, comme on le propose.*
D'autres descendent jusqu'au tems de
la

---

consulendo, Pratores, Judices, Consules, ádpellantor. CI-
CER. de Legg. *Lib.* III. *Cap.* III.

(7) C'est aussi le jugement que poite Mr. GRA-
VINA, dans ses *Origines Juris Civilis*, Lib. II. pag.
279, 280, des Loix que l'on trouve dans cet Ouvrage
de l'Orateur Romain.

(8) *Uti rogas*: formule dont se servoit le Peuple,
pour témoigner qu'il approuvoit une Loi.

la domination de *Sylla*, & ils soûtiennent que ce fut *L. Valerius Flaccus*, qui
en proposant au Peuple, pendant qu'il
(a) *Interrex.* étoit (a) Régent de la République,
d'ordonner que *Sylla*, qui venoit de
remporter la victoire dans une Guerre
civile, eût plein pouvoir de faire tout
ce que bon lui sembleroit, & que (1)
ce Vainqueur très-cruel pût impunément faire mourir, sans autre forme
de procès, quel Citoien il voudroit;
ils (2) soûtiennent, dis-je, que *L. Valerius Flaccus* donna naissance par ce
moien à la *Loi Roiale*, qui fut depuis
renouvellée en la personne de *Jules
César*, lors qu'on le nomma Dictateur
perpétuel; & après lui, en celle d'*Auguste* & des autres Empereurs. Pour
plus grande exactitude, on n'a pas fait
difficulté de (3) marquer précisément
le tems de cette époque, & de la fixer
à l'an DCCXXX. de la fondation de
Rome, sous le dixiéme Consulat d'*Auguste*, pendant lequel le Senat déclara pour la prémiére fois avec serment
qu'il

(1) Voiez APPIAN, *De Bell. Civil.* Lib. I. pag. 411.
& *seqq. Ed. H. Steph.* 686. & *seqq. Ed. Amst.*
(2) C'est l'opinion de MURET.
(3) C'est un Jurisconsulte Espagnol, nommé FRAN-
ÇOIS DE AMAYA, *Observat. Jur.* Lib. I. Cap. I.
num.

qu'il approuvoit tout ce qu'avoit fait ce Prince, & l'exemta déformais de toutes les Loix. Il y a apparence, comme d'autres s'imaginent, qu'*Augufte* apofta quelcun pour propofer au Peuple quelque chofe de femblable : ce privilége n'aiant été ni revoqué ni contefté de perfonne, il paffa à fes Defcendans : & après que fa race eût été éteinte, lors que *Galba*, *Othon*, & *Vitellius*, fe furent rendus maîtres de l'Autorité Suprême à la pointe de l'épée, on le renouvella en faveur de *Veffafien*, afin que cet Empereur, qui n'étoit pas d'une naiffance diftingüée, fût élevé à ce haut faîte par une voie moins odieufe, & à titre plus légitime, que la feule force des armes. On n'en eft pas demeuré là : mais il y en a qui ont crû, que *Jules Céfar*, & après lui *Augufte*, aiant arraché le Pouvoir Souverain des mains du Peuple, que la crainte obligea d'y renoncer ; *Veffafien* fut le prémier qui reçût ce Pouvoir par un tranfport volontaire
du

num. 25. que je vois cité par G E R H A R D C ô c c e-
j u s, autrefois Profeffeur à *Groningue*, dans fon Commentaire fur les Titres du D I G E S T E *de origine Juris*,
& *de* C*onftitut.* P*rincipum.*

du Peuple, lequel renouvella en sa faveur la *Loi Roiale*. D'autres se sont mis dans l'esprit, qu'avant *Vespasien*, il n'y avoit jamais eu de *Loi Roiale*, (1) ou que, si elle existoit auparavant, elle avoit été mendiée, ou extorquée. Enfin, d'autres desesperant de découvrir la vraie origine de cette Loi, font de grandes complaintes de ce que la mémoire d'une Ordonnance comme celle-là, en vertu de laquelle l'Empire de toute la Terre passa entre les mains d'une seule personne, a été si fort effacée par le tems, qu'on n'en sait aujourd'hui autre chose (2) que le nom, pendant que nous avons encore des Loix & des Arrêts du Sénat sur les *Gouttières*, sur les *Aqueducs*, sur les *Joueurs*, sur les *Foulons*, & sur plusieurs autres choses peu considérables.

Voilà, MESSIEURS, ce qui s'appelle disputer aveuglément & sans aucun ordre; cela soit dit avec tout le respect qui est dû à de si grands Hommes. Je ne m'arrêterai point à refuter leurs opinions: ils se sont suffisamment re-

---

(1) Ce sont les propres termes de CLAPMAR, dans son Traité *de arcan. Rerum public.* Lib. II. Cap. XV.

(2) C'est

refutez les uns les autres; & toutes les erreurs disparoîtront d'elles-mêmes à la lumiére de la vérité, que je crois a-voir eu le bonheur de découvrir.

JE POSE d'abord pour principe in-contestable, que, lors que la puissan-ce des Empereurs commença de se former, il ne se fit aucune Loi tout d'une piéce, qui fût dès-lors appellée *Loi Roiale*, & par laquelle le Peuple se dépouillât expressément de tout son pouvoir, de toute son autorité, de tout le droit qu'il avoit sur lui-même, & le transférât solennellement au Prin-ce. Le Peuple n'auroit pû alors en-tendre parler d'une telle Loi, & les Princes eux-mêmes n'auroient osé l'insinuer seulement. Je n'infére pas cela du seul silence des Ecrivains, qui vient néanmoins de ce que la chose ne s'est pas faite & n'a pû se faire. Je laisse aussi à quartier quelques petites raisons dont plusieurs se servent, & qui n'ont rien de décisif. J'ai en main deux grands argumens, qui suffiront, & qui sont d'une force à toute épreu-ve. L'un est, la haine, l'horreur, l'ex-

(2) C'est ce que dit SCIPION GENTIL, dans sa III. Harangue Rectorale, qui traite de la *Loi Roiale.*

(I) APl'exécration (1) avec laquelle on regardoit tout ce qui s'appelloit *Roi*, *Roiaume*, *Roial*, en la perfonne d'un Romain. L'autre, le foin extrême qu'avoient les Princes de jetter de la poudre aux yeux du Peuple, pour lui cacher la Puiffance Roiale qu'ils exerçoient effectivement. Le prémier paroît par divers faits incontestables. *Scipion l'Africain*, par exemple, après la victoire qu'il remporta près de la ville de *Bacula* ; étant falué Roi par tous les Princes & Roitelets d'*Efpagne*, *déclara*, comme s'exprime le Poëte (2) Silius Italicus, *que fa Patrie ne pouvoit fouffrir le nom de Roi :* ou comme Tite Live (3) le fait parler, *Qu'ailleurs le nom de Roi étoit un titre glorieux*, *mais qu'à* Rome *il étoit infupportable*. Reprocher à un Citoien

Ro-

---

(1) Appien dit que le nom de *Roi* eft chez les *Romains* ἀθίμισον ὄνομα, μ᾽ τὴν τ̄ προγόνων δεϗ. De Bell. Civil. *Lib*. II. pag. 807. *Edit. Amftel.*

(2) —— *Et Romam nomina Regum*
　　Monftravit nefcire pati ——
De Bello Punico II. *Lib*. XVI. *verf.* 283, 284.

(3) *Regium nomen alibi magnum*, Romæ *intolerabile effe.* Lib. XXVII. Cap. XIX. *num.* 4.

(4) Il fut créé au commencement de la République, pour fuppléer à ce que les Rois avoient le foin de certains facrifices publics. Voiez Tite Live, Lib. II. Cap. II.

(5) *Num*

Romain, qu'il afpiroit à la *Roiauté*, le traiter de *Roi*, à moins que ce ne fût (4) un certain Sacrificateur ainfi appellé, dépendant néanmoins du Grand Pontife, ou bien quelcun de la Famille des *Marciens*, furnommez *Rois*; c'étoit le plus fanglant affront du monde, la plus grande des injures; c'étoit dire hautement, que celui à qui l'on donnoit ce titre avoit des maniéres, & formoit des deffeins, qu'on ne devoit pas fouffrir dans un Etat libre, comme celui des *Romains*. CICERON, après avoir accufé *Rullus* & fes Collégues de s'être donnez (5) *une licence fans bornes & infupportable*, appelle cela, dans la fuite de fon difcours, une (6) *Roiauté de Décemvirs :* & il fe plaint que la Loi propofée par *Rullus*, tendoit à établir *dix Rois* (7) dans *Rome.*

(5) *Nunc profpicite omnium rerum infinitam atque intolerandam licentiam.* De Lege Agraria, contra Rullum, Orat. I. Cap. V. pag. 308. Edit. Grav.

(6) *Quum oftenderit..... nullum imperium novum, nullum regnum decemvirale* &c. Ibid. Cap. VIII. pag. 328.

(7) *Atque ego, à primo Capite Legis ufque ad extremum, reperio, Quirites, nihil aliud cogitatum, nihil aliud aftum, nifi ut decem Reges..... conftituerentur, Legis Agrariæ fimulatione atque nomine.* Orat. II. adverfus Rull. Cap. VI. pag. 365.

(1) C'eft

me. Il favoit bien que c'étoit un moien fûr de rendre odieux celui contre qui il parloit: & en effet la chofe lui réüffit fi bien, que le Peuple Romain fut porté par là à abolir la (a) *Loi touchant la diftribution des Terres*, c'eft-à-dire, celle d'où il tiroit fa fubfiftance. *Cice-ron* lui-même fe vit à fon tour expofé au même reproche. *Clodius*, fon Ennemi, le traita (1) de *Roi:* & *L. Man-lius Torquaius*, Accufateur de fa Partie, l'appella le (2) *troifiéme Roi étran-ger*, c'eft-à-dire, un homme qui le prémier dans *Rome* après *Numa Pompi-lius* & *Tarquin l'Ancien*, bouleverfoit l'Etat & faifoit tout à fa fantaifie, fous prétexte que, dans le danger le plus preffant de la République, il a-voit fait mourir, avec l'approbation du *Sénat*, les complices de la Conjuration de *Catilina*, fans qu'ils euffent été condamnez dans les formes. Un cer-

(a) *Lex A-graria.*

---

(1) C'eft ce que CICERON nous apprend lui-même dans une de fes *Lettres à Atticus*, où il rapporte de quelle maniére il pouffa *Clodius* en plein Sénat. *Quousque inquit, hunc Regem feremus ?* Lib. I. Epift. XVI. ad *Attic.* pag. 112, 113. Ed. *Grav.*

(2) *Facetius effe voluifti, quum Tarquinium, & Numam, & me tertium peregrinum Regem effe dixifti.* Orat. pro P. Sulla, *Cap.* VII. pag. 224.

(3) Le conte fe trouve dans SUETONE, qui le rap-

certain *Octavius*, qui n'étoit pas en
son bon sens, & qui à cause de cela faisoit impunément des railleries pi-
quantes contre tout le monde, (3) sa-
lua *Roi* un jour *Pompée*, & donna en
même tems à *Jules-César* le titre de
Reine, au milieu d'une très-grande Assemblée ; ce qui mortifia extrème-
ment l'un & l'autre. *Marc Manlius
Capitolin* (4), & *Tibére Sempronius
Gracchus* (5), s'étant rendus suspects
d'aspirer à la Roiauté, par les larges-
ses excessives qu'ils avoient faites pour
gagner l'esprit du Peuple, périrent
misérablement ; abandonnez l'un &
l'autre de ceux même de leur parti.
Ce qui hâta la mort de *Luc. Appulejus
Saturninus*, Tribun du Peuple; ce fut
qu'après avoir fait tuer dans une sédi-
tion *Cajus Memmius*, son Competi-
teur, dans la charge de Consul, (6) il
parut prendre plaisir à s'entendre ap-
pel-

rapporte sur la foi de *Marc Brutus*. QUO *tempore*, *ut*
M. Brutus *refert*, Octavius *etiam quidam*, *valetudine*
mentis liberius dicax conventu maximo quum Pompejum
Regem *appellasset*, *ipsum* Reginam *salutavit*. In Vit. Jul.
Cæsar. Cap. XLIX.
(4) Voiez TITE LIVE, Lib. VI. Cap. XIX, & *seqq.*
(5) Voiez FLORUS Lib. III. Cap. XIV. AUREL.
VICTOR. *de Viris Illustr.* Cap. LXIV. &c.
(6) *Quippe*, *ut Satellitem furoris sui*, Glauciam, Con-
sū;

peller *Roi* par ses Gardes. TACI-
TE parlant de quelcun qui (1) at-
tentoit à la pudeur des Jeunes Gar-
çons de condition libre, & d'un autre qui (2) souffroit qu'on lui dref-
fât des Autels, qu'on lui immolât
des victimes, qu'on semât des roses
& du laurier par les chemins où il
devoit passer, dit que ce font-là des
maniéres de Roi. JUVENAL appelle (3) *des paroles de Roi*, les termes impérieux dont se servoit un Maître de Gladiateurs en parlant à des Efclaves qu'on lui avoit vendus pour fervir dans l'Aréne, ou à ceux qui y a-
voient été condamnez, ou à ceux
qui

---

fulem faceret, Cajum Memmium *competitorem interfici
juffit : & in eo tumultu* Regem ex fatellitibus fuis fe ad-
pellatum *latus accepit.* FLORUS, Lib. III. Cap. XVI.

(1) C'est de *Tibére* que TACITE parle : *Quibus
adeo indomitis* [libidinibus] *exarferat, ut* MORE REGIO
pubem ingenuam ftupris pollueret. Annal. Lib. VI. Cap. I.
L'Auteur difoit ici, *plebem ingenuam,* au lieu de *pubem.*

(2) Ceci regarde *Vitellius : Nec minus inhumana pars
via, quam* Cremonenfes *lauro rofifque ci ftraverant, ex-
ftructis altaribus cæfifque victimis,* REGIUM IN MO-
REM. Hiftor. Lib. II. Cap. LXX. L'Auteur, de la maniére qu'il s'exprime dans l'original, femble rapporter à une même perfonne ce qui eft dit dans ce paffage, & dans celui de la Note précedente.

(3) *Scripturus Leges, & regia verba Lanifta.* Sat. XI, 8.
Voiez JUSTE LIPSE, *Saturnal. Sermon.* (& non pas,
comme citent les Commentateurs de ce Poëte, *Elec-
torum*) Lib. I. Cap. XV.]

(4) *Uti*

qui s'étoient engagez eux-mêmes (4) à se laisser lier, rouer de coups, brûler, assommer. (a) *Volésus*, au rapport de SENE'QUE (5), marchant avec un air de fierté au milieu de trois cens cadavres de gens qu'il avoit fait mourir en un jour, s'écria, que c'étoit *une action roiale.* Aussi voions-nous que *Jules César*, quoi qu'il eût accepté des honneurs excessifs, & qu'il souhaittât passionnément le nom de *Roi*, n'osa pas néanmoins le prendre ; mais, au contraire, un jour (6) que le Peuple le saluoit *Roi*, il s'y opposa, disant *qu'il étoit César, & non pas Roi :* & lors que *Marc Antoine*, pendant la Fête

des

(a) Proconsul d'Asie, du tems d'Auguste.

***

(4) *Uri, vinciri, virgis & ferro necari.* C'étoit la formule de l'engagement de ces Gladiateurs volontaires, que l'on appelloit *Auctorati.* Voiez HORACE, Lib. II. Sat. VII. vers. 58. SENEC. Epist. XXXVII. pag. 133. init. & Epist. LXXI. pag. 267. in fin. Ed. Gron. cum Not. Varior. comme aussi JUSTE LIPSE, Saturn. Serm. Lib. II. Cap. V.

(5) Volesus *nuper, sub* Divo Augusto, Proconsul Asiæ, quum trecentos una die securi percussisset, incedens inter cadavera vultu superbo, quasi magnificum quiddam conspiciendumque fecisset, Græce proclamavit : O REM REGIAM! De Ira, Lib. II. Cap. V.

(6) Quamquam & plebei Regem se salutanti, CÆSAREM SE, NON REGEM ESSE, *responderit :* & Lupercalibus, pro Rostris à Consule Antonio admotum sæpius capiti suo diadema repulerit, atque in Capitolium Jovi Opt. Max. miserit. SUETON. In vit. Cæsar. Cap. LXXIX.

(1) Proxi-

des (a) *Lupercales*, voulut à diverſes
repriſes lui mettre ſur la tête le Dia-
dême, il le refuſa, & le renvoia au
Jupiter du *Capitole*. Ce qui hâta depuis
ſa ruine, ce fut le bruit (1) qui s'étoit
répandu, que dans la prochaine Aſſemblée du Sénat on devoit propoſer
de lui donner le titre de *Roi* ſeulement
hors de l'*Italie* avec le bandeau blanc
au lieu d'une Couronne de Laurier,
pour le mettre en état de terminer heureuſement l'expédition qu'il méditoit
contre les *Parthes* ; ſous prétexte que
les Oracles des *Sibylles* portoient, que
ces Peuples ne pouvoient être vaincus
que par une Tête couronnée. Après
lui, *Auguſte*, comme le Peuple vouloit (2) à toute force l'établir Dictateur, ſe mit à genoux, jetta ſa Robe, découvrit ſa poitrine, comme
pour donner à entendre qu'il aimoit
mieux mourir, que d'accepter une
Autorité ſi deſpotique & ſi odieuſe.
Quel-

(1) *Proximo autem Senatu* [percrebuit fama] L. Cot-
tam *Quindecimvirum ſententiam dicturum : ut, quoniam libris fatalibus contineretur,* Parthos, *niſi à Rege, non poſ-
ſt vinci,* Cæſar Rex *adpellaretur.* Idem, ibid. Volez
auſſi CICERON, *de Divinat.* II, 54.

(2) *Dictaturam magna vi offerente Populo, genu nixus,
dejectâ ab humeris togâ, nudo pectore, deprecatus eſt.* SUE-
TON. Vit. Auguſt. Cap. LII. Volez DION. Lib. LIV. init.

(3) Volez

Quelques-uns voulant l'appeller (3) *Romulus* & *Quirinus*, comme un second Fondateur de la Ville & de l'Empire, il y prit plaifir d'abord : mais faifant reflexion que ce titre ne pourroit que reveiller l'idée de la Roiauté, il craignit de le prendre, & défendit qu'on le lui donnât. Il eut (4) toûjours de l'averfion pour le titre de *Seigneur*, le tenant à injure & à opprobre : & l'on a remarqué, comme un exemple particulier de fa moderation, qu'en s'emparant du Gouvernement de (5) la République, il n'avoit pas pris le titre de *Roi*, ou de *Dictateur*, mais fimplement celui de *Prince* ou de Chef.

Les Empereurs Romains étoient auffi fort foigneux de cacher le pouvoir exceffif qu'ils avoient en main, & de faire en forte, qu'on ne s'apperçût point combien ils s'étoient aggrandis aux dépens de la République, ou que fi, on le fentoit, on fe contentât de le

(3) Voiez SUETON. Cap. VII. DION CASSIUS, pag. 581. B. Edit. H. Steph.

(4) *Domini adpellationem, ut maledictum & opprobrium, femper exhorruit.* SUETON. Cap. LIII.

(5) C'eft la reflexion de TACITE : *Non regno tamen, neque dictatura, fed Principis nomine conftitutam Rempublicam.* Annal. Lib. I. Cap. IX.

le penſer ; juſques-là qu'il eſt arrivé quelquefois que des perſonnes peu circonſpectes aiant bonnement témoigné entendre un hardi Comédien qui diſoit les choſes par leur nom , il ne leur en a pas moins coûté que la vie. Peut-on rien voir de plus modeſte , qu'*Auguſte* , lequel (1) *quittant le nom odieux de* Triumvir, *prit celui de* Conſul, *& déclara qu'il ſe contentoit de la Puiſſance du Tribunat, dont il ne vouloit uſer que pour ſoûtenir les droits du Peuple ?* Quelle affectation dans toute ſa conduite, de paroître bon Citoien, & fort éloigné de tout eſprit de domination ? D'abord il (2) fit un long diſcours, mais plus ſpecieux & plus étudié que ſincére , pour déclarer qn'il ſe démettoit de ſa dignité de Chef de l'Etat, & qu'il remettoit entre les mains du Sénat le commandement des Armées, le ſoin des Provinces , le droit de faire

(1) Ce ſont les paroles de T A C I T E : *Poſito Triumviri nomine , Conſulem ſe ferens , & ad tuendam Plebem Tribunicio jure contentum.* Annal. *Lib.* I. *Cap.* II.

(2) On trouve ce Diſcours dans D I O N C A S S I U S, *Lib.* LIII. *pag.* 569, *& ſeqq. Edit. H. Steph.* & l'Hiſtorien dit qu'*Auguſte* l'avoit mis par écrit, & qu'il ne fit que le lire.

(3) *Judicia*, dit nôtre Auteur. Mais ce mot ne ſe trouve pas dans D I O N, d'où il a tiré ceci ; car voici les propres termes de la Harangue d'*Auguſte* : Ἀποδί-
δωμι

re des Loix , de lever des impôts, &
d'adminiſtrer la Juſtice (3). Ce ne fut
qu'après d'inſtantes ſollicitations & des
priéres réïterées , qu'il proteſta qu'il
ſe réſolvoit malgré lui à reprendre une
Dignité , dont il ne fut jamais plus
maître, que lors qu'il faiſoit ainſi ſemblant de s'en être deſſaiſi.   Il ne voulut pas même s'en charger pour toûjours , mais d'abord pour dix ans (4),
puis pour cinq , enſuite pour autres
cinq , après cela pour dix encore , &
toûjours ainſi ; de ſorte qu'il paſſa ſa
vie dans ces prolongations de l'Autorité
ſuprême , dont il paroiſſoit ne jouïr
qu'à tems , quoi qu'elle fut véritablement perpétuelle.   Il laiſſa au Peuple
les Provinces où tout étoit tranquille;
il garda pour lui celles où l'on tenoit
des Armées (5). Et quoi qu'il diſposât
au fond des unes & des autres , par le
moien de ſes Créatures (car il ne ſe faisoit

δχμι ὑμῖν χαὶ τὰ ὅπλα, χαὶ τὰ ἔθνη, τάς τι ωρϲίδας,
χαὶ τὰς νέμας. Lib. LIII. pag. 574. C.

  (4) C'eſt ce que DION nous apprend auſſi dans
les paroles ſuivantes , que nôtre Auteur a ſans doute
en vuë : Τῆς γὰρ δικαιτίας ἐξελθόσης, ἀλλα ἔτη ωέντε,
ἔιτα ωέντε , χαὶ μετ τὕτο δίχα, χαὶ ὕτερχ αὖθις δίχα,
ωιμετράχις δ' αὐτῷ ἐψηφίσθη· ὅςε τῇ τ' δεκετηρίων δια-
δοχῆ διὰ βίν αὐτὸν μεταρχῖσαι. Ibid. Pag. 580. C.

  (5) Ce tour qu'il prit pour mettre le Sénat hors
d'état de lui reſiſter, en même tems qu'il faiſoit ſem-

B   blant

ſoit, rien dans les Aſſemblées du Peuple qu'à ſa recommandation & ſelon ſa
volonté) il vouloit, néanmoins faire accroire que , pendant qu'il procuroit
aux Magiſtrats , avec la juriſdiction,
& toutes les marques d'honneur , un
repos heureux & tranquille, il ne s'é-
toit reſervé pour lui que les travaux,
les fatigues de la Guerre, & les périls
des revoltes. Il rendit au Peuple le
Tréſor Public, qui, depuis que *Jules
Céſar* en avoit enfoncé (1) les portes,
étoit comme aliéné par preſcription :
mais il ſe fit un Tréſor particulier, ſous
le nom de *Fiſc* , mot bas & preſque
dé-

blant de partager avec lui, & de ne ſe reſerver que les
Provinces les plus difficiles à gouverner; ce tour, dis-
je, a été auſſi remarqué par DION CASSIUS : Βε-
Ἀνδϊς δὲ δὴ καὶ ὡς δημοτικὸς τις εἶναι δόξαι.... τὰ μὲν
ἀσθενέστερα [δὴν] ὡς καὶ εἰρηναῖα καὶ ἀπόλεμα, ἀπι-
δωκε· τὰ δ' ἰσχυρότερα, ὡς καὶ σφαλερὰ, καὶ ἐπικίνδυνα,
καὶ ἤτοι πολεμίους τινὰς προσοίκους ἔχοντα, ἢ καὶ αὐτὰ
καθ' ἑαυτὰ μέγα τι νεωτερίσαι δυνάμενα, κατέσχε λόγῳ
μὲν , ὅπως ἡ μὲν Γερουσία ἀδεῶς τὰ κάλλιστα τῆς ἀρχῆς
καρπῶτο, αὐτὸς δὲ τάς τε πόνους καὶ τὰς κινδύνους ἔχῃ·
ἔργῳ δὲ , ἵνα ἐπὶ τῇ προφάσει ταύτῃ ἐκεῖνοι μὲν ἄοπλοι
καὶ ἄμαχοι ὦσιν, αὐτὸς δὲ δὴ μόνος καὶ ὅπλα ἔχῃ, καὶ
ςρατιώτας τρέφῃ. Pag. 576. B. C.

(1) Voiez PLUTARQUE dans la Vie de *Jules Céſar*, Tom. I. pag. 725. Edit. *Weſh*.

(2) Le mot Latin *Fiſcus* ſignifie proprement un Panier
d'oſier ou de jonc, & l'on appella ainſi le Tréſor du Prince, à cauſe que l'on ſe ſervoit de ces ſortes de Paniers,
pour tenir les ſommes d'argent un peu groſſes. Au reſte,
c'eſt

dégoûtant, auquel il donna (2) le prémier un sens si relevé ; de sorte qu'en
même tems qu'il disposoit des deniers
publics, comme des siens propres, on
s'imaginoit qu'il n'osoit y toucher, &
qu'il les tenoit pour indépendans de
son administration. Il conserva les anciens noms des Magistrats, il leur laissa les mêmes marques d'honneur, il
augmenta leurs émolumens; il ne donna que le titre de *Propréteurs* à ceux
qu'il envoioit dans les Provinces, (3)
mais il voulut qu'on appellât *Procon-
suls* ceux qui y alloient de la part du
Sénat, & outre cela il leur permit d'a-
voir

c'est apparemment par conjecture que l'Auteur dit
qu'*Auguste* fut le premier qui emploia ce terme de *Fisc*
pour distinguer le Trésor du Prince, d'avec le Trésor public ou celui du Peuple, que l'on appelloit *Æ-
rarium*. Je ne sai du moins d'où il a tiré cette cir-
constance ; car on n'en trouve rien dans DION, de
qui il a pris tout ce qu'il dit ici d'*Auguste*. Cet Historien dit seulement, qu'*Auguste* donnant au Peuple
quelques Spectacles publics, en fit la dépense de ses
propres deniers (*Lib.* LIII. *init.* p. 568. D.) & qu'encore que le Trésor public fût distinct & séparé du sien
propre, il disposoit également de l'un & de l'autre
à sa fantaisie : Ἅτε καὶ τ χρημάτων κυρίων (λόγῳ
μὲν τὰ δημόσια ἀπὸ τ ἑαυτῶ ἀπεκρίνατο, ἔργῳ δὲ καὶ
ταῦτα πρὸς τὴν γνώμην αὑτῶ ἀπλίσκετο) &c. Pag.
580. C.

(3) Voiez le Commentaire de SAUMAISE sur
SPARTIEN, *in Hadriano*, Cap. III. pag. 34. & *seqq.*
& Cap. XXII. pag. 199. *Edit. Lugd. Bat.*

B 2   (1) Six

voir un plus-grand (1) nombre de *Lic-teurs*, comme pour donner à entendre que les derniers tenoient leur emploi d'une Puiſſance ſupérieure, & au deſ-ſous de laquelle il ſe reconnoiſſoit lui-même.

Je ferois un volume entier, ſi je ra-maſſois tous les artifices à la faveur deſquels *Auguſte* impoſa même à quel-ques perſonnes éclairées, juſqu'à leur perſuader qu'il avoit beaucoup relâché de cette grande puiſſance à laquelle il s'étoit élevé, & qu'il l'avoit extrême-ment abbaiſſée, quoi qu'au fond il la retînt toute entiére. *Tibére* ſût bien profiter des leçons qu'il avoit priſes dans une ſi bonne Ecôle. A peine *Au-guſte* eut-il rendu l'ame, qu'il ne fit pas (2) de difficulté d'agir en maître, ſans oſer néanmoins s'emparer ouver-tement de l'Autorité Suprême. Quand on

----

(1) Six; au lieu que les *Propréteurs* n'en avoient que cinq. Voïez DION, pag. 577, 578.

(2) L'Auteur emploie ici les propres termes de SUETONE: *Principatum*, *quamvis* NEQUE OCCUPA-RE CONFESTIM, NEQUE AGERE DUBITASSET, & *ſtatione militum*, *hoc eſt*, *vi & ſpecie dominationis ad-ſumta*, *diu tamen recuſavit impudentiſſimo animo*. Vita Ti-ber. Cap. XXIV.

(3) Ceci eſt tiré de TACITE, dont l'Auteur em-ploie auſſi les propres paroles: *Nam Tiberius cuncta per Conſules incipiebat*, *tamquam veteri Republica*, & am-bi-

on la lui offrit ensuite, il la refusa fort
opiniâtrement. Il n'entreprit rien d'a-
bord que sous les auspices des Consuls,
comme (3) si la forme ancienne de la
République eût encore subsisté, &
qu'il n'eût pas été lui-même bien ré-
solu à prendre en main les rênes du
Gouvernement. Enfin, comme les
Sénateurs (3) l'en prioient à genoux,
il se rendit, mais avec de grandes complaintes de l'esclavage pénible auquel
on l'assujettissoit. (4) Il dit, qu'on ne
savoit pas combien l'Empire étoit une
Bête difficile à gouverner : il déclara qu'il ne prétendoit s'y engager,
que jusqu'à ce qu'on trouvât juste &
raisonnable de donner du repos à sa
vieillesse. Peut-on rien voir de plus
beau, que les paroles (4) suivantes,
par lesquelles il commença un jour
son discours en plein Sénat : *Je vous*
ai

biguus imperandi. Annal. Lib. I. Cap. VII. num. 9.
(4) Ici revient SUETONE : Nunc adhortantes amicos
intrepans, ut ignaros quanta bellua esset Imperium : nunc
precantem Senatum, & procumbentem sibi ad genua, am-
biguis responsis & callida cunctatione suspendens..... Tan-
dem quasi coactus, & querens miseram & onerosam in-
jungi sibi servitutem, recepit imperium : nec tamen ali-
ter, quàm ut depositurum se quandoque spem faceret. Ipsius
verba sunt hæc : Dum veniam ad id tempus, quo vobis
æquum possit videri, dare vos aliquam senectuti meæ
requiem. Vit. Tiber. Cap. XXIV.

ai (1) souvent dit, Messieurs, qu'un bon Prince, un Chef digne de l'honneur que vous lui avez fait de le revêtir d'un pouvoir si grand & si étendu, doit toûjours s'accommoder à la volonté du Sénat, souvent à celle de tous les Citoïens, & la plûpart du tems à celle de chaque Particulier. Je le répéte encore, & je ne me repens point de vous l'avoir dit; car jusqu'ici je vous ai regardé, & je vous regarde encore comme des Seigneurs bons, équitables, & favorables. Non seulement cela : il rendoit encore de grands honneurs aux Consuls ; il les saluoit fort respectueusement, il leur cedoit (2) le pas & leur donnoit le haut du pavé : & pour enchérir sur son Maître, il ne prenoit pas le titre de Consul, mais celui de simple (3) Sénateur, que *Néron* aussi se laissa donner sans en

pa-

(1) *Et inde omnes adloquens :* Dixi & nunc, & sæpe alias, PATRES CONSCRIPTI, bonum & salutarem Principem, quem vos tanta & tam libera potestate instruxistis, Senatui servire debere, & universis civibus sæpe, & plerumque etiam singulis : neque id dixisse me pœnitet, & bonos & æquos & faventes vos habui dominos, & adhuc habeo. *Ibid.* Cap. XXIX.

(2) *Nec mirum, quum palam esset ipsum quoque iisdem* [Consulibus] *& adsurgere, & decedere via.* SUETON. Cap. XXXI.

(3) Cela paroît par ce qu'il dit un jour en plein Sénat à *Quint. Haterius :* DISSENTIENS *in curia à Quinto Haterio : rogasses. inquit : rogo,* si quid adversus te

ii ç

paroître choqué, par *Vatinius*, Gar-
çon Cordonnier de *Benevent*, qui lui
difoit tous les jours : *Je vous hais, Céfar, parce que vous êtes Sénateur* (4).
Voilà un mot qui renferme la plus fine flatterie. Celui des Poëtes Latins
qui a excellé dans l'art de faire des
Epigrammes, difoit de l'Empereur (5)
Trajan, avec plus de fincérité & de
vérité : *Ce n'eſt pas un Maître fuperbe,
mais un bon Chef, mais un Sénateur, le
plus juſte & le plus équitable qu'il y ait
jamais eu.* Nous voïons encore, que
Claude ne fit pas difficulté de déclarer
hautement, qu'il ſe regardoit (6) comme *étant du nombre des Citoiens.* Mais,
pour revenir à *Tibére*, il ſût ſi bien é-
blouïr le monde par un faux femblant
d'humilité, qu'il y eut des Députez
d'*Afrique*, (7) qui ſe plaignirent un
jour

liberius, SICUT SENATOR, dixero. *Ibid.* Cap. XXIX.
(4) C'eſt XIPHILIN, qui nous a confervé ce
mot. Μισῶ σε, Καῖσαρ, ὅτι συγκλητικὸς εἶ. Pag. 150.
B. *Edit. Steph.* On trouvera le caractère de ce Bouf-
fon de *Niron*, dans TACITE, *Annal.* Lib. XV. Cap.
XXXIV,
(5) *Non eſt hic Dominus, ſed Imperator,*
Sed juſtiſſimus omnium ſenator.
MARTIAL. Lib. X. *Epigr.* LXXII. *verf.* 8, 9.
(6) C'eſt TACITE qui nous l'apprend : *Ubi ille*
[Glaudius] unum ſe civium, & confenſui imparem
reſpondit &c. Annal. *Lib.* XII. Cap. V. *num.* 3.
(7) SUETONE dit, que c'étoit aux Confuls que

B 4.   ces

jour au Sénat qu'il les faifoit trop attendre, & priérent le Sénat de l'obliger à les expédier au plûtôt; comme
fi *Tibére* n'eût été que l'Agent & l'Of-
ficier du Sénat. De forte que ce ne
fut pas fans raifon qu'un Aftrologue a-
voit prédit, pendant que *Tibére* étoit
encore enfant, (1) *qu'il régneroit un
jour, mais fans tout l'appareil extérieur
de la Roiauté; car*, ajoûte S U E' T O-
N E, de qui j'ai tiré cette circonftance, *le pouvoir des Céfars étoit encore in-
connu.* C'eft qu'ils n'oublioient rien
pour le cacher, & qu'ils ne le laiffoient
pas voir dans toute fon étenduë, afin
de le rendre moins odieux, & pour
l'exercer fûrement, fans être expofez
à l'envie & aux embûches.

Croirons-nous donc, que des Princes de ce caractére, de fi fins Politi-
ques, dans un tems où l'on haïffoit fi
fort le nom de *Roi*, aient voulu faire
propofer, au fujet de leur Dignité,
quelque Ordonnance qui fût nommée
Roiale, & par laquelle un Peuple, accoûtumé à commander, fe foûmît vo-
lon-

ces Députez s'adrefférent : *Tanta Confulum auctoritate,
ut Legati ex Africa adierint eos, querentes trahi fe à Cafa-
re, ad quem miffi forent.* Cap. XXXI.
(1) *Ac de infante Scribonius Mathematicus praclara
fpo-*

lontairement à la domination d'un seul homme, lui transférât toute son autorité, & lui donnât sur soi toute sorte de pouvoir? Croirons-nous qu'ils aient été assez imprudens & assez hardis pour témoigner ainsi sans détour, qu'ils fouloient insolemment aux pieds la Liberté Publique, & qu'ils la menoient comme attachée à leur Char de Triomphe? Une personne qui a, je ne dirai pas quelque savoir, mais seulement le Sens-commun, peut-elle se mettre dans l'esprit rien de semblable?

CELA n'empêche pas, qu'on ne doive poser comme un fait certain & indubitable, que, malgré toute l'aversion qu'on avoit pour le nom, la chose même existoit déja réellement. Oui, quoi que personne n'eût ni entendu prononcer sans horreur, ni osé prononcer ouvertement le terme de *Loi Roiale*, également fuï & de ceux qui avoient usurpé la domination, & de ceux qui subissoient patiemment le joug; c'est alors néanmoins que la *Loi Roiale*, ainsi

spopondit : etiam regnaturum quandoque , sed sine regio insigni : ignota scilicet tunc adhuc Cæsarum potestate SUETON. Cap. XV.

B 5   (1) *Has*

si nommée très-véritablement & avec
une épithéte très-convenable & très-
élégante, par les Jurisconsultes des Siécles suivans, ici comme ailleurs excel-
lens modéles (1) de la bonne Latinité,
c'est alors, dis-je, précisément que
cette Loi commençoit à se former,
qu'elle se glissoit, qu'elle s'introduisoit,
non pas à la vérité tout d'un coup,
mais peu-à-peu & par intervalles : semblable à un Enfant, dont les (2) membres prennent leur forme insensible-
ment & par degrez dans le sein de sa
Mére, qui le porte. Les Histoires de
ce tems-là sont toutes pleines de ce
que je viens de dire, & que je vais
prouver tout-à-l'heure : mais personne, que je sâche, n'y a encore pris
garde. De là vient que l'on s'est vai-
nement tourmenté à chercher ce qu'on
ne pouvoit trouver. On s'étoit mis
dans

____

(1) *Hac quoque parte optimis Latini sermonis Auctoribus.*
Ce sont les termes de l'Original. Pour savoir ce qu'il
faut penser de la Latinité de ces anciens Jurisconsultes, on n'a qu'à voir les *Opuscula de Latinitate Jurisci-
sultorum vett.* publiez en 1711. par Mr. DUKER, a-
vec les Notes & la Préface qu'il y a joint.
(2) L'Auteur exprime cela par deux vers, qui sont
d'OVIDE.
  Utque hominis speciem maternâ sumit in alvo,
  Perque suos intus numeros componitur infans &c.

M e ǃ

dans l'esprit qu'il devoit y avoir quelque part une Ordonnance du Peuple,
qui établît en termes exprès la *Loi
Roiale*, par laquelle le Peuple se dé-
pouilloit désormais, en faveur de *Cé-
san*, de tout son pouvoir sur soi-même
& sur ceux qui dépendoient de lui : on
a jetté les yeux de tous côtez, on a
fouillé dans tous les coins & recoins
des Livres de l'Antiquité, pour tâcher
de découvrir cette résignation de l'Autorité Souveraine ; & quoi qu'elle soit
répanduë en mille endroits, où elle se
montre toûjours d'une maniére qui
frappe, on ne l'a point apperguë, parce qu'elle n'y est pas formelle & tout
d'une suite. Il me semble voir un
Voiageur, qui aiant remarqué sur son
chemin un de ces monceaux de pierres, consacrez (3) autrefois à *Neptune*,
& qui s'étoient formez avec le tems

de

Metamorph. *Lib.* VII. *verf.* 225, 226.
(3) Comme *Mercure* étoit le Dieu qui présidoit aux
grands chemins & aux carrefours, on y dresfoit non
seulement des Statuës quarrées & grossiéres de ce
Dieu, lesquelles on appelloit *Herme*, & qui servoient
à guider les Voiageurs ; mais encore on y mettoit
des monceaux de pierres, qui étoient regardez comme consacrez à *Mercure*, & que chaque Passant se
faisoit un point de Religion d'augmenter. Voiez S E L-
D E N, *de Diis Syris*, Syntagm. II. Cap. XV.

B 6   (1) Ce-

ce que les Paſſans y jettoient; recher-
cheroit avec ſoin quel homme s'étoit
aviſé d'entaſſer là un ſi grand nombre
de pierres, de quelle voiture, de quel
chariot il s'étoit ſervi pour cela, &
en quel jour il les y avoit fait tranſporter. Mais venons au fait, dont il
eſt queſtion.

Lorſque *Jules Céſar*, après avoir
allumé la Guerre Civile, eût chaſſé
de *Rome* & de toute l'*Italie* le parti
contraire au ſien, & battu en *Eſpagne*
les Lieutenans du Grand *Pompée*; comme il fut de retour à *Rome*, (1) *Marc
Emile Lépide*, Préteur de la Ville, le
déclara (2) Dictateur, contre l'ancienne coûtume, après en avoir reçû ordre du Peuple dans une Aſſemblée où
tout ce qui ſe faiſoit n'étoit qu'une pure comédie. Après la bataille de *Phar-
ſale*, on lui (3) permit de traiter ceux
du parti de *Pompée*, comme il le ju-
ge-

_____

(1) Celui qui fut depuis un des Triumvirs.
(2) Voiez DION, Lib. XLI. pag. 191. A. & PLU-
TARQUE, *in vit. Ceſar.* pag. 725. E.
(3) Tout ceci eſt rapporté par DION, Lib. XLII.
pag. 218, 219.
(4) *Id ſummi faſtigii vocabulum* [Tribunitiam Poteſta-
tem] *Auguſtus repperit, ne Regis aut Dictatoris nomen
adſumeret, ac tamen adpellatione aliqua cetera imperia præ-
mineret.* Annal. Lib. III. Cap. LVI. num. 2. On peut
voir là-deſſus une Diſſertation d'OBRECHT, *de
Tri-*

geroit à propos : on lui donna plein
pouvoir de faire la Paix & la Guerre,
de lever & de commander des Armées
contre qui il voudroit, & de faire ensuite avec l'Ennemi tel accord que bon
lui sembleroit, le tout sans en rien com-
muniquer ni au Sénat, ni au Peuple.
On le créa de plus Consul pour cinq
années de suite ; Dictateur pour une
année entière ; & non pour six mois
seulement ; Tribun du Peuple, pour
toute sa vie. C'étoit-là un grand a-
chéminement à la *Loi Roiale* ; & la
perpétuité de la Puissance du Tribunat
suffit pour le faire voir ; car TACI-
TE (4) dit que c'étoit un mot dégui-
sé, *qui emportoit l'Autorité Souveraine.*
La victoire d'*Afrique* valut à *César* l'inspection (5) des mœurs pour trois ans ;
la Dictature, pour dix ans ; la Chaise
d'yvoire dans le Sénat toûjours placée
au milieu des deux Consuls ; le droit
d'o-

Tribunitia Cæsarum Romanorum Potestate, qui est la XXII.
du Recueil publié à *Strasbourg* en 1704.

(5) *Magisterium morum.* C'étoit la dignité de Censeur, un peu déguisée : car *Jules-César*, par une fausse
modestie, ne voulut pas être appellé Censeur, mais
seulement *Præfectus moribus*, comme CICERON le
qualifie, *Lib.* IX. *Epist. ad Famil.* Ep. XV. ce que
DION exprime ainsi, τ̀ τετ̀ραν τ̀ ἰκδεν ὑπιεδτηε,
Lib. XLIII. pag. 249. A. Voiez CASAUBON, sur
SUETONE, Vit. Cæs. Cap. LXXVI.

B 7   (1) *Map*

d'opiner toûjours le prémier ; l'honneur de (1) donner le signal pour faire
commencer les *Jeux du Cirque* ; le pouvoir de conférer les Charges à ceux
qu'il en jugeroît dignes, & de faire
de son chef tout ce que le Peuple a-
voit accoûtumé d'ordonner dans les
Assemblées. Après la bataille de *Mun-
de* en *Espagne*, on ajoûta à tout cela
le (2) prénom d'*Empereur* pour lui &
pour les Fils & Petits-fils qu'il pourroit avoir : on voulut que dans les affaires de la Guerre il eût une (3) autorité supérieure à celle de tous les autres
Généraux ; qu'aucun autre que lui ne
pût s'attribuer en chef la gloire des a-
vantages remportez, & que tous les
bons succès des Armes Romaines fussent
regardez comme provenus de lui & ar-
rivez sous ses auspices. On le désigna
en même tems Consul pour dix ans,
com-

(1) *Mappam mittere*, parce que celui qui donnoit le
Spectacle, montroit une espéce de serviette, quand il
vouloit que l'on commençât. Voïez TORRENTIUS,
sur *Suétone*, dans la Vie de *Néron*, Cap. XXII.

(2) C'est-à-dire, que ce titre devînt comme son
nom propre, & qu'on le mettoit au-devant de tous
les autres, de cette manière : IMPERATOR CAJUS
JULIUS CÆSAR. Voïez DION, Lib. XLIII. pag.
486. D. E. & les Interprètes sur SUÉTONE, Vit.
Cæf. Cap. LXXVI.

(3) C'est

comme on l'avoit déja établi Dictateur pour un pareil terme : on ordonna que les Soldats prêteroient ferment
à lui feul ; que lui feul auroit le maniment des deniers publics, & que perfonne autre n'y pourroit toucher fans
fon ordre. On (4) lui décerna auffi le
furnom de *Pére de la Patrie* : on frap-
pa de la monnoie avec fon image : on
le créa (5) Cenfeur perpétuel : on déclara infame, exécrable, & digne des
plus grandes imprécations, (6) quiconque l'offenferoit ou en actions , ou en
paroles : on (7) donna la garde de fon
corps à des gens choifis de l'Ordre des
Sénateurs & de célui des Chevaliers :
on réfolut que tout ce qu'il feroit feroit tenu pour bon , & ne pourroit ê-
tre annullé ni revoqué.   Je ne dis rien
des marques extérieures de diftinction,
qui faifoient néanmoins beaucoup d'im-
pref-

<hr>

(3) C'eft ce que DION exprime ainfi : Καὶ μήτε
ευρεπτίδσαι τινά , μηθ' ὅλως ὑπικοινανήσαι ἢ κατα-
πεεχθίτταν, Wίσταν. Pag. 267. B.

(4) Voïez DION, *Lib.* XLIV. pag. 275. D.

(5) DION, *ibid.* B.

(6) C'étoit le privilége des *Tribuns du Peuple* : Τῷ
τε τῆς Δημαρχίαι διδόμενα καρπῶσι, ὥστε ἂν τις ἢ ἔργῳ
ἢ λόγῳ αὐτὸν ὑβρίσῃ, ἱερόσυλός τε καὶ ἐν τῷ ἀγει ἐπίγρα-
πται. DION, Lib. XLIV. pag. 275. B.

(7) Voïez DION, pag. 275. C.

(1) C'é-

preſſion, ſur l'eſprit du Vulgaire, comme, de permettre que Céſar portât toûjours (1) un Habit de triomphe, & qu'il mît certains ornemens (2) au ſommet de ſa Maiſon, d'élever un Temple (3) à la Clémence de *Céſar*, d'établir des (4) Prêtres en ſon honneur, de lui aſſigner dans le Cirque un de ces Chariots (5) ſur leſquels on portoit en proceſſion les ſimulacres des Dieux, avec un Siége d'or & une Couronne de Diamans, de placer ſes Statuës auprès de celles des Rois & des Dieux ; & autres choſes ſemblables.

Tout cela s'évanouït avec *Jules Céſar*, & fut interrompu pendant le régne des Triumvirs, qui dura près de vint-deux ans. Mais *Octavien* étant demeuré vainqueur après la bataille d'*Ac-*

(1) C'étoit une Robe de pourpre, brodée d'or & d'argent. Voïez S A U M A I S E, dans ſon Commentaire ſur le *Carinus* de V O P I S Q U E, pag. 853, 854. Au reſte cette circonſtance eſt tirée de D I O N, pag. 274. C.

(2) *Faſtigium in ædibus.* C'étoient quelques Statuës ou autres ornemens qu'on avoit accoûtumé de mettre au deſſus du ſommet des Temples. Voïez C I C E R O N, *Philippic.* II. *Cap.* XLIII. F L O R U S, *Lib.* IV. *Cap.* II. *num.* 91. & S A U M A I S E ſur le *Peſcennius Niger* de S P A R T I E N, pag. 678.

(3) Voïez D I O N, pag. 275. D. A P P I E N, *De Bell. Civil. Lib.* II. pag. 494. *Ed. Steph.* 807. *Ed. Amſtel.* & C H A R L E S P A T I N, ſur S U E T O N E, *Vit. Cæſar.* Cap. LXXV.

(4) Fla-

d'*Actium*, la Flatterie (6) accumula les mêmes honneurs en sa personne, peu-à-peu aussi & à diverses reprises, de peur que, si on l'en accabloit tout d'un coup, la chose ne parût trop odieuse. D'abord on lui conféra sept Consulats de suite, & la Puissance du Tribunat, avec pouvoir de l'exercer & dans la Ville, & hors de la Ville jusqu'à mille pas à la ronde; ce qui n'avoit jamais été permis aux Tribuns du Peuple. (7) On ordonna aussi que chacun pourroit appeller par devant lui de la sentence des Juges, & qu'il auroit le *suffrage de Minerve* dans tous les Tribunaux.

Arrêtons-nous un moment à expliquer ce que c'est que ce *suffrage de Minerve :* car les Interprêtes de DION CAS-

---

(4) *Flamen, Luperci.* Voiez SUETONE, *Vit. Caf.* Cap. LXXVI. DION, pag. 275. D. E.

(5) *Thensa,* ou *Tensa.* Voiez DION & SUETONE, *ubi supra.*

(6) *Adtritis miferabiles labellis* [blanditia] MARTIAL. Lib. X. Epigr. LXXII. ℣. 2.

(7) Καὶ ἡ Καίσαϱι τὴν τε ἐξυσίαν τὴν τ̔ Δημάϱχων διὰ βίυ ἔχιιν, καὶ τοῖς ὑπιβουλομένοις αὐτὸν, καὶ αὐτὸς τε συμπϱῶν, καὶ ἔξω, μίχϱι ὀϱδόυ ἡμισαδίυ ἀμύνιιν (ὃ μηδιὶ τ̔ Δημαϱχύιταν ἔξῆν) ἐκκλητόν τι δικάζιιν, καὶ ψῆϕον τινὰ αὐτῶ ἐν πᾶσι τοῖς δικασυϱίοις, ὥσπιϱ Ἀθηνᾶς, ϕίϱιῶ. DION, Lib. LI. pag. 523. C.

CASSIUS, & ceux qui les derniers
ont traité la matiére, s'y font lourde-
ment trompez. Que signifie, en effet,
ce que difent quelques-uns, que celui
qui avoit un tel droit pouvoit opiner,
comme s'il étoit *Minerve*? ou ce que
prétendent quelques autres, qu'on
comptoit une voix pour lui, comme
pour *Minerve*? Le *fuffrage de Miner-*
ve n'eft pas non plus un (1) jugement
exact, par oppofition au Proverbe,
Jugement de Pourceau, ni une façon de
parler ironique, pour défigner un homme ftupide & fans jugement. Ce n'eft
pas un fuffrage, d'où il n'y ait point
d'appel, comme fi l'expreffion étoit
venüe de ce que *Jupiter* ne refufoit
rien à *Minerve* : ce n'eft pas un confeil très-fage, un *confeil d'Archiméde*,
comme parle (2) CICERON, que le
Sé-

_____

(1) C'eft une des explications que donne ERAS-
ME, dans fes *Adages* : mais de la maniére que l'Auteur s'exprime ici dans l'Original, il femble ne faire
qu'une feule & même chofe de cette explication, &
de la fuivante, qu'ERASME ajoûte comme la meil-
-leure.

(2) Je ne fai où CICERON s'exprime ainfi ; on
n'en voit rien dans NIZOLIUS. Je foupçonne qu'on
a eu en vûë le ἀπολύεται Ἀρχιμήδειον, qui fe trouve
en deux Lettres à *Atticus*, XII, 4. XIII, 28. mais qui
fignifie toute autre chofe, favoir une Queftion, un
Problème difficile à refoudre, comme ceux de ce fameux Mathématicien de l'Antiquité.

(3) C'eft

Sénat se crût obligé de suivre toûjours.
Voilà pourtant toutes les explications
dont les Savans se sont avisez, & dont
aucune n'est bien fondée. La vérité
est, que cette façon de parler prover-
biale vient de la Fable (3). Les My-
thologues nous disent, qu'*Oreste* aiant
tué sa Mére pour venger la mort de
son Pére, qu'elle avoit assassiné à cause d'un Galant, il fut accusé de parri-
cide devant le Tribunal de l'*Aréopage*:
& que, comme le sentiment qui portoit condamnation du Criminel (4) emportoit d'une voix, la Déesse *Minerve* intervenant d'une façon miraculeuse, ajoûta son caillou à ceux qui mar-
quoient l'absolution, & déclara que ce
devoit être une Loi, que dans un partage le sentiment le plus doux l'em-
portât; de sorte qu'*Oreste* évita ainsi
la

(3) C'est ainsi que l'explique BŒCLER, dans u-
un Dissertation entiére *De calculo Minerva*, qui apparemment n'avoit pas encore été publiée dans le tems
que nôtre Auteur composa la sienne ; & qui est la V.
du I. Tome des *Dissertations Académiques* du Professeur
de *Strasbourg*.

(4) Le Savant MEURSIUS, fondé sur l'autorité
d'ARISTIDE, & de l'Empereur JULIEN, prétend
que les voix étoient égales. Voiez son Traité *de l'A-
réopage*, Cap. X. Mais le sentiment de nôtre Auteur,
& de BŒCLER, est appuié sur d'autres autoritez
plus fortes.

(1) Je

la peine. Le *suffrage de Minerve* se rapporte donc aux Jugemens Criminels, & non pas aux déliberations du Sénat : & il signifie un droit d'égaler les opinions, non pas précisément lors que la plus rigoureuse l'emporte d'une seule voix, mais quelque (1) grand que soit le nombre de voix qui manquent de l'autre côté : par conséquent cela renferme le pouvoir de faire grace à ceux qui sont convaincus & condamnez juridiquement, ce qui est sans doute un privilége du Souverain, & une partie de l'Autorité Suprême, comme il paroît par ces paroles que SENEQUE met dans la bouche d'un Prince : (2) *Chacun peut tuer un autre au mépris des Loix, il n'y a que moi qui puisse sauver la vie à un homme, malgré les Loix.*

Pour

(1) Je trouve dans LUCIEN un passage, qui me semble donner à entendre cela assez clairement. Il introduit un Disciple, qui dit à son Maître que son approbation lui vaudra le suffrage de *Minerve*, parce qu'elle supléera parfaitement au nombre des Jugemens favorables qui pourront lui manquer pour égaler le nombre de ceux qui lui seront désavantageux : ῞Ωστε ἤν σοι καὶ τῶν ἔμοι ᾗ τῷ χεῖρον ἴσωσιν αἱ ψῆφοι ἐν τῷ λόγῳ, καὶ ἐλάττους ὦσιν αἱ ἄμείνους οὐ τὸν τ' Ἀθηνᾶς προσθήσεις, ἀναπλήρει τὸ ἐνδέον παρὰ σεαυτῷ, καὶ τὸ ἐπαισχύναμα ἐκκείδν σοι δοκείτω. In *Harmonid.* Tom. I. pag. 589. Edit. *Amst.*

(2) *Occidere contra Legem nemo non potest : servare nemo,*

pin-

Pour revenir à *Auguste*, on ordonna (3) encore que, toutes les fois que les Prêtres & les Vierges Vestales feroient des vœux pour le Sénat & le Peuple, il fût fait mention expreffément de *César*, pour le recommander auffi d'une façon particuliére à la protection des Dieux : on l'autorifa en même tems à choifir qui il voudroit pour le faire Membre des Colléges de Prêtres, même au delà du nombre fixé. L'an de la fondation de *Rome* (4) DCCXXIV. on lui donna le prénom d'*Empereur*, pour lui, pour fes Fils & Petits-fils, comme on avoit fait à *Jules César*. L'année fuivante, qui étoit celle de fon (5) cinquiéme Confulat, il rendit au Sénat quelques Provinces, par un marché femblable à celui du Lion de
la

---

præter me. De Clement. *Lib.* I. *Cap.* V.

(3) Voiez D I O N, *Lib.* LI. pag. 523, 524.

(4) L'Auteur fe trompe. D I O N, *Lib.* LIII. *pag.* 565. B. C. rapporte ceci à l'année DCCXXV. de la fondation de *Rome*, fous le cinquiéme Confulat d'*Augufte*. Que fi nôtre Auteur a fuivi l'Ere de *Caton*, il devoit marquer l'année DCCXXIII. Voiez la *Note* fuivante.

(5) C'eft une fuite de la méprife que j'ai remarquée dans la *Note* précedente : car D I O N rapporte ceci expreffément au *fixiéme Confulat d'Augufte*, & non pas au *cinquiéme*, pag. 576, & *fiqq.*

(1) Voiez

la Fable, & il voulut qu'on lui eût une
ne grande obligation de ce qu'il laiffoit
le Sénat fans armes & fans défenfe,
pendant que lui avoit à fon commandement vint-cinq Légions avec un
grand nombre de Troupes auxiliaires,
& outre cela deux Flottes, (1) une à
Mifène, l'autre à *Ravenne*, qui le rendoient maître de l'*Italie*, & dix Co-
hortes Prétoriennes, avec trois de la
Ville, par le moien defquelles il bri-
doit *Rome*. De forte que c'eft avec
raifon que DION CASSIUS, après
avoir raconté ce que je viens de dire,
ajoûte : (2) *C'eft ainfi que tout le pouvoir du Peuple & du Sénat paffa entre
les mains d'*AUGUSTE. Les paroles
de cet Hiftorien font d'autant plus remarquables, qu'on y voit le titre d'*Augufte*, dont *Octavien* commença à fe
parer infolemment vers ce tems-là, je
veux

(1) Voiez SUETONE., *Vit. Auguft.* Cap. XLIX.
TACIT. Annal. IV, 4. VEGETIUS, *de Re Militari*,
Lib. V. Cap. I. & JUSTE LIPSE, dans fon Traité
De magnitudine Romana, Cap. V.
(2) Οὔτω μὲν δὴ τά, τε τῦ Δήμκ κỳ τὸ ϝ Γεραίικ
τὸ πᾶν κεᾶτ⊙ ἐς ϝ Ἀυγκτον μετίϛη. Lib. LIII. pag.
581. C.
(3) Plancus *artifex ante* Vitellcium *maximus*. Natu-
ral. Quæft. *Lib.* IV. *Præfat.*
(4) C'eft ce que nous voions dans SUETONE, Vit.
Aug. Cap. VII.

(5) *Sed*

veux dire, pendant son septiéme Conſulat. Ce fut *Munatius Plancus*, grand Orateur, mais, au jugement de (3) SENE'QUE, le plus grand Flatteur qu'il y eût eu à *Rome* avant *Vitellius*; ce fut lui, dis-je, qui imagina ce titre, & qui propoſa (4) au Sénat d'en orner *Octavien*; afin qu'on le regardât non ſeulement comme heureux avant ſa mort au deſſus de ce que peut être un Homme, mais encore comme Dieu pendant ſa vie même, & *qu'il fût déïfié ſur la terre*, ainſi que le dit FLORUS; (5) par un titre comme celui-là, qui ſignifie proprement *Saint, dédié, conſacré, inſtallé à quelque dignité qui emporte des hommages religieux*. L'an DCCXXX. de la fondation de *Rome*, (6) qui étoit celui de ſon neuviéme Conſulat, on lui confirma la Puiſſance du Tribunat à perpétuité : on lui per-

---

(5) *Sed ſanctius & reverentius viſum eſt nomen* AUGUSTI, *ut ſcilicet, jam tum, dum colit terras, ipſo nomine & titulo conſecraretur.* Lib. IV. Cap. XII. num. 66.

(6) L'Auteur ſe trompe encore ici. Car ce fut ſous le *onzieme Conſulat* d'*Auguſte*, & non pas ſous le *neuviéme*, que ceci ſe paſſa ; & par conſéquent l'an DCCXXXI. de la fondation de *Rome*, ſelon l'Ere de *Varron*, que DION CASSIUS ſuit (*Lib.* LIII. pag. 594. B.) ou bien l'an DCCXXIX. ſelon l'Ere de *Caton*, qui eſt la plus juſte.

(1) *Jus*

permit de propofer (1) ce qu'il lui
plairoit dans chaque Aſſemblée du Sénat, lors même qu'il ne ſeroit pas
Conſul : on réſolut que (2) dans toutes
les Provinces où il ſe trouveroit il auroit une Autorité Proconſulaire ſupérieure à celle de ceux qui les gouver-
noient, avec le privilége de n'être point
obligé de s'en demettre, quand il en-
treroit dans *Rome*, ni de la faire renouveller quand il en ſortiroit. Deux ans
(3) après, on lui donna pouvoir de
convoquer le Sénat toutes fois & quantes que bon lui ſembleroit, ſans en excepter

---

(1) *Jus relationis facienda quovis Senatu, qua de re
vellet* &c. C'eſt ainſi que nôtre Auteur exprime le
ſens des paroles de DION, qu'il ſemble n'avoir pas
entenduës, ou n'expliquer pas du moins aſſez clairement : Καὶ χρηματίζειν αὐτῷ περὶ ἐνὸς ὅτε ἂν [il y a
dans les Editions ὅτε ἂν, ce qui eſt une faute, comme
l'a remarqué CASAUBON] ἐθελήσῃ καθ' ἑκάστην Βαλὴν, κἂν μὴ ὑπατεύσῃ, ἔδωκε [ἡ Γερουσία]. Lib. LIII.
pag. 594. B. Le Savant, que je viens de citer, en
même tems qu'il corrige ce paſſage (dans ſon Commentaire ſur SUE'TONE, *in Vit. Cæſar.* Cap. XX.) remarque très-bien, que l'Hiſtorien ne veut pas dire
qu'il ſeroit permis à *Auguſte* de propoſer dans le Sénat tout ce qu'il voudroit & autant de fois qu'il lui
plairoit : mais ſeulement de faire dans chaque Séance
une propoſition unique ſur quoi que ce fût qu'il trouveroit à propos. Ce ne fut qu'avec le tems, & à meſure
que la puiſſance des Empereurs s'accroiſſoit, qu'on augmenta auſſi leurs privileges à cet égard. Et de là vint
le *Jus ſecunda relationis, Jus tertia, quarta, quinta relationis*, que l'on conféra de tems en tems aux Suc-
ceſſeurs

cepter les jours auxquels on n'avoit
pas accoûtumé de s'assembler. Au bout
de deux (4) autres années, on le revêtit de la charge de Censeur pour cinq
ans, & de la Puissance Consulaire pour
toute sa vie : on ordonna, que, lors
même qu'il ne seroit pas Consul, douze Licteurs avec leurs faisceaux de ver-
ges marcheroient toûjours devant lui,
& qu'il auroit toûjours la Chaise d'y-
voire placée au milieu des deux Consuls : on lui donna plein pouvoir de réformer & régler toutes choses à sa fantaisie, & de faire telles Loix qu'il ju-
ge-

---

cesseurs d'*Auguste*. Voiez, par exemple, JULIUS
CAPITOLIN, *in Pertinace*, Cap. V. LAMPRI-
DIUS, in *Alex. Sever.* Cap. I.

(2) Τὴν τε ἀρχὴν τὴν ἀνθύπατον ἐσαεὶ καθάπαξ ἔχειν·
ὡς μήτε ἐν τῇ ἐσόδῳ τῇ ἔσω τῆ σωμηρίᾳ κατατιθι-
ῶ αὐτὴν, μήτ' αὖθις διανύεσθαι· καὶ ἐν τῷ ὑπηκόῳ τὸ
σαλίον τ' ἑκασαχόθι ἀρχόντων ἰσχύειν ἐπίτρεψεν, DION,
ubi *supra*.

· (3) Ce ne fut qu'un an après, sous le Consulat de
M. Claudius Marcellus Æserninus, & *L. Aruntius*, c'est-
à-dire, l'an DCCXXXII. selon l'Ere de *Varron* : car
c'est sur cette année que DION dit : "Ὥστε καὶ τὸ τὴν
Βαλὴν ἀθροίζειν ὁσάκις ἂν ἐθελήσῃ, λαβεῖν· Lib. LIV.
pag. 598. A.

(4) Voici encore une méprise de nôtre Auteur sur
les dattes : car depuis ce qu'il vient de raconter, jusqu'à ce qui suit, il se passa trois ans : puisque DION
en parle pag. 60¹. B. sur l'an DCCXXXV. de l'Ere
de *Varron*, sous le Consulat de *C. Sentius*, & *Q. Lucretius*. Il y a apparence que nôtre Auteur, en écrivant
ceci, avoit rangé ses Recueils un peu à la hâte.

C   (1) Ce

geroit à propos, qui seroient appellées *Loix Augustes*, & que chacun seroit tenu de jurer. Le Grand Pontife *Marc Emile Lépide* étant venu à mourir dans ce tems-là (1), on lui conféra la dignité du Souverain Pontificat, & l'inspection des cérémonies de tous les Prêtres. C'est pourquoi DION CASSIUS (2) rassemblant tous les titres à la faveur desquels la puissance des Princes Romains s'étoit accruë, dit, Qu'en qualité d'*Empereurs*, ils lévent des Troupes, ils exigent des contributions pour l'entretien des Armées, ils font la Guerre & la Paix, ils ordonnent ce qu'il leur plaît & à *Rome*, & dans les Provinces, ils punissent même de mort dans la Ville les Sénateurs & les Chevaliers; ils font en un mot tout ce que peuvent faire des Souverains : Que, comme *Censeurs*, ils prennent connoissance de la vie & des mœurs de chacun, ils font le dénombrement des Citoiens, ils mettent qui il leur plaît dans le

(1) Ce ne fut que six ans après, l'an de la fondation de *Rome*, selon l'Ere de *Varron* DCCXLI; comme il paroît par DION, *pag.* 619.

(2) *Lib.* LIII. *pag.* 581, & *seqq.*

(3) Cette partie de l'emploi des *Censeurs*, qui regarde le soin des Impôts & des Ouvrages Publics, n'est

pas

le Sénat & dans l'Ordre des Chevaliers, & en chassent aussi qui bon leur semble, ils dépouillent un Citoien de ses droits, ils baillent à ferme à prix fait tous les Impôts & les Ouvrages publics, & en (3) font rendre compte aux Fermiers & aux Entrepreneurs : Qu'entant qu'initiez à tous les *Sacerdoces*, ils ne reçoivent que ceux qu'ils veulent dans les Colléges des Prêtres, ils réglent les Cérémonies, & les Fêtes, les Sacrifices, tant publics, que particuliers, en un mot tout ce qui se rapporte à la Religion : Qu'en vertu de la Puissance du Tribunat, ils s'opposent à tout ce qui se délibére ou qui se fait contre leur sentiment, ils sont regardez comme des personnes sacrées, & ils peuvent sans autre forme de procès faire mourir, comme les plus grands criminels du monde, ceux qui ont simplement témoigné qu'ils pensoient un peu désavantageusement d'eux ou de leurs actions : Que, comme *Péres de la Patrie*

pas marquée dans le passage de D I O N , dont il s'agit : mais nôtre Auteur a eu raison de la suppléer, comme une chose certaine par quantité de passages d'Auteurs Anciens. Il suffit de voir là dessus J U S T E LIPSE, *De Magistratibus Populi Rom.* Cap. XVIII.

trie (voici, à mon avis, une abominable interprétation que de lâches Flatteurs ont donnée à un fi doux titre,)
ils ont droit de vie & de mort fur les
Citoiens, de même qu'autrefois, parmi les *Romains*; les Pères avoient ce
pouvoir fur leurs Enfans. La manière,
au refte, dont *Augufte* s'y prit pour
furmonter tous les obftacles des Loix,
& pour être déchargé de l'obligation
de s'y foûmettre, eft quelque chofe de
curieux, fi du moins ce que DION
écrit là-deffus eft (1) bien véritable;
dequoi il y a affez de fujet de douter.
L'année de fon dixiéme Confulat,
comme il étoit en chemin pour revenir à *Rome*, après avoir fubjugué l'*Efpagne*, il promit au Peuple un préfent
d'environ (*a*) dix Ecus par tête : mais
il déclara en même tems qu'il ne feroit
point compter la fomme, & qu'il ne
donneroit point d'Edit là-deffus, jufqu'à ce que le Sénat eût confenti à
cette gratification. Quelle comédie !
Un

(*a*) *Cent de-
niers Ro-
mains.*

(1) Mr. NOODT, dans le Difcours *fur les Droits de la
Puiffance Souveraine*, qui eft ci-deffous, a expliqué ce paffage de DION d'une manière à lever toutes les difficultez de
nôtre Auteur : car il y montre parfaitement bien, que le
Sénat ne déchargea pas alors *Augufte* de toutes les Loix,
& ne lui conféra pas une Souveraineté abfoluë, mais le
difpen-

Un Prince, qui fans aucun fcrupule s'étoit emparé de toute l'Autorité Civile en dépit & du Sénat & du Peuple, & qui gouvernoit toutes les affaires fans trouver la moindre refiftance, n'ofe pas, tant il eft timide & modefte, diftribuer aux Citoiens de leur propre bien dix Ecus par tête : il femble craindre qu'on ne l'accufe de piller le Tréfor public, & de violer la *Loi Cincienne* ; il faut que le Sénat l'encourage à faire cette libéralité. Làdeffus les Flatteurs propofent, preffent, font paffer en délibération, de dégager *Augufte* de tous les liens de Droit : le voilà maître abfolu de lui-même & des Loix, & pleinement autorifé à faire ou ne pas faire tout ce que bon lui femblera. Dites-moi de bonne foi, ne font-ce pas-là des prérogatives Roiales, & plus que Roiales ; quoi que, dans le tems même qu'on les accordoit, on évitât avec beaucoup de foin de qualifier *Roiale* cette Ordonnance ?

---

difpenfa feulement de la *Loi Cincienne* ; quoi que l'Hif-torien Grec ait crû le contraire, faute d'entendre le fens des termes Latins dans lefquels étoit conçû l'Arrêt du Sénat, ou peut-être ceux dont s'étoient fervis les Hiftoriens Latins qui avoient fourni des Mémoires à DION. *Lib.* LIII. pag. 591. A.

nance ? Le Peuple ne remettoit-il pas
manifeſtement ſon pouvoir & ſa liberté entre les mains du Chef de l'Etat;
quoi qu'on ne s'expliquât pas là-deſſus
en termes clairs & formels, & que ni
ceux qui faiſoient ce maudit préſent,
ni ceux qui le recevoient, ne vouluſſent
l'avouer ?

C'eſt ainſi que les prémiers Empereurs Romains en agirent. Leurs Suc-
ceſſeurs n'y cherchérent pas tant de
façons. A la vérité ils faiſoient auſſi intervenir l'autorité du Sénat : mais ils
n'alloient pas ſi lentement, ils ne paſ-
ſoient pas par tant de degrez, ils ne
prenoient pas tant de détours, ils n'u-
ſoient pas de tant d'artifices. Ce que
Jules Céſar & *Auguſte* avoient attiré à
eux

(1) Ils laiſſoient même, pour ſauver les apparen-
ces, quelque intervalle entre l'inveſtiture de chaque
Titre. C'eſt ce qui paroît par une reflexion que fait
CAPITOLIN au ſujet de *Pertinax*, qui avoit été revêtu, le même jour qu'il fut déclaré Empereur, du
titre de *Pére de la Patrie*, de l'Autorité Proconſulaire,
& du droit de faire juſqu'à quatre propoſitions différentes dans chaque Aſſemblée du Sénat ; ce fut pour
lui, dit l'Hiſtorien, un préſage ſiniſtre qu'il ne regne-
roit pas long tems : *quod ominis loco fuit* PERTINA-
CI. *Cap.* V. LAMPRIDIUS s'étend à faire voir les
raiſons pourquoi *Alexandre Sévére* fut orné d'abord
de tous les titres & de toutes les Dignitez que l'on
ne conferoit aux Empereurs que ſéparement & à diverſes repriſes. *Hac igitur cauſſa feſtinatum eſt, ut omnia*
ſi-

eux infenfiblement & à diverfes repri-
fes, tantôt par la crainte de leur puiffance, tantôt fous prétexte de leurs
fervices, felon que les occafions fe pré-
fentoient; les autres s'en faifirent infolemment & le prirent tout à la fois
par un feul Arrêt du Sénat, dès l'entrée de leur régne (1). Quelques-uns
feulement refufoient certains titres ou
abfolument, ou pour un tems; comme par exemple, *Tibére* ne voulut jamais celui de *Pére de la Patrie*, (2) ne
fe fentant pas en état de foûtenir di-
gnement ce nom, dont plufieurs fe
paſſérent fans peine pendant quelque
tems, ou à caufe de leur âge peu avancé, comme (3) *Caligula* & (4) *Néron*;
ou dans l'efpérance de le mériter par
quel-

fimul Alexander, *tanquam vetus jam Imperator acciperet.*
Cap. II.

(2) Voiez S U E'T O N E, dans fa Vie, *Cap.* LXVII.
T A C I T E, Annal. *Lib.* I. *Cap.* LXXII.

(3) D I O N ne dit pas que ce fut à caufe de fon âge
que *Caligula* ne voulut pas d'abord prendre ce titre;
& il dit au contraire qu'il ne tarda pas long-tems à
s'en parer. Πλὴν ꝺ᾽ τ τῦ πατρὸς ὁμιλήσιας, ꝺὲν ἄλ-
λο ἀνιβάλετο· καὶ ἐκείνην ꝺὲ ἐκ ἰς μακρὰν πρϙσικτήσα-
το. Lib. LIX. *pag.* 736. B.

(4) *Tantum* P A T R I S P A T R I Æ *nomine recufato, propter ætatem.* S U E T O N I U S, Vit. Neron. *Cap.* VIII.
L'Empereur *Hadrien* renvoia de prendre ce même titre, lors qu'on le lui offroit pour la feconde fois;
fous prétexte qu'*Augufte* ne l'avoit eu que fort tard.

quelque belle action. *Tibére* (1) &
Claude rejettérent le prénom d'*Empe-*
reur. *Vitellius* différa (2) de prendre le
furnom d'*Augufte* ; & il refufa toûjours
celui de *Céfar*. Mais pour ce qui eft
des droits & de la puiffance attachée
à ces titres, ils s'en emparoient d'a-
bord avec beaucoup d'avidité ; & lors
même qu'ils en refufoient quelques-
uns, ou qu'ils ne vouloient pas les
prendre fi tôt, ils étoient ravis qu'on
les leur offrît. Vous pouvez vous fou-
venir de ce que j'ai rapporté ci-deffus
au fujet de *Tibére*. DION CASSIUS
(3) dit formellement, qu'*on lui décer-*
na, avec les autres noms, celui d'Em-
pereur : & nous avons expliqué ce
qu'emportoient de tels titres. Le même Auteur parle encore plus nettement
de *Caligula :* il dit (4) qu'en *un feul jour*
il

PATRIS PATRIÆ *nomen fibi delatum, ftatim & iterum*
poftea, diftulit ; quod hoc nomen Auguftus *fero meruiffet.*
SPARTIAN. Cap. VI. Voiez pourtant là-deffus la
Note de CASAUBON. L'Empereur MARC ANTO-
NIN, *le Philofophe,* ne voulut pas être appellé *Pére de*
la Patrie, tant que fon Frére fut abfent. CAPITO-
LIN. Cap. IX.

(1) Voiez SUE'TONE, *Vit. Tiber.* Cap. XXVI. *Vit.*
Claud. Cap. XII.

(2) SUE'TONE, Cap. VIII.

(3) Ψηφισθὴ γδ' αὐτῶ καὶ τῦτο [Αὐτοκράτωρ] μὴ τ᾽
ἄλλων ὀνομάτων, ὶκ ἰδίξατο. Lib. LVII. pag. 690. E.

(4) ῟Ω-

il se saisit de tous les titres dont on s'étoit avisé peu-à-peu pour honorer AUGUS-TE, & qui ne lui avoient été conférez que les uns après les autres, pendant un aussi long regne. Il nous apprend aussi, à l'égard de *Claude*, (5) que *les Consuls se voiant contraints d'entrer dans le sentiment des Soldats, qui l'avoient élû Empereur, lui firent décerner les honneurs & les droits qu'on avoit accoûtumé de donner aux Chefs de l'Etat.* TACITE dit, en parlant du commencement du régne de *Néron*, (6) que *l'avis des Soldats fut suivi des délibérations du Sénat* : & SUETONE, (7) qu'*étant allé dans le Sénat, après s'être fait reconnoître par les Soldats, il accepta tous les honneurs les plus relevez dont on le combloit, à la reserve du titre de* PERE DE LA PATRIE, *qu'il refusa à cause de*

sa

(4) Ὅτι πάντα ὅσα ὁ Αὔγυστ⊙ ἐν τοσούτῳ τ᾽ ἀρχῆς χρόνῳ μόλις καὶ καθ᾽ ἓν ἕκαστον ψηφισθέντα οἱ ἐδέξατο..... ἐν μιᾷ ἡμέρᾳ λαβεῖν. Lib. LIX. pag. 736. A. B.

(5) Τότε δὴ καὶ αὐτοὶ ὡμολόγησαν, καὶ τὰ λοιπὰ ὅσα ἐς τὴν αὐταρχίαν ἥκιστα ἦν αὐτῷ ἐψηφίσαντο. Lib. LX. pag. 764. A.

(6) *Sententiam Militum secuta Patrum consulta.* Annal. *Lib.* XII. *Cap.* LXIX. *num.* 4.

(7) *Et inde raptim adpellatus Militibus in Curiam delatus est.... ex immensis, quibus cumulabatur, honoribus, tantum* PATRIS PATRIÆ *nomine recusato, propter ætatem.* Cap. VIII,

C 5   (1) Dans

fa jeuneſſe. DION témoigne (1) qu'on
ſe hâta de conferer à *Galba* tout ce en
quoi le Chef de l'Etat avoit de la pré-
éminence : & PLUTARQUE (2) nous
apprend , *que* Titus Vinnius *arriva de*
Rome *en* Eſpagne , *avec quelques autres , plûtôt qu'on ne les attendoit , pour
rapporter les délibérations du Sénat.* TA-
CITE dit au ſujet d'*Othon,* (3) *que les
Sénateurs accoururent , qu'ils lui décer-
nérent la Puiſſance du Tribunat, le nom*
d'Auguſte , *& tous les honneurs des
Chefs de l'Etat :* Et au ſujet de *Vitellius,* (4) *qu'on lui déféra d'abord tout ce
qu'on avoit imaginé en faveur de ſes Pré-
déceſſeurs , pendant leurs longs régnes:*
Et enfin au ſujet du vainqueur de *Vitellius,* (5) *que le Sénat décerna à Veſ-
paſien tout ce qu'on avoit accoûtumé de
conferer aux Chefs de l'Etat.* Cela paroît merveilleuſement bien , à l'égard
du dernier Empereur par une Table
de

(1) Dans l'Abrégé de XIPHILIN : Καὶ τῷ Γάλβᾳ
τὰ τῇ αὐτοκράτορι ἀρχῇ προσήκοντα ἐψηφίσαιτο. In fine Vitæ Neron. pag. 198. A. Edit. H. Steph.
(2) Καί τοι τὸ τάχ⊙ ἦν ἄπιςον· ἀλλὰ καὶ δυσὶν ἡμέ-
ραις ὁ Βίννι⊙ Τίτ⊙ πολλὰ ἃ ἀπὸ ςεχτοπίδε μεθ' ἑτέ-
ρων ἀφίκιτο τὰ δόξαντα τῇ Συγκλήτῳ καθ'ἵκαςον ἀπαγ-
γίλλαν. Vit. Galbæ, Tom. I. pag. 1056. A. Ed. Wech.
(3) *Accurrunt Patres : decernitur Othoni Tribunitia
Poteſtas, & nomen* Auguſti , *& omnes Principum honores.*
Hiſtex,

de cuivre trouvée dans l'endroit où é-
toit autrefois le Capitole ; reſte précieux de l'Antiquité , que l'on ne ſauroit aſſez eſtimer , puis que , c'eſt un
original de la maniére dont on prenoit
l'inveſtiture d'une ſi haute Dignité, &
le ſeul monument qui ſoit parvenu juſqu'à nous des délibérations d'une Aſſemblée où l'on éliſoit celui qui étoit
élevé à l'Empire de l'Univers. La longueur du tems & la barbarie des ſié-
cles paſſez nous a même enlevé le
commencement de ce qui étoit écrit
ſur cette Table : mais il en reſte aſſez
pour nous fournir ici de grandes lumiéres , & vous me permettrez bien de
vous le reciter ; je ne pourrois m'en
diſpenſer , ſans trahir en quelque façon
ma cauſe. Le voici.

(6) *Qu'il lui ſoit permis [à*
Veſpaſien] de faire alliance avec
qui

Hiſtor. Lib. I. Cap. XLVII.

(4) *In Senatu , cuncta longis aliorum principatibus com-*
poſita , ſtatim decernuntur. Hiſtor. *Lib.* II. *Cap.* LV.
num. 3.

(5) *At* Romæ *Senatus cuncta Principibus ſolita* Veſpa-
ſiano *decernit.* Hiſtor. *Lib.* IV. *Cap.* III. *num.* 5.

(6) *Fæduſve. cum. quibus. volet. facere. liceat. ita. u-*
ti. licuit. D. Auguſto. Ti. Julio. Cæſari. Aug. Tiberi-
que. Claudio. Cæſari. Aug. Germanico.

C 6   Vti-

qui il voudra , comme il a été
permis à Auguste ; à Tibére (1),
& à Claude.

Qu'il lui soit permis de convoquer le Sénat , d'y proposer
ce qu'il voudra , de le conge-
dier , & de faire des Ordonnances du Sénat en proposant
les affaires & demandant les
suf-

Utique. ei. Senatum. habere. relationem. facere. remitte-
re. Senatusconsulta. per. relationem. discessionemque. facere. liceat. ita. uti. licuit. D. Augusto. Tique. Julio.
Cas. Aug. Ti. Claudio. Cas. Aug. Germanico.

Utique. cum. ex. voluntate. auctoritateve. jussu. mandatuve. ejus. præsenteve. eo. Senatus. habebitur. omnium.
rerum. jus. perinde. habeatur. servetur. ac. si. e. lege. Senatus. edictus. esset. habereturque.

Utique. quos. magistratum. potestatem. imperium. cura-
tionemve. cujus. rei. petentes. Senatui. populoque. Rom.
commendaverit. quibusque. suffragationem. suam. dederit.
promiserit. eorum. comitiis. quibusque. extra. ordinem. ratio. habeatur.

Utique. ei. fines. pomærii. promovere. cum. ex. republica. censebit. esse. liceat. ita. uti. licuit. Ti. Claud. Cæs.
Aug. Germanico.

Utique. quæcumque. ex. usu. Reipublicæ. majestate. di-
vinarum. humanarum. publicarum. privatarumque. rerum.
esse. censebit. ei. agere. facere. jus. potestasque. sit. ita. u-
ti. D. Augusto. Tique. Julio. Cæs. Aug. Tique. Claudio.
Cæs. Aug. Germanico. fuit.

Utique. quibus. legibus. plebeivescitis. scriptum. fuit. ne.
D. Augustus. Tive. Jul. Cæs. Aug. Tique. Claudius.
Cæs. Aug. Germanicus. tenerentur. iis. legibus. plebisque.
scitis. Imp. Cæsar Vespasianus. Aug. solutus. sit. quaque.
ex. quaque. lege. rogatione. D. Augustum. Tive. Julium.
Cæs. Aug. Tive. Claudium. Cæs. Aug. Germanicum. facere.

suffrages , comme il a été per-
mis à Auguste , à Tibére , & à
Claude.

Que lors que le Sénat se
tiendra à sa volonté & par
son ordre , & en sa présen-
ce , tout ce qui s'y passera ait
la même force & soit obser-
vé comme si le Sénat avoit été
con-

cere. oportuit. ea. omnia. Imp. Cæs. Vespasiano. Aug. fa-
cere. liceat.

Utique. quacumque. ante. hanc. legem. rogatam. gesta.
decreta. imperata. ab. Imp. Cæs. Vespasiano. Aug. jussu.
mandatuve. ejus. a. quoque. facta. sunt. ea. perinde. jus-
ta. rataque. sint. ac. si. populi. plebisve. jussu. acta. es-
sent.

S A N C T I O.

Si. quis. hujusce. legis. ergo. adversus. leges. rogatio-
nes. plebisvescita. senatusveconsulta. fecit. fecerit. sive.
quod. eum. ex. lege. rogationeve. plebisvescito. Senatusve-
consulto. facere. oportebit. non. fecerit. hujus. legis. ergo.
id. ei. ne. fraudi. esto. neve. quid. ob. eam. rem. populo.
dare. debeto. neve. cui. de. ea. re. actio. neve. judicatio.
esto. neve. ea. de. re. apud. se. agi. finito.

(1) Cet Empereur est appellé ici *Tiberius Julius Cæ-*
sar, parce qu'aiant été adopté par *Auguste ,* il avoit
hérité de lui par droit d'adoption, selon la coûtume
de ces tems-là, les noms de *Julius Cæsar,* qu'*Auguste*
lui-même avoit hérité en vertu du même droit , de
son Prédécesseur. Voiez GERHARD COCCEIUS,
dans son Commentaire sur DIGEST. Lib. I. Tit. IV.
De Constitutionibus Principum , Leg. I. princip. p. 526,
528, & seqq. & THEODORE RYCKIUS, sur le
Breviarium du I. Livre des *Annales* de TACITE.

C 7   (1) On

convoqué & se tenoit selon les loix.

Que quand il aura recommandé au Sénat & au Peuple Romain quelques-uns de ceux qui demandent une Charge, une Dignité, un Commandement, l'administration de quelque chose que ce soit, ou qu'il leur aura donné ou promis son suffrage; on y ait égard extraordinairement dans toutes les Assemblées.

Qu'il lui soit permis d'étendre les bornes de l'enceinte de la Ville aussi loin qu'il le trouvera à propos pour le bien de la République, comme il a été permis à Claude.

Qu'il ait le pouvoir & l'autorité de faire tout ce qu'il jugera avantageux à la République, & convenable à la majesté des choses divines & humaines, publiques & particuliéres,

res, comme l'ont eu Auguste, Tibére, & Claude.

Que l'Empereur Vespasien soit exemt de se conformer aux Loix & aux Ordonnances du Peuple, dont il a été ordonné qu'Auguste, Tibére, & Claude, seroient dispensez: & qu'il soit permis à Vespasien de faire tout ce qu'Auguste, Tibére, & Claude ont pû faire en vertu de quelque Loi.

Que tout ce qui aura été fait, exécuté, ordonné, commandé par Vespasien, & tout ce que quelcun aura fait par son ordre, avant l'établissement de la présente Loi, soit censé duement & légitimement fait, tout de même que si cela avoit été fait par ordre du Peuple.

SANCTION.

Si quelcun, pour satisfaire

à

à cette Loi , a fait ou fera dé-
formais quelque chose contre les
Loix , les Ordonnances du Peu-
ple , ou les Arréts du Sénat ,
ou ne fait pas au contraire quel-
que chose à quoi il étoit tenu
en vertu d'une Loi , d'une Or-
donnance du Peuple , ou d'un
Arrêt du Sénat ; que cela ne
lui porte aucun préjudice , qu'il
ne soit obligé de donner rien au
Peuple à cause de cela , que
personne n'aît action contre lui,
que personne n'en prenne con-
noissance , & ne souffre qu'on
le cite pour ce sujet devant
lui.

Voilà ce que porte le fragment de
l'Inscription. Cette piéce originale renferme très-clairement la concession d'un
Pouvoir plus que civil , & plus grand
même que celui des Dictateurs ; en
sorte qu'il faut être aveugle pour ne
pas l'appercevoir. Aussi a-t-elle fait la
ma-

(1) On trouvera les raisons pourquoi ils ont soup-
çouné de fausseté cette Inscription , & la réfutation
de

matiére principale des difputes entre les Savans fur ce fujet. Les uns la rejettent (1) entiérement, comme un monument fuppofé : mais c'eft couper le nœud, que l'on ne peut délier, ou plûtôt c'eft montrer que l'on eft peu habile en ce qui regarde la connoiffance des anciennes Infcriptions. Les autres prétendent, que la *Loi Roiale* eft née avec l'Empire de *Vefpafien*, ou que, quelle que foit d'ailleurs fa prémiére origine, on la propofa de nouveau & on la confirma en faveur de *Vefpafien*, à caufe de la baffeffe de fon extraction : mais c'eft ce qui s'appelle deviner. Pour moi, je fuis perfuadé que, depuis *Tibére* jufqu'à *Romulus Auguftule*, le dernier des Empereurs d'*Orient*, on jouoit une femblable Comédie toutes les fois que le Gouvernement changeoit de main, & qu'à l'avénement de chaque Empereur on repetoit la même Ordonnance du Sénat, & dans les mêmes termes, en y ajoûtant peut-être quelque petite chofe. En voici des exemples, outre ceux que nous avons déja alleguez.

Ca-

de ces raifons, dans le Commentaire, que j'ai déja cité, de GERHARD COCCEIUS, pag. 523. & feqq.
(1) *Aliis*

CAPITOLIN dit, que *Marc An-*
tonin & *Lucius Vérus*, (1) *après que tout*
ce qui devoit se faire dans le Sénat fut
achevé, c'est-à-dire, les Arrêts, que
le Sénat avoit accoûtumé de donner,
s'en allérent ensemble au Camp de la
Garde Prétorienne. Lorsqu'*Antonin le*
Pieux (2) eût été adopté par *Hadrien*,
il le remercia en plein Sénat des bons
sentimens qu'il avoit témoignez en sa fa-
veur : il fut en même tems établi Colle-
gue de son Pére adoptif dans la Puissan-
ce Consulaire, & *dans celle du Tribu-*
nat. Comment cela? si ce n'est de la
même maniére que tout ce qui passoit
en déliberation dans cette auguste Assemblée, dans ce Conseil le plus relevé de l'Univers, je veux dire, par un
Arrêt du Sénat? Après la mort d'*An-*
tonin le Pieux, *Marc Antonin* (3) par-
tagea

---

(1) *Actis igitur quæ agenda fuerant in Senatu, pariter
castra prætoria petiverunt.* Vit. M. Anton. Philosoph.
Cap. VII.

(2) *Adoptatus est quinto Kalend. Martias die, in Senatu gratias agens quòd de se ita sensisset* Hadrianus: *factus-
que est* Patri & *in imperio Consulari*, & *in Tribunitia potestate*, Collega. CAPITOLIN. Vit. Anton. Pil,
Cap. IV.

(3) *Defuncto* Pio, Marcus *in eum omnia contulit, par-
ticipatu etiam Imperatoria potestatis indulto : sibique consor-
tem fecit, quum illi soli Senatus detulisset Imperium. Dato
igitur Imperio, & indulta Tribunitia Potestate, Proconsula-
tûs*

tagea avec *Vérus* toutes ses Dignitez,
sans en excepter celle d'*Empereur*, &
il l'*associa à l'Empire*, quoi que le Sénat
ne l'eût déféré qu'à lui seul. Lui aiant
donc communiqué l'*Empire*, & la Puissance du Tribunat, comme aussi l'*Autorité Proconsulaire*, il voulut qu'on l'appellât VE'RUS. *Pertinax*, le même
jour qu'il fut déclaré Empereur, (4)
reçût le nom de PE'RE DE LA PA-
TRIE; & en même tems l'*Autorité
Proconsulaire*, & le droit de faire jusqu'à quatre propositions différentes dans
chaque Assemblée du Sénat. SPAR-
TIEN nous apprend, que (5) *Didius
Julien* fut déclaré Empereur par un
Arrêt du Sénat, qui l'aiant érigé en
homme de Famille Patricienne, lui donna la Puissance du Tribunat, & l'*Autorité Proconsulaire*. Le même Empereur,

tûs etiam honore delato, Verum vocari præcepit. Idem,
Vit. Veri, *Cap*. III. IV.

(4) CAPITOLIN dit, que ce fut le prémier des
Empereurs Romains qui reçut ainsi tout à la fois ces
droits & ces titres. *Primus sane omnium, ea die qua
Augustus est adpellatus, etiam* PATRIS PATRIÆ *nomen recepit : nec non simul etiam Imperium Proconsulare,
nec non jus quarta relationis*. Cap. V.

(5) *Factoque SC. Imperator est adpellatus, & Tribunitiam Potestatem, jus Proconsulare, in Patriciis Familias re-
latus, emeruit*. SPARTIAN. in Did. Julian. *Cap*. III.

(1) Q 3

reur, voulant affocier *Sévére* à l'Empire (1) *pria le Sénat de faire là-deffus une Ordonnance.* Lors qu'on eut appris que *Caracalla* avoit été tué, (2) *le Sénat flêtrit fa mémoire, & le traita de Tyran. Auffi-tôt après on déféra à* Macrinus *l'Autorité Proconfulaire, & la Puiffance du Tribunat.* Après qu'*Héliogabale* eût été tué, *Alexandre Sévére* (3) reçût le nom d'*Augufte: & de plus il prit en un feul jour le titre de* PE'RE DE LA PATRIE, *l'Autorité Proconfulaire, la Puiffance du Tribunat, & le droit de faire jufqu'à cinq propofitions dans chaque Affemblée du Sénat : tous honneurs qui lui furent déférez par le Sénat.* CAPITOLIN rapporte, comme

une

(1) *Qvare meliore confilio ad Senatum venit, petiitque vt fieret Senatufconfultum de participatione Imperii.* Idem, *Cap.* VI.

(2) *Sed pofteaquam conflitit occifum* [Caracallam,] *Senatus in eum, velut in tyrannum, invectus eft. Denique flatim* Macrino *& Proconfulare imperium, & Poteftatem Tribunitiam detulerunt.* CAPITOLIN. Cap. VII.

(3) *Auguftumque nomen idem* [Alexander Severus] *recepit: addito eo, ut &* PATRIS PATRIÆ *nomen, & jus Proconfulare, & Tribunitiam Poteftatem, & jus quintæ relationis, deferente Senatu, uno die adfumeret.* LAMPRIDIUS, Cap. I.

(4) *Intereft ut Senatufconfultum, quo* Gordiani *Imperatores adpellati funt.... literis propagetur.* In Gordianis, *Cap.* XI.

(5) *Decretis ergo omnibus Imperatoriis honoribus atque infigni-*

une chofe digne d'être tranfmife à la Poftérité , (3) *l'Arrêt du Sénat* , (4) *par lequel* LES GORDIENS *furent déclarez Empereurs*. On décerna à *Maxime* & à *Balbin* , (5) dès l'entrée de leur régne , *tous les titres & tous les honneurs des Empereurs :* ils furent revêtus dès-lors de la Puiffance du Tribunat, de l'Autorité Proconfulaire , du Grand Pontificat , & du nom de Pére de la Patrie. HÉRODIEN (6) dit à peu près la même chofe au fujet de ces Empereurs. VOPISQUE témoigne (7) que *Tacite* fut fait Empereur *par un Arrêt du Sénat* , (8) *auquel* Tacite *lui-même foufcrivit de fa propre main* , & qui fe trouvoit encore du tems de cet Hiftorien

fignibus , percepta Tribunitia Poteftate , jure Proconfulari, Pontificatu maximo , Patris etiam Patriæ nomine , meruerunt imperium. CAPITOLIN. Cap. VIII.

(6) Voiez, au fujet de *Pertinax*, ce que dit cet Hiftorien, *Lib.* II. *Cap.* III. *num.* 10. *Edit. Boecler. Argentor.*. Au fujet d'*Alexandre Sévére* , *Lib.* II. Cap. XII. *num.* 9, 10. Au fujet de *Macrinus* , Lib. V. Cap. II. *num.* 1. Au fujet des *Gordiens* , Lib. VII. Cap. VII. *num.* 4. Au fujet de *Maxime* & de *Balbin* , Lib. VII. Cap. X. *num.* 7, 8.

(7) *Ex Senatufconfulto , quod in* Taciti *vita dicemus,* Tacitus faftus eft Imperator. VOPISC. *in Aurelian.* Cap. XLI.

(8) *Ac ne quis me* Græcorum *alicui vel* Latinorum *exiftimet temere credidiffe : habet Bibliotheca* Ulpia, *in Armatio fexto, librum Elephantinum, in quo hæc S. C. perfcriptum*

rien *dans la* Bibliothéque (1) Ulpien-
ne, *écrit sur un Livre, dont les feuilles
étoient* (2) *d'yvoire ; car*, ajoûte-t-il,
*on a écrit pendant long-tems sur de tels
Livres les Arrêts du Sénat qui concer-
noient les Empereurs.* Le même Auteur
nous a confervé le difcours que fit
dans le Sénat, au fujet de *Probus*, le
Sénateur *Manlius Statianus*, qui étoit
alors le prémier à opiner : & voici
comment il finit : (3) *Je lui décerne*,
MESSIEURS, *félon les vœux de tout
le monde*, *le nom de* Céfar, *& celui
d'*Augufte *; j'y joins l'Autorité Proconfulaire*, *le titre refpectable de* PÉRE
DE LA PATRIE, *le Grand Pontifi-
cat*, *le droit de faire jufqu'à trois propofitions dans chaque Affemblée du Sénat*,
*& la Puiffance du Tribunat. Là-deffus on
s'écria unanimement*, Nous le voulons
tous. *Et il en fut fait un Arrêt du Sénat.*

N'ai-

fcriptum eft': *cui* Tacitus *ipfe manu fua fufcripfit*. *Nam
diu hæc S. C. quæ ad Principes pertinebant*, *in libris ele-
phantinis fcribebantur*. Idem, *in* Tacit. Cap. VIII.
(1) C'étoit la Bibliothéque de *Trajan*, ainfi appellée du nom de la Famille de cet Empereur. Voïez
JUSTE LIPSK, *Syntagm. de Bibliothecis*, Cap. VII.
(2) Voïez là-deffus le Commentaire de SAUMAI-
SE ; & le Traité de LIPSE, que je viens de citer,
Cap. IX.
(3) Po-

N'ai-je donc pas raifon, MES-
SIEURS, de conclurre hardiment,
que ce que l'Hiftoire nous montre tant
de fois pratiqué au commencement du
régne des Empereurs, l'a toûjours été
dans la cérémonie de leur inaugura-
tion? & que, fi on ne trouve rien là-
deffus à l'égard de quelques-uns, ce
filence ne prouve point qu'ils n'aient
pas été élevez de la même maniére au
Gouvernement de l'Empire Romain,
mais feulement qu'on a omis cette circonftance, comme une chofe trop
connuë? Il y a certainement tout lieu
de croire, que l'Arrêt du Sénat, dont
il s'agit, fait, pour ainfi dire, de piéces rapportées, & compofé de tant de
morceaux de la Pourpre des *Céfars*,
que l'on avoit peu-à-peu coufus enfemble ; devint avec le tems une for-
malité ordinaire, que l'on renouvel-
loit, avec quelques petits changemens,

à

(3) *Poft hæc* Manlius Statianus, *qui prima fententiæ
tunc erat :* .... *Decerno igitur,* PATRES CONSCRIP-
TI, *votis omnium concinentibus, nomen* Cæfareum, *nomen*
Auguftum ; *addo Proconfulare imperium,* PATRIS PA-
TRIÆ *reverentiam, Pontificatum maximum, jus tertiæ
relationis, Tribunitiam Poteftatem. Poft hæc adclamatum
eft,* Omnes, omnes. *Accepto igitur hoc S. C. &c.* VO-
PISCUS, *in Probo,* Cap. XII, XIII.

(1) C'eft

à l'inſtallation de chaque nouvel Empereur. A la fin, le nom de *Roi* aiant ceſſé d'être odieux parmi les *Romains*, en ſorte qu'on ne regardoit plus comme une choſe abominable, ni même honteuſe, d'être ſoûmis à une Domination Monarchique, & que l'on pouvoit, ſans choquer perſonne, appeller *Rois* les Empereurs, & qualifier *Roial* tout ce qui avoit du rapport à eux: les Juriſconſultes, toûjours fort ſubtils & fort ingenieux à inventer les inſtrumens de leur Art, à cauſe dequoi auſſi leurs Envieux les traitoient (1) de *ſiffleurs de formules*, & d'*éplucheurs pointilleux de ſyllabes*; les Juriſconſultes, dis-

(1) C'eſt ce que l'on trouve dans CICERON : *Ita & tibi Juriſconſultus ipſe per ſe nihil niſi Leguleius quidam cautus & acutus, præco actionum,* CANTOR FORMULARUM, AUCEPS SYLLABARUM. De Oratore, *Lib.* I. *Cap.* LV. Et on n'avoit pas tout-à-fait tort de reprocher aux anciens Juriſconſultes leurs pointilleries ſuperſtitieuſes & leurs vaines ſubtilitez, comme il ſeroit aiſé de le montrer, s'il s'agiſſoit ici de cela.

(2) Voiez là-deſſus une grande Note de CASAUBON, ſur SPARTIEN, *in Hadrian.* Cap. XI.

(3) —— *Longamque tibi*, REX MAGNE, *juventam Annuit, atque ſuos promiſit* Juppiter *annos.* SILVAR. *Lib.* IV. *Carm.* I. *verſ.* 46. Je m'étonne que nôtre Auteur ne cite point ici TACITE, qui vivoit à peu près dans le même tems, & qui lui a donné occaſion de traiter la matiére. Cet Hiſtorien appelle la Maiſon d'*Auguſte*, DOMUS REGNATRIX, *Annal.* Lib. I. Cap. IV. *num.* 4. & la Cour

des

dis-je , appellérent alors *Loi Roiale* , l'Arrêt du Sénat par lequel les Empereurs étoient revêtus de l'Autorité Suprême.

Je croirois aiſément que ce furent les (2) *Grecs* qui commencérent à regarder les *Empereurs* comme des *Rois* ; & que les *Latins* s'y accoûtumérent enſuite , à leur exemple. Entre ceuxci , le Poëte S T A C E eſt le prémier qui l'aît fait , dans un Poëme compoſé en l'honneur de *Domitien* , à l'occaſion de ſon dix-ſeptiéme Conſulat ; car il lui donne là le titre de (3) *Grand Roi.* On voit enſuite qu'*Hadrien* conſultant un jour le Sort (4) dans quelques

des Empereurs R E G I A , Lib. XI. Cap. XXIX. *num.* 2. XIV; 13. *num.* 1. Il ſe ſert auſſi du mot de R E G N U M , en parlant de la dignité & de la puiſſance des Empereurs, *Annal.* Lib. XII. Cap. LXVI. *num.* 3. & Lib. XIII. Cap. XIV. *num.* 1.

à (4) C'étoit une des maniéres dont on ſe ſervoit pour connoître l'avenir. On choiſiſſoit par ci par là des vers de quelque Poëte célébre , qui contenoient des ſens approchans de ce que l'on ſouhaittroit de ſavoir ; & on les mettoit dans des billets différens, que l'on tiroit enſuite au ſort. Cette ſuperſtition paſſa même aux *Chrétiens*, & ſe conſerva parmi eux aſſez long tems. Voiez C A S A U B O N ſur le paſſage de S P A R T I E N , d'où ceci eſt tiré : comme auſſi G A T A K E R , dans ſon Traité Anglois *de la nature & de l'aſſage du Sort*, Chap. X. §. 10. & les *Réflexions* de Mr. L E C L E R C *ſur le Bonheur & le Malheur* &c. Chap. IX. pag. 113, *& ſuiv.*

D   (1) *Qua*

ques paſſages de VIRGILE, (1) trouva des vers de l'*Enéïde*, qui ſignifient:
*Voilà les cheveux & la barbe griſe d'un
Roi Romain.* Un autre (2) Empereur
uſant du même genre de divination,
apprit par là, que *ſes Petits-fils & leurs
Deſcendans régneroient après lui.* Et les
Aſtrologues avoient prédit, que *Julie,*
Femme de l'Empereur *Sévére*, (3) ſeroit un jour mariée à un Roi. De ces
prétendus Oracles on inféra que c'é-
toit avec l'approbation même des Dieux
que les Empereurs pouvoient être ho-
norez du titre de *Roi.* LAMPRIDIUS
(4) parlant des différens caractéres des
Em-

(1) *Quo quidem tempore , quum ſolicitus de Imperatoris
ags ſe judicio , Virgilianas ſortes conſuleret ,*
    Quis procul ille autem ramis inſignis olivæ
  Sacra ferens? noſco crines incanaque menta
REGIS ROMANI. . . . .
Sors excidit &c. SPARTIAN. *Hadri* n. Cap. II. Ces
vers ſont du VI. Livre de l'*Enéïde*, verſ. 808, & ſeqq.
  (2) *Flavius Claudius le Gothique* , qui vouloit ſavoit
combien de tems il ſeroit Empereur : *Nam quum conſuleret , factus Imperator , quamdiu imperaturus eſſet, ſort
talis emerſit :*
    Tu qui nunc patrias gubernas oras
  REGNABUNT etenim tui minores,
  Et REGES facient ſuos minores.
TREBELL. POLLIO, *in Divo Claudio*, Cap. X.
  (3) *Et quum audiſſet eſſe in Syria quamdam, quæ id ge-
nituræ haberet,* UT REGI JUNGERETUR, *eamdem
uxorem petiit*, Juliam ſcilicet. SPARTIAN. *in Vit. Sever.* Cap. III.
  (4) *Nam & minus boni* REGES *fuerunt , & peſſimi.*
                        LAM-

Empereurs, dit qu'il y en a eu qui ont
été de méchans Rois, & d'autres très-
méchans. Un Poëte Anonyme de ces
tems-là, appelle *Sévère* (5) nôtre *Roi*.
Un des *Trente Tyrans* fut élevé à l'Empire par les Soldats (6) à cause d'un de
ses noms, qui étoit dérivé de celui de
Roi. Il s'appelloit *Q. Nonius* REGIL-
LIANUS. *Donc*, disoient les uns, *il
peut être Roi. Dieu t'a donné le nom de
Roi*, disoient les autres. AMMIEN
MARCELLIN n'a pas fait difficulté
(7) de qualifier *Reine* l'Impératrice *Eu-
sebe*, Femme de l'Empereur *Constance*. SPARTIEN appelle le Palais de
l'Em-

LAMPRIDIUS, *in Heliogabalo*, Cap. XXXIV.
  (5) *Poëta vero temporum* Alexandri, *hæc in eum dixit:*
Pulchrum quod vides esse NOSTRUM REGEM,
&c. *Idem in* Alex. Sever. Cap. XXXVIII.
  (6) *Nam quum Milites quidam cum eo cœnarent, exstitit*
Vicarius Tribuni, *qui diceret:* REGILLIANI *nomen unde credimus dictum? Alius continuo:* Credimus, *quod à*
regno. *Tum is, qui aderat Scholasticus, cœpit quasi gram-
maticaliter declinare, & dicere:* Rex, regis, regi, Re-
gillianus. *Milites, ut est hominum genus pronum ad ea quæ
cogitant:* Ergo potest REX esse. *Item alius:* Ergo potest nos regere. *Item alius:* Deus tibi REGIS nomen
imposuit. *Quid multa? Iis dictis quum alia die mane pro-
cessisset, à principiis Imperator est salutatus.* TREBELL.
POLL. *in* Triginta Tyrann. Cap. X.
  (7) *Inter hæc* Helenæ Sorori Constantii, Juliani Con-
jugi Cæsaris, Romam *adsectionis specie ducta* REGINA
tunc insidiabatur Eusebia &c. *Lib.* XVI. *Cap.* X. pag.
146, 147. *Ed.* Vales. Gronov.

l'Empereur, (1) le *Palais Roial* ; LAM-
PRIDIUS & TREBELLIUS POL-
LION (2), la *Maison Roidle*. Il y a-
voit dans la Chambre de l'Empereur
une (3) Statuë d'or, repréſentant la
Fortune, que l'on regardoit comme
un ſymbole & un gage du bonheur
des Princes régnants, & qu'*Antonin le
Pieux*, (4) étant ſur le point de mourir, fit tranſporter dans la Chambre
de *Marc Antonin*, le Philoſophe,
comme devant être ſon Succeſſeur :
SPAR-

---

(1) *Regia.* L'Auteur cite ici la Vie que cet Hiſtorien
a faite d'*Ælius Verus*. Mais dans toute cette Vie il n'y
a qu'un ſeul endroit où l'on trouve le mot de *Regia*,
qui ſignifie là autre choſe : *Sepultuſque eſt* [Ælius Ve-
rus] *imperatorio funere : neque quidquam de* REGIA, *niſi
mortem, habuit,* DIGNITATE (ou, comme porté un
MS. de la Bibliothéque Palatine, *niſi mortis habuit di-
gnitatem.*) Cap. VI. C'eſt-à-dire : ” Tout ce qu'il eut
„ de l'éclat de la Roiauté, ce fut la ſépulture. Ainſi
il s'agit-là de la *Dignité Roiale*, & non pas du *Palais
Roial*; comme l'a cru nôtre Auteur. Ce paſſage peut
néanmoins ſervir à ſon but par un autre endroit ; puis
que la dignité d'Empereur y eſt qualifiée *Roiale*.

(2) *Et ſic eſt vellatus intra* DOMUM REGIAM.
LAMPRIDIUS, Heliogab. Cap. XXVIII. *Ad* DO-
MUM REGIAM *rediit.* TREB. POLL. Gallien. *Cap.*
IX. CAPITOLIN dit *domus imperatoria,* in Vero, *Cap.*
II. *in fin.*

(3) Volez, au ſujet de ces ſortes de Statuës, une
remarque longue & curieuſe de CASAUBON, ſur
SUETONE, *Vit. Auguſti,* Cap. VII.

(4) CAPITOLIN, *Vit. Antonin. Pii,* Cap. XII. &
M. Anton. Philoſ. Cap. VII.

(5) FORTUNAM *deinde* REGIAM, *quæ comitari
Principes, & in cubiculis poni ſolebat, geminare ſtatuerat,*
Hi

SPARTIEN (5) appelle cette Statuë, *la Fortune Roiale*. Dans les Auteurs de l'*Histoire Auguste*, que je viens
de citer, on trouve aussi souvent',
quand il s'agit des Empereurs: *Une* (6)
Adoption Roiale, *un poste Roial*, les
Ornemens Roiaux, (7) un *Appareil
Roial*, une (8) *Pompe Roiale*, la *Statuë
du Roi*, le *Vestibule Roial*, le *Siége
Roial*, (9) les *Esclaves du Roi*, un présent *Roial*, un *Habit Roial*, des (10)
Funerailles Roiales, un *Monument Roial*:
Tou-

ut sacratissimum simulacrum utrique relinqueret filiorum.
Vit. Septim. Sever. Cap. XXIII.

(6) *Quumque ab eo Domestici quærerent, cur tristis in*
ADOPTIONEM REGIAM *transiret, disputavit quæ mala
in se contineret Imperium.* CAPITOLIN. *in Anton. Philosoph.* Cap. V.

(7) *Quem quidem* [Maximinum] *& purpura circumdede-
runt,* REGIOQUE ADPARATU *ornarunt.* CAPITO-
LIN. *in Maximino,* Cap. XI. Voïez aussi LAMPRI-
DIUS, *Alex. Sev.* Cap. XXXII.

(8) *Post hoc* Carthaginem *ventum cum* POMPA RE-
GALI *& fascibus laureatis.* CAPITOLIN. *in Gordian.*
Cap. IX.

(9) *Tunc liberé* Servianum, *quasi adsectatorem Imperii,
quod* SERVIS REGIS *cœnans misisset; quodin* SEDILI
REGIO *juxta lectum posito sedisset.* SPARTIAN. *in Hadrian.* Cap. XXIII.

(10) *Ac præcipue* Antoninum *honorabiliter sepeliret, duc-
to* FUNERE REGIO. CAPITOLIN. *in Macrin.* Cap.
V. On trouve aussi *Opes regiæ* dans VOPISQUE, *Aurelian.* Cap. XXXIV. & SPARTIEN, *Septim. Sever.*
Cap. IV. *Regia dignitas,* Æl. Ver. Cap. VI. *Regia pulcritudo,* Ibid. Cap. V. *Regiæ more,* Hadrian. *Cap.* XI. *Regia animalia,* VOPISC. *Aurelian.* Cap. XX.

D   (1) Tab-

Toutes expressions que personne n'auroit laissé échapper un siécle après l'établissement de la Monarchie des Empereurs. Tant il est vrai, que (1) la longueur du tems peut causer de grandes révolutions.

Au reste, quoi que la *Loi Roïale* ne fût proprément qu'un *Arrêt du Sénat,* comme quelques-uns aussi l'appellent, cela ne doit faire aucune peine. Car on voit que l'Ordonnance, dont parle TACITE, & qu'il dit avoir été faite par le Sénat en faveur de *Vespasien,* est nommée *Loi* par trois fois dans l'Acte qui fut mis par écrit sur ce sujet, & dont nous avons rapporté les articles qui nous restent. D'ailleurs, depuis que tout ce qui se faisoit dans les Assemblées du Peuple eût été (2) remis à la disposition de Sénat, il falloit aussi que les Loix se fissent-là; & la différence qu'il y avoit autrefois entre les *Arrêts du Sénat,* & les *Loix,* à cause de la diversité des lieux où l'on délibéroit & des personnes qui don-

(1) *Tantùm ævi longinqua potest mutare vetustas.*
VIRGIL. *Æneid.* Lib. III. verf. 415.
(2) Cela arriva sous *Tibère,* qui, pour se rendre plus absolu, augmentoit aussi en apparence l'autorité
du

donnoient leurs suffrages, s'évanouït
alors & tomba d'elle-même par ce
changement des chofes. Enfin, il eſt
aſſez conforme au génie de la Langue
Latine, de dire une *Loi Roiale :* mais
elle ne ſauroit ſouffrir qu'on applique
l'épithéte de *Roial* à un *Arrêt du Sénat*, & l'uſage introduit par les Jurif-
conſultes Romains, y répugne abfolument. Ces habiles Juriſconſultes, lors
que la puiſſance exceſſive d'un ſeul
homme ne fut plus un grand myſtére ;
lors que le Peuple Romain, accoûtumé à ſubir le joug, n'eût plus la
moindre ombre de liberté, en eût dépouillé tout déſir & perdu juſqu'à la
mémoire ; lors que perſonne n'avoit
honte de craindre l'Empereur ; lors
que le Prince pouvoit tout, & le Peuple rien, ſans qu'il fut ni dangereux
pour le prémier qu'on y fît attention,
ni difficile à digerer pour le dernier,
ſans qu'on regardât cela comme l'effet
d'un orgueil inſolent dans le Prince,
& d'une grande lâcheté dans le Peuple ;

du Sénat, aux dépens de celle du Peuple. *Tum primum à Campo Comitia ad Patres tranſlata ſunt.* TACIT.
Annal. I, 15. *Verum* Tiberius *vim principatûs ſibi fir-
mans, imaginem antiquitatis Senatui præbuit.* Idem, III, 60.
D 4   (1) C'eſt

ple; lors enfin qu'on pouvoit impunément dire les chofes par leur nom : ces
Jurifconfultes appellérent *Loi Roiale*,
l'acte par lequel le Peuple avoit réfi-
gné aux Empereurs toute fon Autorité & tout fon pouvoir ; parce que,
dans le tems même (1) qu'on n'auroit
ofé fe fervir du terme de *Roi*, les Empereurs avoient effectivement en main
une Puiffance Roiale.

VOILA`, MESSIEURS, ce que
j'avois réfolu de dire, pour éclaircir
entiérement une queftion jufqu'ici affez

(1) C'eft ce que CICERON avoit remarqué, dès
le commencement de la Monarchie; puis qu'il dit en
parlant de *Jules Céfar*: QUORUM [Sibyllinorum ver-
fuum] *interpres nuper, falfa quadam hominum fama, dic-
turus in Senatu putabatur, eum, quem* REVERA RE-
GEM HABEBAMUS, *adpellandum quoque effe Regem,
fi falvi effe vellemus.* De Divinatione, *Lib. II. Cap. LIV.*
APPIEN fait la même reflexion dans la Préface de
fon Hiftoire, où il dit que les Empereurs Romains
font au fond de véritables Rois, quoi qu'on ne leur
donne pas ce titre, apparemment, ajoûte-t-il, à caufe de l'ancien ferment que les *Romains* firent en abo-
liffant la Roiauté, du tems des *Tarquins.* Καὶ ὅτι ἔτι
ἡ ἀρχὴ μέχρι νῦν ὑφ᾽ ἑνὶ ἄρχοντι᾽ ἐς ΒΑΣΙΛΕΆΣ
μὲν ἐ λέγισιν, ὡς ἐγὼ νομίζω, ἦ ἔρκον αἰδέμβροι ἦ πα-
λαι..\. ΕΊΣΙ ΔΕ᾽ ᾽ΕΡΓΑ ΤΑ᾽ ΠΑ᾽ΝΤΑ ΒΑΣΙ-
ΛΕΊΣ᾽ Pag. 6. Ed. *Amftelod. Præfat.* DION CAS-
SIUS dit aussi quelque chofe de femblable : Καὶ οὕ-
τως ἐκ τούτων ἡ δημοκρατικῶν ὀνομάτων, πᾶσαι τὴν ἡ
πολιτείας ἰσχὺν περιβέβληνται᾽ ἄςι κα᾽ ΤΑ᾽ ΤΩ᾽Ν
ΒΑΣΙΛΕΏΝ, πλὴν τῶ φορτικῶ ἡ προσηγορίας αὐτῶν, ᾽ΕΧΕΙΝ. Lib. LIII. pag. 583. A. Voiez auffi
pag. 581. C.

fez obfcure. L'autorité de toutes les Conftitutions & de tous les Refcripts des Empereurs, eft par là établie fur quelque chofe de réel & de certain, & non pas fur une pure chimére, fondée fur des Loix, & non pas uniquement fur la force. Nous avons en même tems foûtenu l'honneur des plus illuftres Auteurs des Loix qui compofent le Droit Civil. Je pourrois ajoûter bien des chofes, & des chofes confidérables, pour confirmer & étendre ce que j'ai dit : mais il y en a affez pour les perfonnes intelligentes ; & l'on fe laffe enfin d'écouter. Je n'irai donc pas plus loin, & je vous laifferai volontiers prononcer fur ce que vous venez d'entendre ; perfuadé que, fi mon opinion ne vous paroît pas bien fondée, vous approuverez du moins le défir que j'ai eu de trouver la vérité, & la peine que j'ai prife pour la chercher.

FIN *du Difcours fur la* LOI ROIALE.

DIS-

DISCOURS
DU TRADUCTEUR
Sur la nature du SORT.

Occasion de ce Discours. I. *Contradiction dans la conduite de Mr. D. J.* II. *Ses manières peu civiles : ses efforts pour déprimer le* TRAITÉ DU JEU, *& son Auteur.* III. *Cause de son petit dépit.* IV. *Sa variation à l'égard de la manière dont il parle des* Pères *de l'Eglise.* V. *Faux raisonnement qu'il fait, de même nature précisément que celui dont il m'accuse mal-à-propos. Si le silence de l'Ecriture Sainte prouve que le* SORT *n'a jamais été emploié parmi les Juifs, qu'en matière de choses graves ; & que tout autre usage du Sort est une profanation ?* VI. *Suppression d'une restriction essentielle dans un passage de ma* Préface, *que Mr. D. J. cite. Ses idées outrées sur les Divertissemens. Plaisante pensée d'*ORIGENE, *sur les* Anges. *Que tout ce qui con-*

convient à la perfection des Etres d'un
certain Ordre, ou qui ſo trouvent dans
un certain état, n'eſt pas néceſſaire
pour la perfection de ceux d'un autre
Ordre, ou qui ſe trouvent dans un é-
tat différent. VII. *Autre paſſage*,
tronqué par Mr. D. J. *En quel ſens*
il eſt non ſeulement permis, mais en-
core ORDONNÉ *de ſe divertir.*
Paſſage de GATAKER *là-deſſus.*
VIII. *Troiſiéme critique, ſondée ſur*
une ſuppreſſion d'une reſtriction eſſen-
tielle. En quel ſens il ſuffit que l'on
PRENNE DU PLAISIR *à une cho-*
ſe, pour que l'uſage en ſoit innocent.
IX. *Que Mr.* D. J. *ſoûtient trop*
hardiment, qu'aucun des Théologiens
qui ont condamné abſolument les Jeux
de Hazard, n'a cru que DIEU *in-*
tervient miraculeuſement dans le Sort.
Paſſages de trois Théologiens, qui
prouvent le contraire. X. *Déſordre*
& obſcurité des penſées de Mr. D. J.
Que la queſtion du Concours de Dieu
ne fait rien ici. XI. *Embarras &*
contradiction des idées de Mr. D. J.
XII. *Que les* Loix du Mouvement
ne doivent point être excluës de l'exa-
men de cette matiére. XIII. *Si la*

volonté de l'Homme n'a pas quelque part à la détermination du Sort ? Inutilité de la distinction des deux Volontez, la Divine & l'Humaine, pour établir quelque différence entre la Providence qui dirige les effets de l'industrie des Hommes, & celle qui intervient dans le Sort. XIV. Idées bizarres que Mr. D. J. a de la Providence. Qu'à parler physiquement les Hommes sont aussi bien la cause des événemens qu'ils procurent par une direction aveugle, que des effets de leur industrie & de leur prudence. XV. Pensées inintelligibles, ou hors d'œuvre, de Mr. D. J. XVI. L'incertitude de l'événement ne change pas la maniére d'agir de la Providence. Que le mot de Hazard se trouve dans l'Ecriture Sainte, & cela sans aucun rapport à une Providence particuliére. Vaine déclamation de Mr. D. J. XVII. Que le dessein des Hommes, qui usent du Sort, ne rend pas la Providence plus immédiate & plus respectable. Que, dans le Sort commun, il n'y a point d'arbitrage, par lequel on se remette à la décision de Dieu. Quels sont les effets où le Vulgai-

gaire croit que la *Providence* intervient plus particuliérement. Pourquoi on a regardé les Eclipses &
les Cométes, *comme des miracles &*
des signes de la Colére du Ciel. D'où
vient que la Pluie, l'Arc-en-ciel,
les Vents, le Tonnerre, les Tremblemens de terre, *reveillent une idée*
de Providence particuliére. Raison
pourquoi quelques Joueurs attribuent à
DIEU *les bons ou les mauvais coups.*
Que le Sort pourroit avoir lieu, quand
on supposeroit qu'il n'y a point de Pro-
vidence. XVIII. *Si l'usage du Sort*
renferme une PRIE'RE, *expresse ou*
tacite? Passage de GATAKER *là-*
dessus. Qu'il y auroit souvent de la
profanation à prier Dieu, dans l'usa-
ge du Sort. XIX. *Si les actions de*
graces qu'on est obligé de rendre à
DIEU, *pour l'heureux succès du Sort,*
supposent une intervention extraordi-
naire de la Providence. XX. *De*
l'exemple des Criminels, qui tirent
aux billets. En quel sens on peut dire,
que la décision du Sort est un effet de
la volonté de DIEU. XXI. *Consé-*
quence absurde qui suit des principes
de Mr. D. J. *Exemple retorqué con-*

D 7   *tre*

tre lui. XXII. *Bizarrerie & incon-*
stance du Sort. Autre passage de GA-
TAKER. *On peut revoquer la déci-*
sion du Sort. Pourquoi, dans un tems
de Peste ou de Persécution, plusieurs
Ministres peuvent tirer au sort en-
tr'eux. XXIII. *De ce que le Jeu*
est un amusement, il ne s'ensuit point
qu'il y ait de la profanation à y em-
ploier le Sort. XXIV. *Le peu d'im-*
portance de la chose ne fait rien non
plus ici. Que le Sort seroit illicite,
même dans les Partages, selon les
principes de Mr. D. J. XXV. *Au-*
tre conséquence absurde. XXVI. *Du*
passage des PROVERBES, Chap.
XVI. *vers.* 33. XXVII. *De celui*
du même Livre, Chap. XVIII. *vers.*
18. *Que, parmi les* Juifs, *on se ser-*
voit du Sort en matiére de plusieurs
choses de peu d'importance. Que ce
sont celles où l'usage du Sort convient
le mieux. XXVIII. *Fausse raison ti-*
rée des exemples du Sort, qui se trou-
vent dans l'Ecriture. XXIX. *Sup-*
position gratuite de Mr. D. J. *sur la*
raison qui a fait établir au commence-
ment l'usage du Sort. XXX. *Histoi-*
re de l'origine & des progrès de cet

usa-

usage, conforme à ce qui nous reste des Monumens de l'Antiquité.
XXXI. *Preuve tirée des exemples
qu'on trouve dans* HOMÈRE.
XXXII. *Réponse à l'objection qu'on
pourroit faire, sur ce que, dans un de
ces exemples, il y a une invocation de
la Divinité. Que les* Paiens *croioient,
que la Divinité dirige toute sorte d'é-
vénemens.* XXXIII. *Fausse application de l'exemple d'*Haman, *qui se
trouve dans le Livre d'*ESTHER.
bevuë *de Mr.* D. J. XXXIV. *D'où
vient le mot de* Sorcier. *Pourquoi quelques* Pères *de l'*Eglise *ont
regardé le Sort comme une chose sacrée. Que les* Paiens, *lors même
qu'ils faisoient un usage superstitieux
du Sort en certaines choses, n'y atta-
choient d'ailleurs aucune sainteté dans
les affaires communes de la Vie.*
XXXV. *Preuve, tirée d'une Comédie de* PLAUTE. XXXVI. *Que
les* Paiens *ont emploié le Sort en matière de choses peu sérieuses. De la
coûtume de créer par le sort un* Roi
du Festin. *Antiquité des* Jeux de Hazard. XXXVII. *Explication d'un
passage de* PLATON, *que Mr.* D. J.
cite

cite, à l'aventure. XXXVIII. *Paſ-*
ſages d'autres Auteurs Paiens , qui
montrent qu'ils avoient du Sort u-
ne toute autre idée , que celle que
Mr. D. J. leur attribuë ſans preuve.
XXXIX. *Autre raiſon , qui prouve*
la même choſe. Là où l'uſage du Sort
étoit établi pour les Elections , on ne
laiſſoit pas d'examiner & de rejetter
quelquefois ceux qui avoient été déſi-
gnez par le Sort. XL. *Paſſages de*
PHILON *& de* JOSEPH*, qui font*
voir que les Juifs ne concevoient aucu-
ne ſainteté dans le Sort , ni aucune
Providence particuliére. XLI. *Fauſ-*
ſe imputation de Mr. D. J. au ſujet
de ce que j'ai dit de la Providence,
par rapport au Sort. XLII. *Autre*
endroit , où il prend mal ma penſée.
De l'exemple de Matthias *, où Mr.*
D. J. *par une ſingularité ſans rai-*
ſon ne trouve rien que d'ordinaire.
XLIII. *Fauſſe conſéquence qu'il tire*
d'une façon de parler très-commune,
pour me faire regarder comme nageant
dans le doute. XLIV. *Critique ri-*
dicule de ce que j'ai dit des Contracts
d'Aſſûrance*, comparez avec les* Jeux
de Hazard. XLV. *Réponſe à une*
ob-

objeƈion frivole, tirée de ce qu'on peut jouer aux *Dez* ou aux *Cartes* fans que les *Joueurs* eux-mêmes les touchent. XLVI. *Autre critique abfurde. Que la plûpart des Jeux d'Adreffe feroient effentiellement criminels, felon les principes de Mr. D. J.* XLVII. *Déclaration de l'Auteur de ce Difcours.* XLVIII. *Conclufion générale.*

COMME j'allois faire un mot d'Avertiffement fur cette feconde Edition des *Difcours de Mr. NOODT*, on m'a apporté certaines (*a*) *Lettres* de Mr. DE JONCOURT, fur lefquelles j'ai jugé à propos de dire quelque chofe, quoi que la matiére par elle-même n'aît aucun rapport avec celle du Pouvoir des Souverains, & de la Liberté de Confcience. Il y a long tems qu'on m'avoit donné avis, que ces Lettres étoient fous la preffe, & que l'Auteur m'y attaquoit de compagnie avec Mr. LA PLACETTE. J'attendois fort patiemment de les voir enfin éclorre; & fur ce que je favois de la maniére dont l'Auteur s'y prenoit contre moi,

&

(*a*) *Quatre Lettres furl les Jeux de Hazard, imprimées à La Haie, en 1713.*

& du jugement qu'en avoient fait quelques perſonnes à qui il avoit communiqué ſon Ouvrage, j'étois bien perſuadé que je pourrois me diſpenſer d'y répondre dans les formes. La lecture du Livre même n'a fait que me confirmer dans cette penſée : & s'il n'étoit tombé entre mes mains dans un tems de Féries, & préciſément lors que je me diſpoſois à envoier aux Imprimeurs la Traduction que je redonne ici au Public, je ne crois pas que de ma vie il me fût venu dans l'eſprit de prendre la plume pour rien écrire contre un homme qui m'attaque avec tant de fierté & ſi peu de jugement. Je tâcherai, en le repouſſant comme il le mérite, de dire des choſes qui dédommagent le Lecteur de certaines diſcuſſions peu agréables, où je me vois obligé d'entrer malgré moi : & j'eſpére que dans ce Diſcours, on trouvera, avec une juſte idée de *la Nature du Sort*, bien des reflexions qu'on ne ſera pas fâché de lire.

§. I. J'AI été ſurpris, (& tout le monde, à mon avis, l'aura été comme moi) de voir qu'un homme, qui a tant déclamé contre les myſtiqueries de

de certains Théologiens en matiére de
choses spéculatives, & qui en les atta-
quant sans beaucoup de nécessité, s'est
exposé à être repoussé par une sorte
d'armes bien plus efficace que les raisons; qu'un tel homme, dis-je, vienne aujourd'hui débiter avec emphase
& avec chaleur une des plus grandes
mystiqueries que l'on puisse imaginer
en matiére de Morale. Il est sans doute incomparablement plus dangereux
de proposer aux Chrétiens, par rapport à leurs Devoirs, de misérables
raisons, qui rendent inutile tout ce
que l'on dit de bon, telle qu'est la
prétenduë profanation dans l'usage du
Sort appliqué au Jeu; que de donner
des ⸱plications typiques ou allégori-
ques de plusieurs endroits de l'Ecriture, où il n'y a rien que de simple &
de litéral. D'ailleurs, le même tour
d'esprit qui enfante les derniéres, produit aussi les prémiéres; & cela fait
un plaisant contraste dans la conduite
du Ministre de *la Haie.*

§. II. IL ME donne par-ci par-
là, dans sa *Troisiéme Lettre*, dont la
moitié est contre moi, des éloges que
je ne mérite point, & dont je l'aurois
                                                 assû-

affûrément tenu quitte. On y fent
d'ailleurs quelque chofe de forcé, &
on voit bien qu'il a voulu par là ou
relever l'éclat de fon triomphe imaginaire, ou peut-être même adoucir en,
quelque façon les airs peu modeftes &
peu civils qu'il fe donne. Il n'oublie
rien pour me faire regarder comme un
Ecrivain *peu exact* (a) *dans ce que j'é-
cris, dans les principes que je pofe, dans
les conféquences que je tire.* Il prétend
(b) que *je contredis mille fois dans mon
gros Ouvrage les maximes & les reflexions
fages,* que j'avois établies d'abord,
quoi qu'ailleurs il veuille bien reconnoître que (c) *les chofes bonnes & fages
que je dis dans une infinité de remarques
& de reflexions fur les* inconvéniens &
fur le danger *de toutes fortes de Jeux,
font les trois quarts de mon Ouvrage.* Il
infinuë autant qu'il peut, (d) que je
ne fuis que l'écho de Mr. *La Placette,*
qui n'a jamais eu deffein, comme moi,
de donner un Traité complet fur le
Jeu, & qui, à ce que je crois, ne fera pas plus en ceci du fentiment de
Mr. *D. J.* qu'au fujet de la nature du
Sort. Pour empêcher néanmoins que
je ne tire avantage de cette conformité

(a) Pag. 101.

(b) Pag. 111, 112.

(c) Pag. 113.

(d) Pag. 98, 109, 172.

té avec un si célébre Théologien, il
a soin d'avertir le Lecteur, que (a) *ma* (a) *Pag.* 140.
Morale est moins exacte, moins chaste,
& moins Evangélique ; & que je (b) *ne* (b) *Pag.* 167.
suis pas fort rigide. Ce qu'il y a de plaisant, c'est que, pour mettre dans un
faux jour l'économie de mon Ouvra-
ge, il (c) s'avise de le réduire à un (c) *Pag.* 112.
Abrégé sec, étranglé, & mal enten-
du ; comme si je n'en avois pas moi-
même donné le plan dans ma Préface,
& comme si ce Livre étoit écrit à
bâtons rompus, tels que sont ceux dont
Mr. *D. J.* a regalé le Public. Il va jusqu'à me reprocher plus d'une fois (d) (d) *Pag.*
la grosseur de mon Livre ; il marque 112, 139.
avec soin (e) en deux endroits le nom- (e) *Pag.* 98,
bre des pages qu'il contient : cet arti- 139.
cle lui tient au cœur, je ne sai pourquoi, & j'en laisse chercher les raisons à ceux qui le connoissent de
près.

§. III. Mr. *D. J.* à cela près
qu'il (f) lâche quelques traits contre (f) Voyez
Mr. LA PLACETTE au sujet des *pag.* 28, 29.
distinctions abstraites & métaphysiques 64.
dont il l'accuse ici mal à propos, mé-
nage d'ailleurs assez ce Moraliste fameux : mais avec moi il ne garde au-
cu-

cune mesure, quoique je n'aie jamais
dit de lui ni bien, ni mal. Cette différence ne vient pas seulement de ce
que Mr. *La Placette* est Ministre: il y
a une autre raison qui l'a mis de mauvaise humeur contre moi, & il la fait
assez connoître dès l'entrée de sa Lettre. J'ai témoigné, dans ma Préface du
TRAITE' DU JEU, que j'étois peu
content de l'exactitude des *Prédicateurs de nos jours* à traiter des points de
Morale : il n'en falloit pas davantage
pour piquer un Prédicateur, c'est un
crime impardonnable. Je n'avois pourtant rien dit là-dessus que de fort vague, rien que personne pût s'appliquer, si ce n'est ceux qui se sentent
coupables d'un défaut qui n'est que
trop commun & trop connu. Mr. D. J.
a donc cru, que, pour venger son
honneur & celui de ses semblables, il
falloit à quelque prix que ce fût trouver dans mon Livre bien des *inexactitudes*, les grossir autant qu'il pourroit,
& les étaler avec toute sa mauvaise
Rhétorique.

(a) *Pag.* 101,
& *suiv.*
§. IV. LA *prémiére inexactitude* (a)
qui l'a frappé, comme celle qui a le
plus de rapport avec la principale cause

se de son petit dépit., c'est l'exemple que j'ai allegué, dans ma Préface, des exaggérations exceſſives qu'emploient au ſujet du Jeu (a) ST. CYPRIEN & ST. CHRYSOSTÔME deux Prédicateurs des prémiers Siécles. Il y reconnoît lui-même quelque choſe d'outré : cependant il voudroit que je leur euſſe donné une interprétation favorable, qui ſe réduiſît à regarder le *Sort*, ainſi que fait Mr. *D. J.* comme une *choſe ſacrée*, & par conſéquent les Jeux de Hazard comme une *profanation*. Mais c'est cela même qui m'auroit obligé encore plus à traiter les penſées, dont il s'agit, de pitoiables raiſons, peu propres à faire quelque impreſſion ſur ceux qui jouent. Et qui croiroit que Mr. *D. J.* fût ſi jaloux de l'honneur des *Péres*, lui qui a dit il n'y a que ſix ans, (b) que *ce ſeroit un vrai plaiſir pour lui d'avoir un Recueil exact & fidéle* D'UNE INFINITE' DE BA-DINERIES QUE LES PE'RES DE L'EGLISE ET LEURS ENFANS ONT DE'BITE'ES *ſous le vénérable nom de myſtéres. On ſeroit étonné,* ajoûte-t il, *du* RIDICULE *qu'on trouve ſouvent dans les Ecrits de la plûpart de*
ces

(a) Ou plâ-tôt un Auteur ancien, qui a emprunté le nom de ce Pére.

(b) Entretiens ſur les différentes méthodes d'expliquer l'Ecriture & de prêcher &c. pag. 99, 100.

ces Docteurs, *qui font en possession de nô-*
tre respect. Il en allègue lui-même
deux exemples, & s'il vouloit faire à
l'égard des *Péres* ce qu'il a fait par
rapport aux *Coccéiens*, il pourroit à
peu de frais donner au Public plusieurs
gros Volumes. Mais ce que l'on par-
donne aux anciens Prédicateurs, en
faveur du Siécle où ils ont vécu, n'est
pas pardonnable à ceux d'aujourd'hui,
& j'en appelle à Mr. *D. J.* lui-même, qui remarque au même endroit,
(a) que *les libertez, ou les petits égare-*
mens, qui étoient VE'NIELS *dans les*
Anciens, sont devenus INTOLERA-
BLES *dans les Philosophes de nos jours.*

§. V. Mr. *D. J.* ne (b) *sauroit as-*
sez s'étonner que je me fasse une raison,
pour légitimer les Jeux de Hazard, de
ce que les Ecritures du V. & du N. Tes-
tament ne les défendent pas. Mais je
parle là (c) de tous les Jeux en général, & non pas seulement des Jeux de
Hazard : Mr. *D. J.* qui croit être si
exact, ne devoit pas ainsi tronquer ma
pensée. De plus, il suppose mal à propos, & ici & (d) ailleurs, que j'allégue ce silence de l'Ecriture comme u-
ne chose qui seule prouveroit l'inno-
cen-

(a) *Ibid.*
pag. 102.

(b) *Lettres,*
pag. 105.

(c) *Traité du*
Jeu, Liv. I.
Chap. I.
§. 9.

(d) *Lettres,*
pag. 117.

cence des Jeux de Hazard confidérez
en eux-mêmes ; au lieu que je ne
m'en fuis fervi que comme par fura-
bondance de droit, & après avoir démontré que ni la Raifon, ni l'efprit de
la Religion, ne nous infinuent rien de
contraire ; comme il paroît par les paroles fuivantes, qui finiffent le Chapitre : *De ce profond filence des Ecrivains
Sacrez*, JOINT *à tout ce que j'ai dit
dans ce Chapitre*, *on peut conclurre certainement* &c. Mr. *D. J.* prétend que je
devois tirer du filence de l'Ecriture
Sainte une conféquence diamétralement
oppofée à celle que j'en ai tirée : mais
affûrément je ne le prendrai pas pour
mon Maître en Logique, & je ne penfe pas que perfonne le faffe, quand on
verra que tout ce qu'il dit (a) fe réduit (a) *Pag. 10*.
à fuppofer gravement ce qui eft en
queftion, pendant qu'il m'accufe de
*n'avoir pas apporté toute l'attention de
mon bon efprit.* Cela eft d'autant plus
ridicule, qu'il tombe lui-même dans
le défaut dont il me blâme fans caufe, puis que, de ce que tous les
exemples du Sort qu'on trouve dans
l'Ecriture Sainte regardent des chofes
graves & importantes, il conclut har-

di-

(a) Pag. 61. &c. diment (a) que jamais on ne s'est servi du Sort, parmi le Peuple de Dieu, en matiére de choses peu sérieuses & peu considérables, comme le Jeu. Ici il est clair que le silence ne prouve, par lui-même, ni que le Sort n'ait jamais été emploié, parmi les *Juifs*, à d'autre usage; ni, quand cela seroit vrai, que tout autre usage soit illicite. Pour tirer légitimement la prémiére conséquence, il faudroit montrer par de bonnes raisons, que les Ecrivains Sacrez ont eu quelque occasion inévitable de parler de ces choses peu sérieuses & peu considérables, où l'on auroit dû nécessairement emploier le Sort, supposé qu'on eût cru pouvoir le faire sans profanation. Or c'est ce que Mr. D. J. ne prouvera jamais. Mais, encore même qu'il fût certain que les *Juifs* ne se sont jamais servis du Sort qu'en matiére de choses graves & importantes, il ne s'ensuivroit de cela seul autre chose, si ce n'est qu'ils ne s'étoient pas avisez d'en faire usage pour des bagatelles; de même qu'il y avoit bien d'autres Coûtumes qui ne s'étoient point introduites parmi eux : mais on ne pourroit pas en inferer que

Dieu

DIEU leur eût fait entendre d'une
maniére ou d'autre, qu'il y avoit de
la profanation à ufer du Sort en matiére de chofes peu graves & peu importantes, ni même qu'ils fe le fuffent
mis dans l'efprit fur quelque autre fondement. Il y a plus, & je foûtiens qu'il
pourroit fe faire que les *Juifs*, prévenus de quelque fauffe idée, euffent
conçû dans le Sort une efpéce de fainteté, qu'il n'a pas, fans que Mr. *D. J.*
en pût tirer aucun avantage. Ce ne
feroit pas la feule chofe en quoi ce
Peuple, fi groffier & fi enclin à la Superftition, auroit eu des penfées peu
conformes à la nature des chofes, même en matiére de Religion. Et rien
n'auroit obligé la Sageffe de Dieu à
defabufer les *Juifs* d'une erreur inno-
centé, tant qu'elle ne feroit point allée
jufqu'à regarder le Sort comme un O-
racle, comme un moien propre &
conftant de connoître la volonté de celui qui dirige toutes chofes. Ici donc l'argument tiré du filence ne conclut rien:
il faut quelque chofe de plus, pour
prouver & l'ufage, & la défenfe. Mais
quand il s'agit d'établir une fimple permiffion, pour peu que la chofe ait été

en

en ufage, le filence eft de grand poids, & il faut des raifons très-fortes tirées ou de la nature même de la cho-fe, ou de quelque déclaration expref-fe en matiére d'autres fujets fembla-bles, pour avoir lieu d'inferer que la chofe eft du nombre des défenduës. Or les Jeux de Hazard étoient certai-nement connus parmi les *Juifs*, du tems de JE'SUS-CHRIST & de fes Apôtres : & la Synagogue ne les dé-fendoit point à caufe de la fainteté du Sort, mais à caufe des abus communs à toutes fortes de *Jeux*. Mr. *D. J.* n'a qu'à voir SELDEN & HYDE.

§. VI. IL SE moque fort du com-mencement de mon Livre ; il trouve étrange (a) *qu'un début fi beau & fi gra-ve foit fuivi d'un Plaidoïer en faveur des Divertiffemens en général, & en par-ticulier en faveur de l'innocence des Jeux de Hazard. On me prendroit, à ce qu'il dit, pour un des plus févéres Moralif-tes, fi je n'avois pas averti dans ma Pré-face, que* J'AI EU TOUS LES E'-GARDS QU'ON PEUT AVOIR POUR LA FOIBLESSE DES HOM-MES. Pour moi fi Mr. *D. J.* n'avoit pas malicieufement retranché dans

les

(a) *Pag.* 110, 112.

lès derniéres paroles les mots suivans, SANS PREJUDICE DE LA VERI-TÉ ET DE LEUR DEVOIR: s'il n'avoit pas, dis-je, supprimé cette restriction, à dessein de me faire regarder comme un Casuïste relâché, de mon propre aveu; j'aurois laissé passer son Arrêt décisif, dont je ne redoute guéres les conséquences. Chacun peut lire mon Livre, & voir, d'un côté, si les reflexions, qui en composent le prémier Chapitre, ne sont pas nécessaires & bien assorties ; de l'autre, si ce que l'on appelle *un Plaidoier en faveur des Divertissemens* est mal raisonné. Nôtre Prédicateur, malgré ses airs de suffisance, paroît savoir si peu ce que c'est qu'écrire méthodiquement & raisonner juste, qu'il n'est nullement à craindre que ses vaines censures & ses froides exclamations nuisent à personne. Ce qu'il (a) dit en faveur de PASCAL, ne sert qu'à faire voir la conformité de son caractére avec celui de ce fameux Auteur, non pas pour la beauté du génie ni par rapport à l'esprit géométrique qu'il avoit d'ailleurs, mais à l'égard de ce tour mystique en matiére de Religion & de

(a) Pag. 115, 116, 151. & suiv.

E 3 Mo-

Morale, que l'on voit quelquefois bizarrement affocié avec un jugement exquis fur d'autres fujets. Mr. *D. J.* me renvoie (a) aux *Anges*, qui *n'ont pas befoin*, dit-il, *de fe divertir*, & auxquels les Divertiffemens ne font *ni néceffaires ni permis*, comme une occupation baffe & au deffous d'eux. Je m'étonne qu'il ne fe foit pas avifé de refuter férieufement ORIGENE, qui, fur un paffage du DEUTERONOME (b) mal entendu, a dit (c) que les Anges, dans le Ciel, tirent au fort, pour favoir de quelle Nation ou de quelle Province chacun d'eux aura le foin, & de quelle perfonne il fera le Gardien: car il pourroit bien être que quelcun, plein de refpect pour les penfées de cet ancien Docteur de l'Eglife, demanderoit à Mr. *D. J.* qui lui a dit que les Anges n'ufent pas du Sort en matiére d'autres chofes moins importantes, & par maniére de recréation. Mais, raillerie à part, j'avois prévenu la belle objection de Mr. *D. J.* en (d) difant de ceux qui fe font ici des idées myftiques de Vertu & de Pieté; *Permis à eux d'afpirer à un état de perfection* DONT LA NATURE HUMAINE N'EST

(a) *Pag. 115.*

(b) Chap. XXXII, 8.
(c) *In Je-fuam,* Hom. XXIII.

(d) *Traité du Jeu,* Liv. I. Chap. I. §. 6.

N'EST PEUT-ETRE POINT CA-
PABLE, *qui est du moins au dessus de
la portée du certain* DES HABITANS
DE LA TERRE &c. Faut-il apprendre à Mr. *D. J.* qu'il y a divers degrez de perfection dans les differens
Ordres d'Etres Intelligens, sur tout selon les divers états où ils peuvent se
trouver ; & qu'à cause de cela telle
chose qui seroit indigne de ceux d'un
certain Ordre ou d'un certain état,
n'est pas indigne de ceux d'un autre,
comme n'aiant rien d'incompatible a-
vec le degré de perfection qui leur convient, lequel, quoi qu'inferieur par
rapport à celui des autres Etres plus
parfaits ou qui sont dans un autre état,
est en eux le plus haut point de sagesse ? Les *Hommes* sans contredit sont
faits de telle maniére, qu'ils trouvent
nécessairement du plaisir à mille choses auxquelles les *Anges* ne pourroient
& ne devroient pas être sensibles. Prétendre donc que ce qui nous frappe a-
gréablement ici-bas, & qui n'a d'ailleurs rien de contraire à la constitution de nôtre nature, soit, par rapport
à nous, *un bas amusement*, *un plaisir
faux & trompeur*, c'est une imagina-

E 4   tion,

tion¹, qui, quelque air de dévotion
qu'elle puiſſe avoir pour certains Eſprits, tend par elle-même à blâmer le
Créateur, qui a ainſi fait les Hommes. On défie Mr. *D. J.* & tous ſes
ſemblables, de prouver que l'Homme
le plus ſage, que le meilleur Chrétien
du monde, ne puiſſe pas aimer en
quelque ſorte un Jeu, même de Hazard, & s'y divertir innocemment,
ſans déroger à ſon caractére. Je crois
avoir détruit de fond en comble les
idées fauſſes & outrées que Mr. *D. J.*
ſuit ici, dans cette eſpéce de digreſ-
ſion longue, mais neceſſaire, qui com-
poſe le Chapitre III. du I. Livre de
mon *Traité du Jeu*, & qui, ſi j'oſe le
dire, eſt un des morceaux de l'Ouvrage que les (a) Connoiſſeurs ont le plus
approuvé ; quelque jugement qu'en
puiſſe porter le Miniſtre de *la Haie*,
qui en faiſant ſemblant de le louer, (b)
tâche indirectement d'en donner mauvaiſe opinion à ceux qui ne l'ont pas lû.
                              §. VII.

(a) Voïez
les *Nouvel-
les de la Rép.
des Lettres*,
Août 1709.
pag. 179.
(b) *Lettres*,
pag. 137.

(1) Ce ſont les propres termes, dont je me ſuis
ſervi ; & il eſt bon de les remarquer parce que Mr.
D. J. ſuppoſe que je n'ai rien dit de ſemblable, puis
qu'il parle ainſi, pag. 117. *Mais je crois qu'*ON DOIT
AJOUTER, *que les Recreations... doivent être ſeantes
à des Créatures raiſonnables... & ſur tout n'avoir rien de
                                                     vi-*

§. VII. J'AVOIS (a) soûtenu, que, *bien loin que la Morale ou la Religion défendent toute sorte de Divertissement*, on peut dire au contraire qu'elles NOUS ORDONNENT D'EN PRENDRE QUELCUN D'HONNETE ET DE CONVENABLE, *lors que cela est nécessaire pour reparer nos forces épuisées par le travail*. Mr. D. J. appelle cela (b) *se donner du large*, ou, comme il s'exprime un peu plus haut, *relâcher* (c) *les cordeaux de la sevérité*. Il veut que je lui produise là-dessus *une Ordonnance de la Morale & de la Religion Chrétienne*, en bonne & duë forme. Mais s'il est vrai, comme (d) Mr. D. J. l'accorde, qu'il est permis de se divertir, à dessein de vaquer en suite à quelque chose de sérieux ; en faut-il davantage pour conclurre sûrement, que la Morale & la Religion *veulent qu'on prenne quelque Divertissement* (1) *honnête & convenable*, lors que, faute d'user de ce moien innocent, on courroit

(a) *Traité du Jeu*, Liv. I. Chap. I, §. 5.

(b) *Lettres*, pag. 116, 117.

(c) Pag. 114.

(d) Pag. 117.

vicieux & de criminel. Ce seroit un terme trop doux, que d'appeller cela *inexactitude*. Il y a une malignité d'autant plus grossiére, que dans la page précedente, Mr. D. J. a lui-même rapporté tout du long le passage de mon Livre, où se trouvent les paroles qui ont donné lieu à cette remarque.

E 5   GA·

roit rifque d'être moins en état de
bien vaquer à fes occupations ferieu-
fes ? N'eft-ce .pas là une conféquence , qui fuit manifeftement de la nature de la chofe même ? Un homme qui , pour ne fe donner aucun relâche , pour ne fe permettre aucune recréation , tomberoit dans u-
ne noire mélancholie , ou s'attire-
roit quelque fâcheufe incommodité;
feroit-il tout-à-fait excufable , & ne
pourroit-on pas dire qu'il *fait mal*,
quand ce ne feroit qu'à caufe que par
là il fe rend moins capable de travailler affidûment & avec fuccès à ce qui
eft de fa vocation ? Mais il faut citer
à Mr. *D. J.* un Savant Théologien,
dont l'autorité fera pour le moins d'auffi grand poids que la fienne : c'eft
THOMAS GATAKER , dans un
Traité Anglois (a) *dè la nature & de
l'ufage des différentes efpéces de Sort*;
Ouvrage Hiftorique & Théologique,
que Mr. *La Placette* (b) dit avoir cherché par tout inutilement, & qui eft
heu-

(a) Il eft *in quarto*, & imprimé à Londres, l'an 1619.
(b) *Traité des Jeux de Hazard*, Chap. I. pag. 198.

(1) GATAKER cite ici ces paroles d'un Pére de
l'Eglife : Καὶ τὸ χαλὸν μὴ χαλὸν, ὅταν μὴ χαλῶς γίνη-
ται, ὅταν μὴ τύχῃσιν, " Les chofes même belles &
Jι-

heureusement tombé entre mes mains depuis l'impression de mon *Traité du Jeu*. *Tout* (a) *le monde*, disoit il y a près de cent ans cet Auteur célébre, TOUT LE MONDE CONVIENT *que la Recréation en général est suffisamment autorisée par la* (b) *Parole même de Dieu, comme une chose* (c) NON SEULEMENT PERMISE, MAIS ENCORE PRESCRITE, *sinon directement & expressément, du moins* PAR UNE JUSTE CONSEQUENCE. Il s'exprime ailleurs encore plus fortement: (d) *En matiére, dit-il, de toutes sortes de choses, il importe beaucoup de les faire à propos : car il y a* (e) *un tems pour toutes les occupations légitimes, sérieuses ou non, sacrées ou civiles. Une bonne action* (1) *n'est pas bonne, lors qu'elle n'est pas faite en son tems ; & une chose de moindre importance ne peut pas être omise sans péché, lors qu'il est tems de la faire, encore même qu'on ne la néglige que pour vaquer à une autre plus importante par elle-même:* C'EST QUEL-

QUE-

(a) Chap. VI. §. 10. pag. 138.

(b) Il cite ici *Eccléfiaste*, III, 4. *Zacharie*, III, 10. & VIII, 5.

(c) *As a thing both allowed by permission, and injoyned by precept &c.*

(d) Chap. VIII. §. 2. pag. 188.

(e) *Ecclef.* III, 1.

„ louables ne le font pas ; lors qu'on ne les fait pas „ comme il faut, & en leur tems. GREGOIRE DE NAZIANZE, *ad Ennom.* Serm. I.

E 6

(1) 18.

QUEFOIS (1) UN PECHE', QUE
DE NE PAS SE DIVERTIR. On ne
pêche pas seulement en faisant un moindre bien, lors qu'on pouvoit & qu'on devoit en faire un plus grand ; mais encore
lors qu'on s'attache à une chose d'ailleurs
meilleure, dans le tems qu'on est appellé
à une autre moins bonne. C'est ainsi, par
exemple, qu'un Domestique feroit mal de
se mettre à lire un bon Livre, fût-ce la
Bible, au moment qu'il doit servir à la
Table de son Maître. Voilà des raisonnemens d'un Théologien judicieux &
éclairé. Mr. D. J. en critiquant ce que
j'ai dit sur ce principe, montre clairement qu'il ignore & les prémiers élé-
mens de la Morale, & ce principe de
Logique ou de Metaphysique si commun & si incontestable, *Que tout Etre*
sage qui veut une fin, veut aussi les
moiens nécessaires pour y parvenir.

§. VIII. IL COMPTE pour *la*
plus grande (a) *& la plus générale de*
mes inexactitudes, que presque par tout
je mets dans un même rang les Jeux de
pure industrie & les Jeux de Hazard.
Mais, quoi qu'il en dise, je ne croi-
rai

(a) *Lettres,*
pag. 117,
118.

(1) *It is a sinne for a man sometime not to recreate him-*
self &c. On cite ici ce mot de T H O M A S D'A Q U I N:
In

rai pas qu'on doive y mettre aucune
différence, à les confiderer, comme
je fais, en eux-mêmes & indépendamment des abus qui les accompagnent
par accident; je ne les diftinguerai
pas, dis-je, à cet égard, jufqu'à ce
qu'on m'ait prouvé par de bonnes raifons, que les Jeux de Hazard font de
leur nature plus criminels, que ceux
d'Adreffe; ce que perfonne, à mon
avis, ne fera jamais, & Mr. *D. J.*
moins que tout autre, comme il paroîtra par l'examen de fes fauffes & bizarres idées fur la nature du Sort. Dans
l'endroit où il me reproche cette inexactitude énorme à fes yeux, il s'eft
laiffé lui-même fi fort aveugler à la paf-
fion, qu'il m'impute la plus infigne
des fauffetez. Il n'a pas honte de dire,
(a) que *je permets également* tous les (a) Pag:
Jeux & tous les Divertiffemens, s o u s 118.
L A S E U L E C O N D I T I O N, Q U' O N
Y P R E N N E D U P L A I S I R; & là-
deffus il repéte avec un air triomphant,
que *je ne fuis guéres exact, puis que je
ne demande* D'A U T R E P A S S E P O R T
pour les Jeux, S I C E N' E S T *qu'on y*
pren-

In ludi defectu poteft effe peccatum. SUMM. Part. II. 2.
Q. 168. a. 4.

prenne du plaisir. Quelcun qui n'aura jamais lû mon Livre, n'aura-t-il pas lieu de s'imaginer, s'il veut bien en croire Mr. *D. J,* que je ne distingue point entre l'usage & l'abus, & que, pourvû qu'on *prenne du plaisir* à une chose, de quelque maniére que ce soit, cela suffit, selon moi? Mais, quand tout mon Ouvrage ne donneroit pas un démenti perpétuel à cette noire & grossiére calomnie, les paroles mêmes que Mr. *D. J.* cita, ne sont-elles pas immédiatement précédées de celles-ci:

(a) *Il est permis, pour se donner du relâche, de goûter quelque Divertissement* OÙ IL N'Y AÎT RIEN D'AILLEURS QUI LE RENDE ILLEGITIME. On aura de la peine à croire que ce soit par une pure inadvertence, toûjours entiérement inexcusable, que Mr. *D. J.* a supprimé une restriction si essentielle. Outre que, comme nous l'avons vû, il a usé du même artifice en deux autres endroits, il s'exprime ici d'une maniére (b) à donner à entendre que l'épithéte qu'il me donne d'Ecrivain *peu exact,* est de beaucoup trop douce, & qu'il me fait grace sans doute de ne pas m'appeller

le

(a) *Traité du Jeu,* Liv. I. Chap. I. §. 8.

(b) *Tout ce que je me permettrai de dire là dessus, c'est &c.* Lettres, *pag.* 118.

le plus relâché des Moralistes. Mais,
pour dire un mot fur la penfée, dont
il s'agit, prife dans fon fens vrai &
complet, & fans les tours de paffe-paf-
fe de Mr. *D. J.* je voudrois bien favoir fi, quand il eft dans un Repas,
& qu'il mange d'un certain *Mets* ou
qu'il boit d'un certain *Vin* qui eft de
fon goût, il lui faut *d'autre paffeport,*
fi ce n'eft qu'il y *trouve du plaifir* ; &
s'il ne s'en donne pas alors au cœur
joie, *fans s'en enquérir pour la Confcience ?* Je fuppofe qu'il veuille jouer aux
Echecs, plûtôt qu'à la *courte Boule*, (il
femble aimer le prémier de ces Jeux,
dont il fait l'apologie (a) en homme   (a) *Pag.*
162, 163,
qui y prend quelque intérêt) lui fau-
dra-t-il alors *d'autre paffeport*, fi ce n'eft
qu'il *trouve du plaifir* à montrer *fon attention*, & *fa dextérité*, dans *les plans
& les projets raifonnez* qu'il forme pour
vaincre l'autre Joueur ? Lors que, las
de lire fes Lieux Communs, ou quelque Commentaire, qui lui fourniffent
la matiére de fes Sermons, ou lors
qu'après avoir long-tems feuilleté les
Livres des *Coccéiens*, pour en extraire
des explications typiques ou allégori-
ques de l'Ecriture, il prend un *Poëte*,
un

un Livre de *Voïages* ; un *Ouvrage de Bel Efprit*, pour s'amufer à une lecture plus agréable ; lui faut-il pour cela d'autre *paffeport*, fi ce n'eft qu'il y *trouve du plaifir ?* Malgré donc tout le fracas de Mr. D. J. qui, par un effet ordinaire de l'efprit de haine & de difpute, fe précipite dans de terribles extrémitez, je dirai avec le Théologien Anglois, déja cité ci-deffus, (a) que *tant que l'ufage du Sort eft dégagé de toute Superftition & de toute Impiété, & qu'il n'y a rien d'injufte ni de deshonnête, il ne doit pas plus être banni des récréations d'un Chrétien, que toute autre* (b) *Créature ou toute autre Coûtume qui a un pouvoir naturel de nous* DIVERTIR *& de nous* DONNER DU PLAISIR *de cette manière.*

(a) Gataker, of the nature and ufe of Lots, Chap. VI. §. 7. pag. 134, 135.

(b) Than any other Creature or Ordinance whatfoever &c.

§. IX. IL EST vrai que Mr. D. J. voudroit rehabiliter l'opinion aujourd'hui ruinée fans reffource, de ceux qui ont crû, qu'il y a de la profanation dans l'ufage du Sort en matiére de Jeux & de Divertiffemens. C'eft ici fur tout qu'il fe félicite, qu'il *fe fait de fête*, qu'il *fe délecte*, pour me fervir de quelques-unes de fes expreffions favorites. Il croit avoir triomphé, non feu-

lement de moi, mais encore de Mrs.
La Placette & Van der
Meulen, par les *grands* & *sublimes
efforts de son imaginative*. Il affecte
bien, pour se mettre à l'abri du grand
nombre & pour épouvanter par là ses
Adversaires, de dire en plusieurs endroits, qu'il ne fait que soûtenir le
sentiment commun des Théologiens.
Mais il ne manque pas de nous avertir,
que (a) *les Théologiens n'ont pas mis en
œuvre tout ce qui pouvoit servir à fonder
leur sentiment, & à le mettre dans une
suffisante lumiére*. Il ne sauroit (b) dire
*si tous ceux qui ont condamné ou qui con-
damnent les Jeux de Sort, se sont suffisamment expliquez: mais, pour lui, gui-
dé par son petit sens, il* A DEVINE *sans
peine la raison pourquoi ils ont rapporté
la détermination du Sort à une direction
particuliére de la Providence*.

J'avoûë, à l'égard des Théologiens
qui, avant Mr. *D. J.* ont absolument
condamné les Jeux de Hazard, que
leurs idées étoient fort embrouillées &
fort confuses, le parti qu'ils avoient
pris sur cette question ne leur permettoit guéres d'en avoir d'autres: ainsi il
est souvent assez difficile de savoir ce
qu'ils

(a) *Lettres*, pag. 33.

(b) Pag. 59.

qu'ils penſoient. J'ai donné, comme
fait Mr. LA PLACETTE, à l'opinion de ces Théologiens, le ſens le
plus raiſonnable dont elle eſt ſuſceptible, pour qu'elle aît quelque apparence de fondement: & comme je ne ſuis
pas dévin, je n'avois garde de ſonger
aux belles idées que Mr. *D. J.* a ima-
ginées. Il ne devoit donc pas tant s'é-
(a)*Pag.*119. tonner, de ce que (a) *je ne me ſuis pro-*
poſé aucune des choſes qu'il a alléguées
quatre ans après la publication de mon
(b)*Pag.*121. Livre. Il me défie, de (b) *lui citer un*
Théologien entre mille, qui aît dit que la
détermination d'un Dé eſt un miracle; &
(c) *Pag.* 59. cependant il avoue (c) *qu'il n'a jamais*
lû aucun Caſuiſte ſur cette matière.
Comment donc peut-il aſſûrer ſi hardiment un fait qu'il n'a point exami-
né ? Auſſi eſt-il très-facile de lui en
faire voir la fauſſeté: car, ſans aller
chercher bien loin pour cela, GA-
TAKER ſeul nous fournit des paſſages
de divers Auteurs, où l'on voit clairement l'idée que Mr. *D. J.* ſe plaint
qu'on attribuë aux partiſans de ſon o-
pinion. BALMFORD, par exemple,
raiſonne ainſi: (d) *Nous ne devons pas*
TENTER LE TOUT-PUISSANT,
par

(d) Dans
ſes Dialo-
gues An-
glois ſur les
Jeux de Ha-
zard, Dial.
II. Raiſon
2. apud Ga-
tak. Cap.
VI. §. 6.

par un vain défir qu'il MANIFESTE SA PUISSANCE ET SA PROVI-DENCE PARTICULIÉRE *; Or dans les Jeux de Hazard, on fait cela ; Donc ils font illicites.* LAMBERT DANEAU, dans un Ouvrage Latin fur les Jeux de Hazard, foûtient auffi que (a) *c'eft* TENTER DIEU, *& fe moquer de lui, que de le prendre pour Juge fans néceffité, afin qu'il* DIRIGE EXTRAORDINAIREMENT *une bagatelle comme le Jeu.* FENNOR, Théologien Anglois, (b) appelle le Sort *un* ORACLE *de Dieu.* En voilà trois pour un que Mr. *D. J.* demande ; & je les ai pris prefqu'à l'ouverture du Livre de GATAKER ; j'en trouverois bien d'autres & là, & ailleurs, fi je voulois me donner la peine de les chercher. Mais ce n'eft pas dequoi il s'agit : il faut voir fi Mr. *D. J.* a inventé quelque chofe de plus fatisfaifant, que ceux qui l'ont précedé, pour prouver que l'ufage du Sort eft par lui-même illicite dans le Jeu.

§. X. J'AI lû & relû tout ce que nôtre Prédicateur débite là-deffus dans *fes quatre Lettres,* avec fon ftile précieux & fes repétitions ennuieufes : mais je

(a) *De Ludo Alea,* Cap. IX. rat. I. a *pud Gatak.* ubi fupra.

(b) Dans fon *Traité des Divertiffemens,* II. Part. Régle IV. Raifon 4. *apud Gatak.* ubi fupra §. 9. *pag.* 156.

je crois pouvoir dire hardiment, que
c'est un des plus grands galimatias, qui
aient jamais été publiez ; & j'en appelle au jugement de tout Lecteur attentif. Il sera très-facile de faire toucher au doit la foiblesse de ce que l'on
peut démêler dans le désordre & l'obs-
curité des pensées de Mr. *D. J.* qui
semble les avoir jettées au hazard,
comme si alors il eût joué aux Jeux
qu'il condamne sans reserve. Nous allons le voir, à mesure que nous par-
courrons le reste des *inexactitudes* qu'il
me reproche.

Après avoir copié la réponse générale que je fais à l'objection tirée de
ce que D i e u, selon les Théologiens
qui condamnent les Jeux de Hazard,
préside sur le Sort & le dirige d'une
façon particuliére, il (1) dit que *je me
donne des airs de triomphe, & que je
traite mes Adversaires en Ecoliers.* Mais,
quelque matiére de triomphe qu'il y
eût là pour un homme qui aimeroit
autant à triompher que Mr. *D. J.* je
demande à toute personne qui lira cet
endroit, si l'on peut alleguer ses raisons

____

(1) *Lettre,* pag. 159. Il a eu soin de mettre cela,
comme un chef remarquable, dans les sommaires des
ma-

sons plus simplement & plus modeste-
ment que j'ai fait; à moins que le toun
interrogatif dont je me suis servi ne
soit, selon la Rhétorique de nôtre Prédicateur, qui l'emploie souvent lui-
même, une marque de mépris & de
vanité. Je ne crois pas qu'aucun autre, que Mr. *D. J.* ait trouvé dans
mes expressions la moindre chose qui
sente ces airs de hauteur qu'il m'attribuë, lui qui les prend par tout si gros-
siérement.

Il voudroit (a) me promener dans
les espaces de sa *Théologie*, c'est-à-dire, des Lieux Communs Scholasti-
ques, entre lesquels & la *Religion* ou la
vraie Théologie je mets une très-grande différence. Il cherche à m'engager
dans les Disputes de l'Ecole sur le *Concours de Dieu*, à quoi je suis bien assûré que les Ecrivains Sacrez n'ont jamais pensé. Mais, outre que je ne suis
pas assez témeraire pour sonder les
voies d'une Providence infinie, il ne
prend pas garde que cette question est
ici absolument inutile. Car, de quelque maniére que les événemens, tant

(a) Pag. 120.

for-

matiéres: *Il se donne, dit-il, des airs de triomphe, dont
on profite.*

fortuits qu'abſolument néceſſaires, dépendent de la Providence, quelque
part qu'elle ait aux effets des Cauſes,
tant inanimées qu'intelligentes, il s'agit
de ſavoir ſi dans le Sort il y a tou-
jours une attention & une direction
particuliére de la Providence, toute
différente de celle qui regarde les choſes où il n'entre point de Sort? Or
c'eſt ici qu'on peut aſſûrer que Mr. D.
J. ne ſait ce qu'il dit, ni ce qu'il
veut.

§. XI. IL EXCLUT de l'uſage
ordinaire du Sort la *direction extraor-*
(a) Pag. 191. *dinaire & miraculeuſe*, il dit que (a)
DIEU *ne déroge à aucune Loi Natu-*
(b) Pag. 188. *relle*: & néanmoins il prétend (b)
Voiez auſſi
Pag. 79. qu'AUCUNE CAUSE SECONDE
N'A AUCUNE INFLUENCE *ſur la*
détermination de l'événement, qui *dé-*
(c) Pag. 192. *pend* (c) UNIQUEMENT DE LA
VOLONTE' ET DU CONCOURS IM-
MÉDIAT DE DIEU, il regarde le
(d) Pag. 17. Sort comme la (d) *ſeule voie que nous*
aiyons pour connoître la volonté de DIEU
dans les cas d'équilibre, depuis que *nous*
n'avons PLUS DE PROPHETES NI
D'AUTRES MOIENS EXTRAOR-
DINAIRES. Peut-on voir une con-
tra-

tradiction plus palpable? Car qu'est-ce
que *Miracle*, si ce n'est un événement *dans lequel*, selon la définition
de Mr. *D. J.* lui-même, (a) DIEU (a) *Pag.* 191.
*déroge aux Loix Communes de la Natu-
re*? Et par tout où *les Causes Secondes n'ont aucune influence*, par tout où
DIEU agit (b) *sans l'intervention* D'U- (b) *Ibidem.*
NE AUTRE VOLONTE' ET D'UNE
AUTRE VERTU *que la sienne*, n'y
a-t-il pas une opération extraordinaire
& miraculeuse? Ce qui est un moien
de *connoître la volonté de Dieu*, au défaut de *Prophétes* & *d'autres moiens ex-
traordinaires*, comment le conçoit-on
si ce n'est comme un *Miracle*? & quel
autre nom peut-on lui donner?

Ainsi Mr. *D. J.* en même tems qu'il
se contredit, montre par là que, pour
soutenir avec quelque apparence de
raison le parti desespéré qu'il embrasse,
il faut, bon gré malgré qu'on en ait,
en venir à l'idée d'une intervention
miraculeuse, qu'il tâche néanmoins
d'éloigner autant qu'il peut. En effet,
il n'y a point ici de milieu : ou Dieu
fait tout dans le Sort, ou il n'agit pas
plus là, que dans tout autre événement
fortuit ou nécessaire, & par conséquent
la

la Providence n'est pas plus particuliére
& immédiate, pas plus sainte & respectable dans ce qui dépend du Sort, que dans
ce qui n'en dépend point.

§. XII. Mr. D. J. voudroit fort
écarter les *Loix du Mouvement*, comme étant ici hors d'œuvre. Ces Régles si merveilleuses & si constantes,
établies par le Créateur Tout-sage &
Tout-puissant, qui y fait lui même si
rarement des exceptions, incommo-
dent fort nôtre Prédicateur; peu s'en
faut qu'il ne les abolisse de sa pure autorité, pour donner quelque couleur à
son Systême. Mais il a beau faire, elles
ne s'évanouïront pas & ne changeront
pas à sa fantaisie. Il sera toûjours vrai
que, par une suite nécessaire des Loix
naturelles du Mouvement, le Dé tombe infailliblement (a) sur tel ou tel
point, selon la maniére dont on l'a
jetté, & selon la disposition du plan
où il a roulé; à moins que Dieu, par
un effet extraordinaire de sa Toute-
puissance, ne veuille suspendre ou augmenter la force des Causes Secondes,
pour le faire tomber d'un autre sens.
Ainsi & dans les Jeux de Hazard, &
dans tout autre usage ordinaire du
Sort,

(a) Voïez
Gataker,
Chap. VII.
§. 4. & ce
que dit Mr.
Bernard,
Rép. des
Lett. *Août*
1709. *pag.*
184, 185.

Sort, la *Providence ne détermine pas plus* S E U L E *l'événement*, que dans les Jeux d'Adreſſe, dans les Exercices corporels, dans les Ouvrages Mécha- niques &c. puis qué, dans les uns & dans les autres, l'effet eſt également une ſuite des Loix invariables du Mou- vement.

§. XIII. M A I s, dit Mr. D. J. (a) *dans les événemens qui réſultent de la force & de l'induſtrie des Hommes, il y a* D E U X V O L O N T E Z *qui concou- rent*; au lieu que *dans ceux qui naiſſent du Sort jetté, il n'y en a qu'*U N E *qui les dirige, & qui les détermine.* C'eſt-là ſe jouer ſur l'équivoque des mots de *di- riger* & *déterminer.* Car on peut *diri- ger* & *déterminer* un événement ou a- vec délibération & en ſuivant certaines Régles, ou ſans un choix éclairé & ſans aucune régle. Un Joueur *dirige* & *détermine* le *Sort* de la prémiére manié- re, & à cet égard l'effet du Sort éma- ne de ſa volonté : ainſi il y a là deux *volontez,* celle de l'*Homme,* qui pro- duit originairement l'effet, puis que, ſi elle ne s'étoit pas déterminée à mê- ler les Cartes ou remuer les Dez de tel- le ou telle maniére, il en auroit réſul-

(a) Pag. 17.

té

té un autre point ; & celle de D I E U,
qui laiſſe aller les choſes leur train,
tant qu'elle n'intervient pas miraculeuſement, comme elle le pourroit, ce
que Mr. *D. J.* ne veut pas qui arrive
dans l'uſage ordinaire du Sort. Mais
qu'importe qu'il y aît deux volontez,
ou qu'il n'y en aît qu'une ; & que celle de l'Homme agiſſe aveuglément,
ou non ? Cela ne fait rien ici. Il s'agit
de ſavoir, ſi l'influence de la volonté
de Dieu eſt toute autre dans ce qui
provient du Sort, que dans ce qui n'en
dépend point : car ſi elle eſt la même, ſi elle ne concourt pas autrement
avec les Cauſes Secondes ; quelque
part que la Volonté Humaine aît ou
n'aît pas à l'événement, on n'a aucune raiſon de ſuppoſer une Providence
particuliére & immédiate, qui agiſſe
ſeule, & qui doive être plus reſpectée,
que celle qui intervient dans les effets
de l'induſtrie & de la force des Hommes.

(a) Pag. 94. §. XIV. L'ACTION (a) *de* D I E U,
dit Mr. *D. J. qui eſt mêlée avec celle
des Hommes, dans ce qu'il exécute par
leur miniſtére, par leur ſageſſe, par leur
force, par leur induſtrie, eſt alors plus
ca-*

*cachée, & la leur paroît plus à nos sens,
& nous frappe davantage.* De là vient
qu'on dit , *un tel Général* a gagné une
telle Bataille , a forcé les Lignes des
Ennemis , a pris une telle Ville ; *un
tel Orateur* a fait *un discours fort élo-
quent*, *un tel Prédicateur* a fait *une Pré-
dication fort touchante. Mais ce que Dieu
exécute seul , & qu'il ne partage avec
personne, lui est attribué à lui seul.* Or
la détermination du Sort *est de ce dernier ordre* &c.   Il paroît par cet endroit , & par plusieurs autres, que Mr.
D. J. a des idées bien bizarres & bien
singuliéres de la Providence. (a) Selon (a) Voiez
lui , la production de tous les évene- *pag. 20, &
suiv.*
mens est comme partagée entre DIEU
& les *Hommes* , en sorte que tout ce
qui n'est pas l'effet de la liberté , de
la force, de l'industrie , & de la prudence des Hommes , ou , comme il
parle lui-même , *de leur* (b) *espéce de* (b) Pag. 21;
Providence , est (b) *immédiatement &
uniquement du ressort de* DIEU. Il semble quelquefois exclurre toutes les Causes Secondes, qui ne sont pas mises en
mouvement par les Hommes , ou leur
ôter du moins toute vertu & toute efficace propre , & réduire ainsi tout
F 2   l'or-

l'ordre de l'Univers à un jeu de Ma-
rionnettes. De là vient qu'il prétend
que DIEU *détermine la route d'un Navire avec un Pilote, mais qu'il détermi-*
ne (a) SEUL *la Foudre*, comme si la
Foudre n'avoit pas des (b) Caufes naturelles & néceffaires, auffi bien que
le mouvement du Navire! ou comme
fi la chûte de la Foudre étoit toûjours
un miracle! Il dit ailleurs, que (c)
DIEU *détermine par des* VOLONTEZ
LIBRES ET PARTICULIERES
*toutes les chofes que nous appellons cafuel-
les & indéterminées.* Cependant il ne
veut point entendre parler de *miracle*
dans l'ufage ordinaire du Sort il accorde qu'il y a là (d) *des Loix générales du Mouvement, que Dieu fufpend
quand il lui plaît, mais qu'il laiffe ordinairement les maîtreffes de la détermination des Corps qui fe meuvent.* La contradiction régne ainfi par tout & revient de tous côtez. Il eft faux d'ailleurs que *l'action de Dieu foit moins cachée* dans le *Sort* & dans les autres *événemens fortuïts*, que dans ceux qui dépendent d'une direction éclairée des
Hommes: & fi Mr. *D. J.* la découvre
plus fenfiblement, il faut qu'il ait les
yeux

(a) *Pag.* 94.

(b) Voiez
les *Reflex.
fur le Bon-
heur & le
Malheur,*
&c. par Mr.
Le Clerc,
pag. 102.
& *fuiv.*

(c) *Lettres,*
pag. 21.

(d) *Pag.*
129, 130.

yeux faits tout autrement que le reste des Hommes. Que si, dans le langage ordinaire, on attribuë aux Hommes d'une façon particuliére , ce qui provient d'un usage libre & éclairé de leurs Facultez , par opposition aux événemens qu'ils procurent sans le savoir & sans les diriger avec connoissance : c'est par rapport à la *moralité* , à *la louange ou au blâme* , comme Mr. D. J. le dit (a) lui-même, & non pas à parler *physiquement*, ou à cause de la *différente maniére dont la Providence agit*. Car à ce dernier égard, un *Général* qui jouë aux Dez est aussi bien *causé* du point qu'il a amené , que de la Bataille qu'il a gagnée : & on ne peut pas plus dire , que D I E U est l'*auteur unique* de la *détermination du Sort*, qu'on ne peut dire que D I E U a *fait* le Livre de Mr. *D. J.* ou que D I E U a *prêché*, quand Mr. *D. J.* descend de Chaire. De la maniére que Mr. *D. J.* raisonne, on diroit que la Providence, lorsqu'elle agit *seule* , ou sans la direction des Hommes, a plus de peine à regler les choses , & à procurer les événemens, que lorsqu'elle concourt avec la force & la prudence des Hommes.

(a) *Pag.* 20, 21.

F 3 §. XV.

§. XV. Ce n'eſt donc qu'un miſérable verbiage, de dire, comme fait Mr. D. J. *Que* (a) *par rapport aux effets de nôtre induſtrie, Dieu déclare les événemens par ſa* volonté précédente, *qui nous a donné cette induſtrie*; au lieu que, dans le *Sort*, *Dieu tient ſa volonté cachée, & ne la déclare que par les événemens: Que dans les prémiers nous abordons la volonté de Dieu avec lumiére, & le flambeau à la main*; au lieu que *dans l'autre nous la cherchons à tâtons & en aveugles: Que la détermination du Sort* (b) *eſt au deſſus du pouvoir & de la volonté de l'Homme, & qu'au deſſus de l'Homme nous ne pouvons concevoir que la volonté & le pouvoir de Dieu: Que dans le* Sort extraordinaire (c) *Dieu a manifeſté les événemens par* ſa volonté; *au lieu que dans le Sort ordinaire il manifeſte ſa volonté* par l'événement: *Qu'il n'y a pas deux Providences diſtinctes, mais* (d) *ſeulement deux maniéres de répondre à la diſpoſition des Hommes, ſelon qu'ils ſe prévalent des dons & des faveurs de Dieu, ou qu'ils y renoncent & s'en deſſaiſiſſent* &c. On trouvera par tout, dans les *Lettres* de nôtre Prédicateur, de ſemblables penſées

(a) Pag. 58.
(b) Pag. 14.
(c) Pag. 35.
(d) Pag. 60.

ſées inintelligibles, ou hors d'œuvre.

§. XVI. La vérité eſt, que toute la différence réelle qu'il y a entre
les *événemens qui dépendent du Sort*, &
ceux qui n'en dépendent point, c'eſt l'incertitude *du ſuccès*; & il ſemble que ce
ſoit-là ce qui a engagé Mr. *D. J.* dans
toutes les fauſſes conſéquences qu'il tire, & dans tous les égaremens où il ſe
jette. Mais cette incertitude, qui n'eſt
que pour les Hommes, ne ſauroit en aucune façon changer la maniére d'agir de
la Providence, ni la rendre plus reſpectable. Qui ne ſait d'ailleurs, qu'en matiére
de bien des choſes où les Hommes font
uſage de leur force & de leur prudence, ils ne peuvent pas plus être aſſûrez
de l'événement, qu'un Joueur d'avoir
beau jeu & de gagner ? Si Mr. *D. J.*
ne veut pas m'en croire, il en croira
ſans doute Salomon, qui a dit, (a) *Que la Courſe n'eſt point pour ceux qui
ſont agiles, ni la Bataille pour les Forts,
ni le Pain pour les Sages, ni les Richeſſes pour les perſonnes intelligentes, ni la
Faveur pour les gens habiles; mais qu'il
y a un tems & un* Hazard *qui* é-
chet a tous, *ou dans toutes choſes.* Ce paſſage eſt d'autant plus remar-

(a) *Eccleſ.* IX, 11.

F 4 qua-

quable, qu'on y voit le mot de *Ha-zard*, emploié, felon l'ufage naturel & innocent de toutes les Langues, pour défigner fimplement & fans aucun rapport à une Providence particuliere, quelque événement produit par le concours de certaines caufes inconnuës ou imprevûës & fans une direction éclairée de celui par rapport auquel il arrive fortuïtement. GATAKER, qui (a) a remarqué cet ufage du terme Hébreu dans plufieurs (b) endroits de L'EC-CLESIASTE, & en d'autres (c) paffages du Vieux Teftament, ajoûte qu'un mot Grec (d) qui y répond, fe trouve auffi emploié par N. S. JÉ-SUS-CHRIST lui-même, dans la Parabole du Samaritain. D'où il paroît que c'eft une pure déclamation, de dire, comme fait Mr. *D. J.* que (e) *ce je ne fai quoi qu'on appelle* Hazard, *fi on prétend le féparer de la direction de* DIEU (c'eft-à-dire, felon lui, d'une vûë diftincte de quelque Providence particuliére & immédiate) *ce n'eft* rien, *c'eft une* chimére, & RIEN, ajoûte-t-il, *ne fauroit faire la détermination de* QUELQUE CHOSE. *Ad populum phaleras.*

(a) *Chap.*11. §. 1. *pag.* 10.

(b) *Chap.*11, 14, 15. III, 19. IX, 2, 3.

(c) I. *Rois*, V, 4. *Ruth*, II, 3.

(d) Κατὰ συγκυρίαν. Luc, X, 31.

(e) *Lettres*, pag. 16.

§. XVII.

§. XVII. Si l'incertitude de l'é-
vénement, dans les chofes fortuïtes,
n'emporte par elle-même aucun changement dans la nature des chofes ni
dans la maniére d'agir de la Providence; le *deſſein des Hommes*, qui conviennent entr'eux d'attacher quelque
effet de droit au fuccès d'un tel événement incertain ; ce deſſein, dis-je,
aura-t-il la vertu de faire intervenir
D i e u d'une maniére plus immédiate
& plus reſpectable ? N'eſt-ce pas une
chofe ridicule, de vouloir nous perſuader, que, lors qu'un Homme étant
feul jette deux Dez fur une Table,
ou fans deſſein, ou fimplement pour
voir quelles combinaifons de points il
aménera, il *faſſe* (a) *une action naturel-* ^{(a) Lettres,}
le, qui répond à la Providence générale,   pag. 21, 22.
& qui n'a aucune conféquence, non plus
qu'une Pierre, qu'on pouſſe du bout du
pied ; mais que, dès que deux Hommes jettent tour-à-tour deux Dez,
pour voir qui aura quelques fols qu'ils
ont voulu fe donner réciproquement,
au cas que l'un d'eux amenât un point
plus haut, *on doive alors raporter cet-*
te Convention à une Providence particu-
liere ?

F 5   C'eſt

(a) Pag. 192. C'eſt en vain que Mr. *D. J.* (a) prétend, que, la *Convention morale* (je
voudrois bien ſavoir où il a trouvé des
Conventions Phyſiques) que la *Convention*,
dis-je, dans laquelle il fait conſiſter
l'*eſſence* du *Sort*, emporte une ſoumiſ-
(b) Pag. 20. ſion à (b) *une déciſion de plus haut que*
de nôtre raiſon & de nôtre induſtrie, un
compromis par lequel on ſe remet à l'ar-
bitrage de DIEU *ſeul*; une *petite con-*
ſultation à DIEU, *le ſeul Directeur,*
le ſeul Maître du Sort; une eſpéce de
priére, *au moins tacite*, par laquelle on
lui demande *à qui il veut donner le gain*
que deux perſonnes déſirent également, &
qui ne peut être qu'à une ſeule. Tout cela n'a pas la moindre apparence de ſolidité. Car, afin que le *Sort* pût être
regardé comme un arbitrage dans lequel on ſe remet à la déciſion de
DIEU, il faudroit que ce fût-là une
ſuite néceſſaire ou *de la nature même*
de la choſe, ou du moins de *l'intention*
de ceux qui uſent du Sort. Ce n'eſt pas
une ſuite néceſſaire de la *nature même*
de la choſe, puis que, comme nous
l'avons vû, on ne ſauroit alléguer la
moindre raiſon vraiſemblable, pour
prouver qu'il y aût dans les événemens
qui

qui dépendent du Sort une Providence particuliére & immédiate, qui agiffe *feule* & indépendamment des Caufes Secondes. Ce n'eſt pas non plus u-
ne ſuite néceſſaire de l'*intention* de ceux
qui uſent du Sort, puis qu'on peut
fort bien s'en rapporter à quelque événement caſuel ſans penſer & ſans être
obligé de penſer en aucune façon à u-
ne direction toute particuliére de la
Providence, qui doive *feule* décider
de l'affaire dont il s'agit ; les Cauſes
Secondes ſuffiſant, quelque inconnuës
qu'elles nous ſoient, pour produire l'effet qu'on a en vûë, & la déciſion qu'on
y a attaché ſoi-même par ſa pure volonté. Que ſi les Hommes, en uſant
du Sort, *renoncent* (a) *à leur propre vo-*   (a) Pag. 188.
lonté & à leur propre induſtrie ; il ne
s'enſuit point de là qu'ils s'en rappor-
tent dès-lors à la volonté & à l'arbi-
trage de D I E U, & qu'ils (b) *s'aveu-*   (b) Pag. 130.
glent volontairement fur les moiens qui
font emploiez dans le Sort. Il n'y a que
des Eſprits ſuperſtitieux, ou prévenus
de fauſſes idées, comme celles de Mr.
D. J. qui ne mettent point de milieu
entre les événemens produits par une
direction éclairée des Hommes, &

ceux

ceux qui dépendent uniquement d'une direction particuliére & immédiate de Dieu. Quelque confuſes que ſoient les idées que le Vulgaire a du Hazard, tout Joueur ſait aſſez que c'eſt lui qui mêle les Cartes, & qui jette le Dé; & que, ſelon qu'il remuë les prémiéres, & qu'il laiſſe aller le dernier, il gagnera ou perdra : chacun conçoit aſſez qu'il y a des événemens fortuits, ſans penſer à une Providence qui les dirige plus particuliérement, que les événemens abſolument néceſſaires, ou que ceux dont on peut prévoir le ſuccès avec plus ou moins de certitude. Les effets où le Commun des Hommes reconnoît le plus le doit de Dieu, ce ſont ceux dans leſquels il y a quelque choſe qui frappe les Sens d'une maniére éclattante, ou effraiante. De là vient que les *Eclipſes* & les *Comêtes* ont été autrefois regardées par tout, & le ſont encore aujourd'hui par bien des gens, comme des eſpéces de miracle, & des ſignes de la colére du Ciel ; quoi que rien n'aît des cauſes naturelles plus conſtantes & plus invariables. De là vient encore, que la *Pluie*, l'*Arc-en-ciel*, les *Vents*, & ſur tout

tout le *Tonnerre*, & les *Tremblemens de terre*, reveillent fouvent l'idée de la Providence, & d'une Providence toute particuliére, dans l'efprit de quantité de perfonnes, qui femblent croire que Dieu a toûjours la main à l'œuvre pour diriger immédiatement ces Phénoménes, felon qu'il veut favorifer ou punir les Hommes. Mais, dans les chofes qui dépendent du Sort, il n'y a rien de tel, qui fe faffe vivement fentir, ou qui infpire de la fraieur: & le mouvement des Caufes Secondes, d'où dépend l'effet, y eft très-fenfible, de forte que l'obfcurité de la détermination de ces Caufes ne fait d'ordinaire que laiffer l'Efprit dans l'incertitude du fuccès. Que s'il y a des Joueurs, qui femblent indirectement & confufément rapporter à une Providence particuliére les bons & les mauvais coups, comme je l'ai remarqué (a) dans mon Livre; je leur interdis abfolument les Jeux, même ceux d'Adreffe, à l'égard defquels ils ne font guéres moins prévenus de cette erreur qui paroît par là n'avoir pas uniquement fa fource dans l'idée qu'ils ont de la nature du Sort. Mais la préven-

(a) *Traité du Jeu,* Llv.III. Chap. V, §. 21.

tion

tion de ces gens-là, non plus que celle de Mr. D. J. n'empêche pas que
ceux qui jouent, ou qui usent du Sort
de quelque autre maniére, sans avoir
la moindre pensée de s'en rapporter à
une direction particuliére & immédiate de la Providence, commettent aucune profanation ; puis que cette intervention extraordinaire est une fausse
supposition, qu'ils ne font nullement
obligez de faire. Il est si peu nécessaire, dans l'usage du Sort en général,
d'y joindre quelque idée de Dieu, que
l'on peut dire avec (a) GATAKER,
qui le dit lui-même après (b) THO-
MAS D'AQUIN, que *le Sort ne laisse-*
roit pas d'avoir lieu, & d'être de quel-
que usage, quand même par impossible on
supposeroit qu'il n'y a point du tout de Pro-
vidence qui le dirige.

§. XVIII. DE LA il s'ensuit,
que l'usage du Sort ne renferme nullement par lui-même *une espéce de Priè-*
re, au moins tacite. GATAKER répondant à quelques Théologiens de
son tems, qui soutenoient la même
chose, & qui comparoient le *Sort*, à
cet égard, avec le Serment, fait là-
dessus des reflexions, que je vais rap-
por-

(a) Liv. I. Chap. II. §. 4.
(b) *De Sor-tilus*, Cap. V.

porter, d'autant plus volontiers, qu'elles servent à montrer encore mieux
l'abfurdité d'une penfée qui n'a en elle-même aucun fondement. On citoit
l'exemple de *Saül*, (a) qui prenant le
filence de l'Oracle ordinaire parmi le
Peuple de Dieu, pour une marque
qu'il y avoit quelcun qui s'étoit rendu
coupable d'un crime digne de mort,
pria Dieu de le faire connoître par le
Sort ; & on y joignoit l'exemple des
Apôtres, qui avant que de jetter le
Sort pour l'élection d'un nouvel Apôtre, à la place de *Judas* adreſſérent à
D I E U une priére, que S T. L U C (b)
nous a conſervée. " Ces paſſages, dit
„ G A T A K E R (c), ne concluent
„ rien. Ils prouvent feulement que l'on
„ a quelquefois prié Dieu (& même
„ dans un (d) des deux exemples la
„ priére étoit faite fans foi, n'y aiant
„ point de parole ni d'ordre de Dieu
„ qui l'autoriſât) que l'on a, dis-je,
„ quelquefois, dans le *Sort extraordi-*
„ *naire* où l'on attendoit un effet de la
„ Puiſſance & de la Providence ex-
„ traordinaire de D I E U, fait préce-
„ der la Priére, pour le fupplier de
„ vouloir bien diriger l'événement; la
„ cho-

(a) I. Saï-
muel, XIV,
41.

(b) *Aſt.* I,
24, *& ſuiv.*

(c) *of the
nature and
uſe of Lots*,
&c. Chap.
VII. §. 8.
(d) Celui
de *Saül*,
I. Sam.
XIV, 41.

„ chose, dont il s'agissoit alors, étant
„ telle, que le Sort n'étoit pas capa-
„ ble de la déterminer par aucun pou-
„ voir naturel ou de la Créature qui
„ jettoit le Sort, ou de celle qui étoit
„ emploiée à cet usage. Mais une tel-
„ le priére n'a point de lieu, & n'est
„ pas même légitime, dans le *Sort or-*
„ *dinaire*, ou simplement de partage.
„ Par exemple, quand on assignoit ou
„ qu'on mettoit à part la dixme (a)
„ pour les *Lévites*, il n'étoit pas per-
„ mis, moins encore nécessaire, de
„ prier Dieu qu'il dirigeât le Sort a-
„ fin que chaque Agneau ou chaque
„ Chevreau, qui se trouvoit le dixié-
„ me à mesure qu'ils sortoient les uns
„ après les autres, se présentât certai-
„ nement ou constamment de cette
„ maniére. Du reste, les exemples
„ qu'on allégue de la Priére emploiée
„ dans le Sort, ne prouvent point
„ qu'elle fasse partie du Sort, ou
„ qu'elle soit renfermée dans l'usage
„ du Sort, comme elle fait partie du
„ Serment, dans lequel elle est toû-
„ jours renfermée, selon la définition
„ commune de cet acte religieux.
„ Dans l'élection aux Charges, tant
„ Ci-

(a) *Levit.*
XXVII, 32.

„ Civiles qu'Eccléfiaftiques, la Prié-
„ re eft emploiée ordinairement, ou
„ doit du moins l'être: il ne s'enfuit
„ pourtant pas de là, qu'elle faffe par-
„ tie de l'élection, ou que l'élection
„ fuppofe de fa nature une Providen-
„ ce particuliére, ou une préfence de
„ Dieu qui la détermine. Voilà comment raifonne ce favant & judicieux
Théologien. J'ajoûterai ici, que, bien
loin que le Sort foit toûjours accompagné d'une Priére, expreffe ou tacite, il y auroit le plus fouvent une efpéce de profanation à faire intervenir
la Priére dans l'ufage du Sort le plus
inconteftablement reconnu pour légi-
time. Si un *Lévite* avoit *élevé* (a) *fon* (a) *Lettres*
cœur vers Dieu, pour lui demander la pag. 16.
grace de diriger la fortie fortuïte des
Agneaux ou des Chevreaux, de maniére que tous ceux qui fe trouvoient
les dixiémes fuffent les plus beaux &
les plus gras du Troupeau ; n'auroit-
ce pas été-là une priére de goinfre, ou
de gourmand, ou d'homme fouverai-
nement intéreffé? A la place d'un *Lévite*, mettons un *Miniftre*, qui fe trou-
vant en concurrence avec un autre auroit à tirer au fort pour favoir qui des
deux

deux seroit, par exemple, Pasteur de
la Haie, plûtôt que de *Middelbourg*:
diroit-on qu'il lui *sied très-bien* (a) *d'é-
lever son cœur à Dieu*, pour le supplier
instamment de faire en sorte que la Cu-
re de grand revenu ou la plus honorable lui échée, plûtôt que l'autre ? Or
de telles Priéres pourroient-elles abou-
tir à autre chose, & ne serviroient-el-
les pas par conséquent à nourrir l'Avarice, la Sensualité, l'Ambition, & autres mauvaises dispositions. Il faut dire
la même chose de presque tous les Partages en matiére d'affaires civiles ; car
il n'y a guéres que quelque passion, sinon vicieuse, du moins très-mal assor-
tie avec la Priére, qui puisse faire sou-
haitter d'avoir telle ou telle portion,
plûtôt qu'une autre. De sorte que Mr.
D. J. en voulant rendre le *Sort* une *chose sacrée*, en fait véritablement une occasion presque infaillible de *profanation*.

Ainsi tombe tout ce que Mr. *D. J.*
dit *d'une* (b) *espéce de sacrifice & d'hommage* qu'il veut que l'on *fasse à* DIEU
dans le Sort ; de la prétenduë *moque-
rie* par laquelle on (c) *prostituë la Providence*, & des *décisions qui ne viennent*, selon lui, *que de* DIEU *seul*,
enco-

(a) *Ibid.*

(b) Pag. 74.

(c) Pag. 135, 138.

encore même (a) *qu'on ne songe point à la* (a) Pag. 83.
Providence ; de l'idée de Dieu, & de sa
présence, qu'il prétend que l'on (b) *ré-* (b) Pag. 75.
veille davantage dans le Sort, que dans
les événemens non fortuïts ; de la comparaison du (c) *Sort* avec le *Jurement,* (c) Pag. 76.
& avec *l'abus* (d) *des Passages de l'E-* & suiv.
(d) Pag. 97.
criture Sainte.

§. XIX. IL N'Y a pas plus de fon-
dement dans la raison qu'il tire (e) de ce (e) Pag. 16,
que l'on doit rendre graces à Dieu de 17.
l'heureux succès du *Sort.* Car il ne s'ensuit nullement de là, que la Providence
aît presidé sur le Sort, autrement qu'elle
ne préside sur les autres événemens.
DIEU est la prémiére Cause de tout le
bien qui nous arrive, entant que toutes
les facultez des Etres, tant Spirituels,
que Corporels, viennent de lui : & d'ailleurs il auroit pû, s'il l'eût voulu, faire en sorte, par un acte de sa Providence extraordinaire, que les choses
eussent tourné d'une toute autre maniére, contre leur disposition naturelle. Ainsi nous devons le remercier de
tout, de ce qui nous arrive par l'effet
certain d'une Cause nécessaire, aussi
bien que de ce qui nous arrive par un
cas entiérement fortuït. GATAKER
avoit

avoit répondu d'avance à cette foible raison. *J'avoüe*, disoit-il, (a) *que* St. Augustin (1) *regarde les choses é-chuës par le Sort, comme un effet de la libéralité de Dieu ; selon ce que dit le Psalmiste ;* (b) Les cordeaux me sont échus en un lieu agréable, & j'ai un bel Héritage; j'en loüe Dieu. *Paroles néanmoins, qui doivent être entenduës dans un sens métaphorique, & non pas dans un sens propre, comme il paroît par celles-ci, qui précédent :* (c) L'Eternel est la portion de mon Héritage & de ma Coupe, & celui qui maintient mon lot. *Mais on voit aussi que toutes sortes de* (d) *Biens, soit qu'ils nous viennent* (e) *par la mort de nos Amis, ou que nous* (f) *les aiyons gagnez par nôtre travail & nôtre industrie, ou aquis, de quelque autre maniére, le Repos même* (g) *& le Sommeil, une* (h) *bonne Femme, & (i) des Enfans ; noûs sont representez dans l'Ecriture Sainte comme autant de présens de Dieu, & comme venant tous de celui qui* (k) *donne toutes choses à tous, & qui* opére (l) toutes choses pour tous, & (m) en tous.

§. XX.

(a) Chap. II. §. 3. pag. 17.

(b) *Pseav.* XVI, 6, 7.

(c) *Ibid.* verf. 5.

(d) *Proverb.* X, 22.

(e) *Proverb.* XIX, 14.

(f) *Deuter.* VIII, 18.

(g) *Pseaum.* CXXVII, 2.

(h) *Proverb.* XIX, 14.

(i) *Pseaum.* CXXVII, 3. *Gen.* XXX, 1, 2. *Josué,* XXIV, 3, 4.

(k) *Act.* XVII, 25. I. *Timoth.* VI, 17.

(l) *Esaïe,* XXVI, 12.

(m) *Ephes.* I, 11. *Hébr.* XIII, 21.

(1) *Solent, qua forte dantur, divinitus dari.* De Ge-nesi ad lit. *Lib.* X. *Cap.* XVIII.

§. XX. MR. *D. J.* croit nous é- (a) *Lettres*
blouïr par l'exemple de (a) *plusieurs Cri-* Pag. 17.
minels qui *tirent aux billets, lors qu'on veut*
se contenter de faire valoir sur un seul les
droits de la Justice. Mais ici même autre chose est d'*oublier la Providence, &*
de ne parler que du hazard & du bon-
heur des Dez ; & autre chose, de reconnoître que DIEU *a conduit & dé-*
terminé le Sort d'une façon extraordinaire & immédiate. Le prémier est
sans doute un effet d'*ignorance* & d'*in-*
gratitude : mais l'autre n'est point une
suite nécessaire de la Reconnoissance la
plus éclairée & la plus parfaite: Celui
qui a été délivré par le Sort du danger de perdre ignominieusement la
vie, doit savoir qu'il ne tenoit qu'à
DIEU de faire tomber sur lui le billet
de condamnation, & qu'il faut toûjours remonter à cet Etre Souverain,
comme à la Cause prémiére de tous
les Biens. Mais il ne sait point, & il
ne peut savoir, si la Providence est in-
tervenuë d'une façon extraordinaire,
pour diriger, prémiérement la disposition & le mouvement des billets, &
ensuite le bras du Criminel, qui a porté la main sur l'un, plûtôt que sur l'autre.

tre. Il ne sait pas non plus si la Providence avoit quelque raison particuliére d'être attentive à sa conservation, plûtôt qu'à celle du Criminel malheureux ; & quand il en soupçonneroit quelcune, si la disposition des Causes Secondes, que D I E U prévoioit certainement, ne concouroit pas avec ses vuës, & ne lui épargnoit pas la nécessité d'intervenir extraordinairement. Pourquoi donc cet homme fonderoit-il ses actions de graces sur une supposition incertaine, & dont il lui est impossible de s'éclaircir avec la moindre certitude ? Pourquoi s'amuseroit-il à rechercher de quelle maniere il est redevable au Conservateur des Hommes, de ce qu'il a évité une mort ignominieuse ? Et pourquoi ne se contenteroit-il pas d'un mouvement sincére de Reconnoissance, produit en vuë de l'idée générale d'une Providence, toûjours souverainement admirable & digne de tous nos hommages, de quelque maniére qu'elle influë sur ce qui nous arrive de bien ? En un mot, on n'a

(1) *Non fit aliquid , nisi Omnipotens fieri velit , vel sinendo, vel ipse faciendo.* A u g u s t i n. Enchirid. Cap. XCV. Je cite ce passage, après G a t a k e r, qui l'allé-

n'a aucune raiſon de croire que DIEU
préſide autrement à ce Sort, qui déci-
de de la vie de ceux qui tirent les billets,
qu'il ne préſide à la conſervation de
ceux qui ne ſont point attaquez d'une
maladie contagieuſe & épidémique,
qui régne dans le lieu où ils demeurent, ou à la guériſon de ceux qui a-
voient été attaquez d'une maladie, dont
pluſieurs autres ſont morts.

Ce n'eſt pas non plus proprement le
but du Sort dans le cas dont il s'agit,
ni l'intention de ceux qui l'ordonnent,
de (a) *ſe rapporter à Dieu de la vie &* (a) *Lettres,*
de la mort des Criminels atteints & pag. 17.
convaincus du même crime, & de
connoître par cette voie *ſa volonté.* On
ſait bien qu'il n'arrivera rien ici, non
plus qu'en (1) toute autre rencontre,
que ce que DIEU aura *voulu*, puis
que s'il n'avoit pas voulu que les choſes tournaſſent de telle ou telle maniére, il avoit mille moiens en main pour
l'empêcher. Mais, comme l'on ſuppoſe qu'il n'y a pas plus de raiſon de
faire grace à l'un des Criminels, qu'à
tout

légue à la fin de ſon *Chap.* V, en raiſonnant ſur le même principe, que moi.

tout autre ; on a recours au Sort dans
cette occasion , ainsi que dans les autres où il n'y va pas de la vie, comme
à une voie impartiale , qui ne laisse
aucun sujet de plainte à celui qui
souffrira le supplice qu'il n'avoit pas
plus mérité, que les autres qui se verront à couvert de l'effet de la Sentence commune. Voilà ce qu'on se propose principalement & directement. Que
s'il y entre quelque considération de la
Providence, on ne suppose point pour
cela, qu'elle intervienne alors *extraordinairement* ; on n'a du moins aucune
raison de le supposer. J'avouë encore
que le Criminel malheureux doit se
soûmettre à la volonté de D i e u , &
regarder en quelque façon la décision
du Sort comme un Arrêt du Ciel :
mais ce n'est qu'entant qu'il n'a pas
plû à D i e u de diriger *extraordinairement* le Sort pour lui sauver la vie,
comme il l'auroit pû, s'il l'eût voulu :
de même que ceux qui périssent dans
un Naufrage , dans un Incendie , ou
dans quelque autre péril commun , doivent se soumettre à la volonté de Dieu,
qui n'a pas jugé à propos de leur fournir quelque moien de se sauver , qu'il
ne

ne tenoit qu'à lui de leur faire trou‑
ver, auſſi bien qu'aux autres.

§. XXI. Si la *volonté* que D i e u,
ſelon Mr. *D. J. manifeſte par l'événe‑
ment* dans l'uſage ordinaire du *Sort*, é‑
toit une volonté plus particuliére &
plus poſitive; s'il dirigeoit toûjours le
Sort d'une maniére immédiate, avec
une attention & une opération, pour
ainſi dire, plus appliquée; ſi le Sort
étoit toûjours un Oracle, comme Mr.
D. J. nous le repréſente : il faudroit
l'emploier preſque par tout, & s'en re‑
mettre à ſa déciſion pour la plûpart
des affaires, tant civiles, que ſacrées,
quelque ſuſceptibles qu'elles ſoient d'u‑
ne direction humaine. Car il n'y en a
guéres, où l'on puiſſe compter ſûre‑
ment ſur la force & la prudence des
Hommes: on y remarque preſque toû‑
jours quelque mélange de doute &
d'incertitude. Et là même où la di‑
rection des Hommes paroît avoir le
plus d'efficace, ne vaudroit‑il pas
mieux laiſſer faire celui qui peut ſans
contredit conduire les choſes mieux
que ne feront jamais de foibles Mor‑
tels, avec toutes leurs lumiéres & leurs
meſures les mieux concertées ? Plus

l'af‑

l'affaire feroit importante , & plus on auroit raifon de renoncer à fa force, & à fa prudence, pour s'en rapporter au *Sort*, où Dieu *agit feul*, felon Mr. *D. J.* Ainfi un Juge , qui trouveroit quelque embarras dans une Caufe, devroit imiter le (a) Juge *Bridoie*, qui *fentencioit les Procès au fort des Dez.* Et l'exemple du (b) Général, que Mr. *D. J.* allégue mal-à-propos pour rendre ridicule l'opinion qu'il combat, feroit très-jufte dans fon Syftême. Ce Général pourroit dire : *J'ai appris,* Sire *, de quelques Prédicateurs, que la Providence dirige le Sort* Autrement *que les Batailles : Que dans les Batailles il concourt avec la force & le courage des Soldats, avec la fituation des lieux, & autres chofes femblables, dont l'effet eft fort fujet à être traverfé par mille cas imprévûs ; mais que, dans le Sort,* Dieu *agit* Seul et sans l'intervention des Causes Secondes, *qu'il le dirige d'une façon particuliére & immédiate. J'ai donc cru, qu'il étoit infiniment plus fûr de prendre cette voie, & de m'en remettre à l'*Arbitrage *& à la* Direction immédiate *de Dieu, que*
de

(a) *Rabelais,* Liv. III. Chap. XXXVII.
(b) *Lettres,* pag. 63, 64.

de m'expoſer au danger d'une Batail-
le.

§. XXII. VOILA' qui ſuit du
principe de Mr. *D. J.* s'il ſignifie quelque choſe. Et cependant y a-t-il rien
de plus abſurde? rien qui fût plus capable de bouleverſer toutes les affaires
de la Vie? Il ne faut d'ailleurs que
conſiderer la variation & la bizarrerie
prodigieuſe des déciſions du Sort, pour
conclurre qu'elles ne partent pas d'une
direction immédiate & d'une volonté
poſitive de DIEU; & qu'on ne peut
les lui attribuer ſur ce pié-là ſans faire
tort à ſa Sageſſe. Voici encore là-deſſus une reflexion judicieuſe de GA-
TAKER: (a) " Si dans l'affaire d'*Ha-*
„ *can*, (dit-il) on eût jetté le Sort plu-
„ ſieurs fois, ou que diverſes perſon-
„ nes l'euſſent jetté en même tems,
„ ſelon l'ordre de DIEU; le Sort ſe-
„ roit tombé conſtamment & invaria-
„ blement ſur la Tribu de *Juda*; &
„ dans cette Tribu, ſur la Famille des
„ *Zérachites*; dans la Famille des *Zé-*
„ *rachites*, ſur la maiſon de *Zabdi*; &
„ dans cette Maiſon, ſur la perſonne
„ d'*Hacan*. Mais il n'y a rien de plus
„ incertain & de plus variable, que le
„ Sort

(a) *chap.* VII. §. 10, *pag.* 159, 160.

G 2

„ Sort commun : à chaque coup qu'on
„ remuë le Vase ou le Cornet, on a u-
„ ne nouvelle sentence. Supposons,
„ par exemple, qu'entre cent Minis-
„ tres de *Londres*, on veuille en choi-
„ sir un par le Sort, pour visiter les
„ Pestiferez, & que l'on jette le Sort
„ quatre ou cinq fois de suite avec les
„ plus grandes solemnitez du monde;
„ croit-on qu'il tombera toûjours sur
„ le même Ministre ? Ou supposons
„ qu'il y aît en divers lieux quatre ou
„ cinq Assemblées parmi lesquelles, a-
„ près avoir prié Dieu de vouloir pré-
„ sider à une Election pour un Em-
„ ploi vacant, on jette le Sort entre
„ les mêmes Prétendans; est-il, je ne
„ dirai pas certain, mais seulement
„ vraisemblable, que, dans toutes ces
„ Assemblées, la même personne sera
„ toûjours désignée par le Sort?

Le même Théologien fait une autre reflexion, qui montre encore clairement, que la décision du Sort commun ne sauroit être regardée comme
un Oracle, ni comme un Arrêt du
Ciel. ” Après, dit-il, (a) que le Sort
„ eût été jetté entre *Matthias* & *Bar-*
„ *sabas*, le prémier, sur qui le Sort
„ étoit

(a) *Ibid.*
pag. 162.

„ étoit tombé, n'auroit pas pû se dé-
„ charger de l'Apostolat, & y renon-
„ cer en faveur de l'autre, par un ac-
„ cord fait entr'eux. Mais si le Minis-
„ tre choisi par le Sort pour visiter
„ les Pestiferez, venant à être saisi de
„ fraicur & d'épouvante, un autre
„ plus courageux offroit volontaire-
„ ment de prendre sa place; ne pour-
„ roit-on pas légitimement accepter
„ les offres du dernier ? & seroit-on
„ sagement de presser l'autre, qui se
„ sent si fort incapable de cette dan-
„ gereuse fonction?

De là il paroît que, dans cet exem- (a) *Lettres,*
ple, qui est un de ceux qu'allègue (a) pag. 48.
Mr. *D. J.* le but du Sort n'est pas
d'avoir une décision du Ciel, & ne
suppose d'ailleurs aucune direction particuliére & immédiate de la Providence. Mais la difficulté de choisir entre
plusieurs Ministres, également tenus
par leur Charge à visiter les Pestiferez, oblige de prendre ce parti, qui
ôte tout sujet de plainte à ceux qui
croiroient avoir de meilleures raisons
de refuser une telle fonction, que les
autres qu'on en voudroit dispenser.
GATAKER dit aussi, en parlant

d'un

(a) Chap.
IV. §. 3.
pag. 12.
d'un tems de Perſécution, (a) que l'on peut tirer au Sort *quels Paſteurs du Peuple demeureront, & quels ſe retireront & ſe réſerveront pour de meilleurs tems;* afin que, par ce moïen, ceux qui reſtent ne puiſſent point être accuſez de préſomtion, ni ceux qui ſe retirent, de lâcheté.

§. XXIII. LA grande raiſon pourquoi Mr. *D. J.* prétend que l'on ne peut ſans profanation emploïer le Sort (b) Lettres, pag. 49, 96. &c. dans le Jeu, c'eſt qu'il s'agit (b) d'un *amuſement* & d'une *bagatelle.* De là (c) Pag. 19. vient qu'il a oſé avancer, (c) que P L U S I L Y A A G A G N E R E T A P E R-D R E, M O I N S L E S J E U X S O N T P R O F A N E S ; dequoi les grands Joueurs, qui riſquent de groſſes ſommes, ne manqueront pas de le remercier, comme il le mérite. Mais ce qu'il dit de l'*amuſement*, va à rendre illicites les Jeux d'Adreſſe, auſſi bien que ceux de Hazard. Car puis que la Providence dirige les prémiers, auſſi bien que les derniers, n'eſt-ce pas la faire *miniſtre de nos amuſemens & juge de nos conteſtations puériles*, que de l'obliger à intervenir dans ces ſortes de Jeux? Qu'importe qu'elle agiſſe *ſeule*, ou

ou *avec nous?* Tout ce qui s'enſuivroit
de là, ce ſeroit qu'il y auroit un peu
moins de profanation dans les Jeux d'A-
dreſſe, que dans les Jeux de Hazard;
mais il y en auroit toûjours aſſez pour
devoir empêcher Mr. *D. J.* de jouer ou
de permettre que l'on joue aux *Echecs;*
exercice néanmoins qu'il *patrocine,* pour
lui renvoier une belle expreſſion qu'il
emploie gravement (a) en parlant de (a) Pag:
ſes Adverſaires.   196, 197.

§. XXIV. A L'EGARD de la *ba-*
gatelle, on du *peu d'importance de la*
choſe ſur quoi on s'en remet à la déciſion du Sort, Mr. *D. J.* qui permet
le Sort dans les Partages, où il eſt
auſſi emploié le plus ſouvent, n'a pas
pris garde que ce dont il s'agit là &
dans les autres affaires de la Vie Civile où l'uſage du Sort eſt généralement
reconnu pour légitime, eſt pour l'ordinaire très-peu de choſe. Quand on
tire au ſort pour ce ſujet, les portions
ſont auſſi égales qu'il eſt poſſible, parce que c'eſt l'égalité de droit & de
prétenſions ſur les choſes à partager,
qui oblige d'aſſigner à chacun ſa part
de cette maniére; car ceux qui pré-
tendroient avoir quelque prérogative,
G 4   n'au-

n'auroient garde de confentir à la voie
du Sort, qu'après avoir tiré ce qui
leur revient de plus qu'aux autres. Ainfi ce qu'il s'en faut qu'une portion ne
foit auffi confidérable que l'autre, eft
ordinairement de très-peu d'importance ; & par conféquent, felon les principes de nôtre Prédicateur, ce feroit
une *profanation*, que de *proftituer* ainfi,
pour des bagatelles, la *direction particuliére & immédiate* d'une Providence qui agit *feule*. Il a beau dire que
c'eft *pour le bien de la paix* qu'on tire
au fort : car cela n'empêche pas qu'il
ne s'agiffe au fond de peu de chofe : &
ainfi ou les intéreffez devroient *tous
s'accorder de bonne grace, pour ne
pas profaner une *chofe facrée* comme le
Sort ; ou, fi quelcun n'en faifoit aucun fcrupule, les autres devroient plûtôt relâcher de leur droit, & laiffer le
choix aux moins religieux.

§. XXV. APRE's tout, de quelque maniére que la Providence intervienne dans le Sort, il eft certain que
les Hommes tirent au fort quand il
leur plaît, & que DIEU ne fait point
de miracle pour les en empêcher. Si
donc il y avoit dans le Sort une Pro-
vi-

vidence, telle que Mr. *D. J.* la conçoit, il ne tiendroit qu'aux plus che-
tifs Mortels d'obliger DIEU malgré
lui, pour ainſi dire, à être le *Miniſtre*
de leurs amuſemens, & l'*Arbitre de*
leurs conteſtations puériles, dont il ne
peut (a) *refuſer de ſe mêler*, ſelon nô- (a) *Pag. 19.*
tre Prédicateur, du moment que le
Sort y entre pour quelque choſe.

§. XXVI. IL Y auroit ici bien
d'autres choſes à dire : mais en voilà
plus qu'il ne faut, pour faire toucher
au doit le peu de ſolidité d'un Syſtême,
qui n'étant appuié ſur rien, eſt d'ailleurs expoſé à de ſi abſurdes conſéquences. Après cela il n'y a nulle apparence, que Mr. *D. J.* puiſſe trouver aucune reſſource dans l'Ecriture
Sainte, qui certainement ne nous en-
ſeigne jamais des abſurditez. Il cite le
fameux paſſage des (b) PROVERBES (b) *Chap.*
de SALOMON ; mais il n'a garde de XVI. verſ.
refuter les raiſons que j'ai alléguées a- 33.
près Mr. LE CLERC, pour faire
voir que ce paſſage ne prouve rien. Il
eſt vrai que ce ſont des raiſons critiques, dont un Prédicateur du caractére de Mr. *D. J.* ne s'embarraſſe guéres : il ne connoît d'autre régle pour

G 5   in-

interpréter les Ecrivains Sacrez, que son imagination & ses Lieux Communs, ou les idées métaphysiques dont il s'est entêté, & qu'il regarde comme des inspirations : voilà tout le fondement de (a) la paraphrase & de l'explication que donne Mr. *D. J.* Je n'y veux opposer que celle du Savant Théologien, que j'ai déja cité plusieurs fois, & qui avoit ruiné de fond en comble il y a près de cent ans, tout l'avantage que les *Joncourts* de son tems prétendoient tirer de la sentence de SALOMON. " Ces paroles, dit-il, (b) " de l'Esprit de Dieu, prononcées " par le Sage, signifient seulement, " comme les expliquent divers (c) " Théologiens célébres & judicieux, " qu'encore que rien ne semble & ne " soit effectivement plus casuel, que " le Sort, lors qu'il est tel qu'il doit " être ; cependant il y a une Providen-" ce Divine dans la disposition du " Sort, de même que dans tous les " autres événemens, de quelque na-" ture & de quelque qualité qu'ils " soient. Aussi voions-nous, que ce " qui est dit ici du *Sort*, est dit ail-" leurs (d) de toutes les *pensées* & de " tou-

(a) *Lettres*, pag. 91, 202.

(b) *Chap.* II. §. 3. pag. 16, 17.

(d) Il cite en marge, *Junius*, *Lavater*, *Malderus*, *Rodolph. Bain.* &c.

(d) *Proverb.* XIX, 21. & XVI, 1, 9. & X, 24. & XXI, 30, 31.

,, toutes les *voies* des Hommes , de
,, leurs *paroles* ,' de leurs *ouvrages*, de
,, leurs *conseils*, des *mesures* qu'ils pren-
,, nent ; parce que tout cela est à la
,, disposition de Dieu , & qu'il n'est
,, pas (a) absolument en nôtre pouvoir (a) *Jerem.*
,, de procurer le succès tel que nous X, 23.
,, le souhaitterions....... (b) Il y a (b) *Gataker.*
,, mot pour mot dans l'Original : *Pour* Pag. 144.
,, *ce qui* (1) *est du Sort, il est jetté au*
,, *giron, & tout son jugement,* ou tou-
,, te sa disposition, E S T D E D I E U :
,, ce que l'on peut traduire, M A I S
,, *tout son jugement* &c. de la même
,, manière qu'il est dit ailleurs : (c) (c) *Proverb.*
,, *Plusieurs cherchent la face,* ou la fa-XXIX, 26.
,, veur, *des Grands, mais tout juge-*
,, *ment de l'Homme est de* D I E U. *Le*
,, (d) *Cheval est préparé pour le jour de* (d) *Proverb.*
,, *la bataille :* M A I S *le Salut est de* XXI, 31.
,, *Dieu,* ou appartient à Dieu. Sur
,, ce pié-là , le Sage ne veut dire au-
,, tre chose , si ce n'est qu'il y a une
,, Providence de Dieu en toutes cho-
,, ses, même dans les moindres , dans
,, les plus casuelles, & entr'autres dans
,, le

(1) *Eth haggoral.* G A T A K E R cite ici deux exemples
du sens qu'il donne à la particule *Eth,* Nombr. XXVI,
55. Nehem. IX, 32.

„ le Sort. Ainfi il n'attribuë ici rien
„ de plus au Sort, que ce qui eft at-
„ tribué ailleurs à toutes les autres
„ chofes cafuelles, & même à toutes
„ les penfées, à tous les deffeins, à
„ toutes les paroles & les actions, à
„ tous les confeils & toutes les entre-
„ prifes des Hommes..... En tradui-
„ fant même comme on fait ordinai-
„ rement : *Le Sort eft jetté au giron,*
„ *mais toute fa difpofition,* ou *tout ce*
„ *qui en provient,* eft *de l'Eternel ;* on
„ peut auffi bien dire, & cela en ver-

(a) Pfeaum. „ tu de plufieurs (a) autres paffages de
XXXIII, „ l'Ecriture, que tout le fuccès, tou-
10--20. „ te l'iffuë, de toutes chofes, gran-
XXXVII, 6, „ des ou petites, plus ou moins im-
7,9,12--16. „ portantes, vient de Dieu. Ce qui
CXXVII, 1, „ n'exclud pourtant pas les moiens,
2. Proverl. „ par lefquels ou avec lefquels Dieu
X, 22. XVI, „ opére dans la plûpart de ces chofes,
1, 3, 9, 33. „ & n'emporte point une Providence
XIX, 21. „ qui agiffe toûjours immédiatement:
XX, 24. „ mais le but de SALOMON eft de
XXI, 30, „ faire voir qu'il dépend uniquement
31. Efaïe, „ de Dieu, de régler l'événement &
XXVI, 12. „ l'iffuë de toutes chofes, & de les (b)
XXXIV,15. „ traverfer ou de les laiffer aller leur
16. Jerem. „ train, comme il le juge à propos.
X,23. Matth. „
VI, 26, 30. „ §. XXVII.
X. 29, 30. „

(b) To croffe
or give way
to them &c.

§. XXVII. Un autre passage de l'Ecriture Sainte, que Mr. *D. J.* allégue en faveur de son opinion, c'est (a) celui où S A L O M O N dit, Que (b) le Sort fait cesser les Procès, & fait les partages entre les Puissans. Mr. *D. J.* n'ose soûtenir que le Sage dise-là en *autant de mots*, que le Sort ne S E R T P O I N T A A U T R E chose: néanmoins il paroît assez, selon lui, tant par la grandeur de ce qui y intervient, que par l'esprit de ce passage, qu'il ne doit servir qu'à cela, ou à des choses de même nature, qui intéressent considérablement la paix des Hommes &c. G A T A K E R répondra (c) encore ici. " Le terme " Hébreu, dit-il, quoi que, selon sa " propriété originale il signifie un " *Procès*, s'étend néanmoins dans l'u- " sage commun à toute sorte de dis- " putes & de démêlez, soit qu'ils " roulent sur des choses de grande ou " de petite importance. Et la prati- " que du Peuple de Dieu, telle que " nous la voions dans l'Ecriture, mon- " tre assez que les moindres choses é- " toient ordinairement déterminées " par le Sort. En matiére de *Dîmes*, " par exemple, n'étoit-ce pas une " cho-

(a) *Lettres*, pag. 97.
(b) *Proverb.* XVIII, 18.

(c) *Chap.* VI. §. 4. pag. 128, 129.

G 7

,, chofe fort peu importante, que tel
,, ou tel Agneau fût donné à un *Lévi-*
,, *te*, pourvû qu'il eût un Agneau de
,, dix, deux de vint &c. cependant
,, le Sort (a) en décidoit. Il importoit
,, peu à quelle Porte du Temple tels
,, ou tels *Lévites* fe tinffent : (je ne
,, veux pas dire que ce fût une chofe
,, peu confidérable en elle-même, d'ê-
,, tre Portier de la Maifon de DIEU,
,, quoi que le Pfalmifte (b) femble fai-
,, re regarder cette fonction comme
,, une des moindres qu'on pouvoit a-
,, voir dans ce Lieu Sacré) mais que
,, telle ou telle Troupe de *Lévites* fût
,, à telle ou telle Porte, plûtôt qu'à
,, l'autre, à celle du *Nord* ou à celle
,, du *Midi*, pour recevoir les libérali-
,, tez du Peuple à l'occafion de quel-
,, que Collecte, ce n'étoit pas certai-
,, nement une chofe de grande confé-
,, quence ; & cependant on tiroit (c)
,, au Sort pour cela. Il n'étoit pas non
,, plus fort important, quel des Prê-
,, tres offrît l'encens, ou accommodât
,, les Lampes &c. pourvû que ce fût
,, quelcun d'entr'eux qui le fît : tout
,, cela néanmoins étoit réglé par (d)
,, le Sort. Puis donc que le Sort peut
,, être

(a) *Levit.* XXVII, 32. fur quoi l'Auteur renvoie aux Notes de *Junius.*

(b) *Pfeaum.* LXXXIV, 10.

(c) *I. Chron.* XXVI, 13, 14.

(d) *Luc,* I, 9,

„ être légitimement emploié dans les
„ autres affaires communes de la Vie,
„ la Parole de Dieu l'autorisant en gé-
„ néral, & n'en restreignant nulle part
„ l'usage à aucune chose particuliére,
„ la pratique des Gens-de-bien l'éten-
„ dant aussi jusqu'aux choses les moins
„ considérables (car ce n'étoient pas
„ les Charges elles-mêmes qu'on assi-
„ gnoit par le Sort, mais seulement
„ les diverses fonctions & les divers
„ postes entre ceux qui exerçoient la
„ même Charge :) je ne vois pas pour-
„ quoi le Sort devroit être banni de
„ nos Divertissemens, plûtôt que de
„ toute autre affaire civile, quoi que
„ sérieuse. Si d'ailleurs nous considé-
„ rons bien la nature du Sort & son
„ extrême incertitude, nous trouve-
„ rons que des choses peu importan-
„ tes, comme celles-là, font celles
„ où il est le mieux appliqué, & que
„ l'usage au contraire n'en est du tout
„ point convenable, quand il s'agit de
„ choses tant soit peu importantes. A
„ cause dequoi ceux qui l'emploient
„ en des affaires sérieuses, ont accoû-
„ tumé de prendre toutes les précau-
„ tions imaginables, pour disposer les
„ cho-

,, chofes de telle maniére, qu'il n'im-
,, porte point de quelle maniére le
,, Sort tombe, ou que ce dont on lui
,, remet la décifion foit auffi peu con-
,, fidérable qu'il eft poffible. Car quand
,, il eft de quelque conféquence que
,, le Sort tombe de telle ou de telle
,, maniére, plûtôt que d'une autre
,, (je ne parle pas des cas où l'injufti-
,, ce d'autrui peut forcer quelcun à
,, accepter cette voie, comme le moin-
,, dre de deux inconvéniens) il n'y a
,, point d'Homme fage (a) qui remît
,, volontiers au hazard du Sort un in-
,, térêt comme celui-là...... " Il
,, faut expliquer, dit (b) ailleurs GA-
,, TARER, ce paffage de SALO-
,, MON, de la même maniére que ce-
,, lui de l'*Epître aux* HE'BREUX, où
,, l'Apôtre affûre que (c) *le Serment*
,, *eft, parmi les Hommes, la fin de tou-*
,, *te forte de conteftations.* Il y a fans
,, contredit d'autres ufages légitimes
,, du *Serment*, comme celui de don-
,, ner des affûrances de l'accompliffe-
,, ment d'une Promeffe ou d'une Con-
,, vention. Quelle difpute y avoit-il
,, entre *Jonathan* & *David*, lors qu'ils
,, jurérent (d) l'un à l'autre ? Ou en-
,, tre

(a) Voïez
Xénophon,
Chofes
mémora-
bles de *So-
crate*, Lib.
I. Cap. II.
§. 9. *Ed.
Oxon.*
(b) *Chap.*
VII, §. 15.
pag. 172,
173.
(c) *Hébr.*
VI, 16.

(d) I. *Sam.*
XX, 16, &c.

„ tre D i e u (a) & *Abraham?* ou en-
„ tre *David* (b) & D i e u ? Est-ce
„ pour terminer quelque différent que
„ ceux qui entrent dans quelque Char-
„ ge Ecclésiastique ou Politique, pré-
„ tent serment ? De même S a l o-
„ m o n ne veut pas borner ou res-
„ treindre l'usage du Sort à la déci-
„ sion des différens , moins encore à
„ la décision des seuls différens qui
„ roulent sur des choses de grande im-
„ portance , ou de ceux qui survien-
„ nent entre les personnes puissantes,
„ quoi qu'il fasse mention expressé-
„ ment de ces sortes de différens. Mais
„ il parle de toute sorte de contesta-
„ tions en général : & au fond pour-
„ quoi est-ce qu'un petit Héritage ne
„ pourroit pas être partagé par le Sort
„ entre de pauvres gens , aussi bien
„ qu'un gros Héritage entre des Ri-
„ ches? Ou ne voit-on pas souvent s'é-
„ lever des disputes entre les Grands
„ pour des bagatelles? Le but du pas-
„ sage, dont il s'agit , est donc d'en-
„ gager toute sorte de personnes à ter-
„ miner leurs démêlez, grands ou pe-
„ tits, par une voie aussi aisée & aussi
„ impartiale que le Sort, plûtôt que
                                        „ de

(a) *Genes.*
XXII, 16,
17.
(b) *Pseaum.*
CXIX, 106.
CXXXII, 2,
3.

,, de s'expoſer, par des pourſuites ar-
,, dentes en Juſtice, à de plus fâ-
,, cheux inconvéniens. Le Sage don-
,, ne en même tems à entendre, que
,, les perſonnes de baſſe condition doi-
,, vent d'autant plus volontiers pren-
,, dre cet expédient, qu'ils voient les
,, Grands eux-mêmes ſe ſoumettre ſou-
,, vent à la déciſion du Sort. A ces
judicieuſes penſées du Théologien Anglois, j'ajoûterai que, lors même que
le Sort eſt emploié dans ce qui ſe rapporte en quelque maniére à la Religion, on ne s'en ſert pas comme d'u-
ne *choſe ſacrée*, mais comme d'un expédient aiſé, court, & commode,
pour régler des choſes que l'on pourroit régler autrement, ſi l'on vouloit;
comme il paroît par les exemples allé-
guez. Ainſi c'eſt en vain que Mr. *D.*
J. dit, (a) que les *Juifs* auroient *man-*
qué de reſpect pour leur Religion, s'ils
euſſent *emploié à jouer ridiculement quel-*
ques ſols, le Sort qu'on avoit emploié
dans le Sanctuaire pour choiſir le Bouc
Hazazel; *dont* David *&* Salomon *s'é-*
toient ſervis pour régler les Emplois & les
Domiciles des Sacrificateurs, & des au-
tres Miniſtres du Temple &c. Autant
vau-

(a) *Lettres,*
pag. 106.

vaudroit-il dire , que les *Juifs* ne pouvoient fans profanation fe fervir d'*huile*
dans les Feftins ou dans quelque Illu-
mination faite pour fe réjouïr , parce
qu'on brûloit de l'huile dans les lampes
du Sanctuaire, & qu'on s'en fervoit pour
oindre les Sacrificateurs fous l'ancienne Loi.

§. XXVIII. Mʀ. *D. J.* croit tirer auffi un fort argument , de ce que
(a) *l'on ne trouve le Sort emploié dans* (a) Pag. 193.
tous les exemples des Saintes Ecritures, Voiez auffi
que dans des occafions ou religieufes, ou pag. 68. 80,
du moins graves.   Mais j'ai déja dit là- 107.
deffus ce qu'il falloit ; & nôtre Prédicateur fe refute lui-même , lors qu'il
dit (b) en un autre endroit : *jamais,* (b) Pag. 73.
Qᴜᴇ ɴᴏᴜs sᴀᴄʜɪᴏɴs, *en des ba-*
gatelles de l'ordre de celles qui font fi
fort en vogue aujourd'hui parmi nos
Joueurs. Puis qu'il n'en fait rien, pourquoi tire-t-il de là quelque conféquence ?

§. XXIX. Nous allons le voir
maintenant faire le docte. Il veut per-
cer l'antiquité la plus reculée , pour y
découvrir l'origine du Sort, telle qu'il
la lui faut pour maintenir fon Syftême.
Ce Savant homme a trouvé , par fes
gran-

(a) *Pag.* 173. grandes & curieufes recherches, (a) *Qu'au commencement l'ufage du Sort a été regardé comme facré parmi tous les Peuples.* Nous attendions là-deffus des preuves de fait : nous aurons des raifons de convenance, & Mr. *D. J.* ne fe démentira point. Il avouë qu'*on ne*

(b) *Pag.* 66. (b) *fauroit découvrir par l'Hiftoire ni Sacrée, ni Profane, la prémiére inftitution de cet ufage : il ne croit pas non plus qu'on puiffe déterminer aifément s'il a paffé de la Religion dans les affaires Civiles, ou des affaires Civiles dans celles de la Religion.* Il tient néanmoins *pour certain,* qu'il *n'a été mis en œuvre dans fes commencemens, que par rapport à des chofes graves.* Pourquoi ? Parce qu'il

(c) *Pag.* 49, (c) *ne fauroit imaginer autre chofe,* fi
50. ce n'eft que ceux qui les prémiers fe font avifez de l'ufage du Sort, ont voulu par là *fe rapporter de leurs intérêts à un Arbitrage au deffus d'eux, & fe remettre à Dieu, ou aux Dieux, Auteurs des biens, d'en faire la diftribution.*

§. XXX. D'AUTRES, fans être fi décififs fur le but primitif d'un ufage, dont Mr. *D. J.* avouë qu'*on ignore la prémiére inftitution,* diront pour
le

le moins avec autant de raifon & de vraifemblance, qu'ils conçoivent fort bien, que les Hommes n'ont d'abord fait ufage du Sort qu'en badinant, & fans y chercher aucun myftére. Un Berger, en gardant fon Troupeau, mettoit dans fa main quelques Cailloux, & la tenant fermée, difoit pour rire à fon camarade: *Pair, ou non:* ou bien il prenoit deux brins d'herbe, ou deux pailles, & en donnoit une à tirer à l'autre, pour voir s'il rencontreroit la plus longue. Par là & par diverfes autres maniéres de Sort, dont on pouvoit aifément s'avifer, on ne cherchoit qu'à s'amufer & on n'avoit garde de penfer en aucune façon à DIEU ou aux *Dieux*, *Auteurs des biens*. Dans la fuite, comme on avoit quelquefois de la peine à s'accorder fur certaines chofes, où plufieurs prétendoient avoir un droit égal (par exemple, on ne pouvoit pas tous demeurer en un même endroit, faute d'une affez grande quantité de pâturages; on s'étoit emparé de quelque coin de Terre, qu'on ne vouloit pas cultiver en commun; des Enfans avoient à partager les Troupeaux & les autres biens

qu'ils

qu'ils héritoient également de leur Pére &c. il vint dans l'efprit, que, pour
éviter l'embarras des difcuffions, &
pour terminer le différent, en forte
que perfonne ne pût raifonnablement
fe plaindre, il n'y avoit qu'à tirer à la
courte paille, qui iroit ailleurs paître
fes Troupeaux, ou qui auroit (1) tel
ou tel morceau de Terre, pour le cultiver & en jouïr feul, ou qui auroit
telle ou (2) telle portion de plufieurs
faites en gros. Ainfi le Sort s'établit
dans les affaires férieufes : on en inventa mille maniéres ; & on l'étendit enfin jufqu'à certaines chofes qui fe rap-
portoient à la Religion. D'où il arriva
avec le tems, que l'Ignorance & la
Superftition, fources fécondes de chi-
méres, firent regarder le Sort comme
un moien extraordinaire de connoître
le bon ou le mauvais fuccès des entre-
prifes, ou la volonté des Fauffes Divinitez.

§. XXXI.

(1) C'eft un des ufages du Sort le plus ancien, &
dont on trouve le plus d'exemples. Voïez le Schollaf-
te d'Homb're, fur Iliad. O. vers. 498. Gataker,
Chap. IV. §. 12. & Mr. Le Clerc, dans fon Commentaire fur Génef. XXV, 18. & Nombr. XXVI, 55.
(2) De là vient qu'en Grec le mot Κλῆρος fignifie
très-fouvent un Héritage. Chacun fait que l'ancienne
Hif-

§. XXXI. JE laiſſe aux perſonnes judicieuſes, qui connoiſſent un peu l'Antiquité, à examiner ſi cette courte hiſtoire de l'origine & des progrès du Sort n'eſt pas infiniment plus conforme aux Monumens qui nous reſtent, que celle que Mr. *D. J.* a imaginée. Prenons HOMERE, le plus ancien des Auteurs Profanes, celui où l'on voit de plus grandes traces de la ſimplicité des prémiers tems, & qui certainement n'eſt rien moins que chiche de faire intervenir *Deum ex machina.* Nous y trouvons le Sort emploié dans le partage (a) des biens paternels; dans le (b) choix des Enfans d'une même Famille qui devoient aller à la Guerre, ou des (c) Guerriers qui devoient entrer en lice avec quelque Ennemi redoutable; dans les Combats ſinguliers, pour voir (d) quel des deux Champions lanceroit le prémier le Javelot; dans les Voiages, (e) lors qu'il fal-

(a) *Odyſſ.* Lib. XIV. vers. 208, 209.

(b) *Iliad.* Lib. XXIV. vers. 400.

(c) *Iliad.* Lib. VII. vers. 171, *& ſeqq.*

(d) *Iliad.* Lib. III. vers. 316, 317.

(e) *Odyſſ.* Lib. X. vers. 206,

Hiſtoire, deguiſée par le mélange des Fables, parle d'un tel partage fait par le Sort entre les trois fils de *Saturne,* qui étoient des plus anciens Rois de la Gréce, & qui vivoient apparemment vers le tems d'*Abraham.* Voiez LACTANCE, Inſtit. Divin. *Lib.* I. Cap. XI. §. 30. *& ſeqq.*

falloit envoier quelcun pour reconnoître une Ile voifine ; dans quelque autre entreprife périlleufe, comme quand
il s'agiffoit d'aller (a) crever l'œüil au
Cyclope ; dans (b) les Jeux de prix,
pour régler l'ordre des Exercices , &
de ceux qui devoient y difputer de force ou d'adreffe &c. Que Mr. *D. J.*
cherche, tant qu'il voudra, il ne nous
fera voir en tout cela aucune idée de
fainteté, que les Héros du Poëte, d'ailleurs très-fuperftitieux , paroiffent a-
voir attachée au Sort, ni d'aucune intervention particuliére de la Divinité, qu'ils cruffent y préfider plus qu'à
toute autre chofe indépendante du
Sort.

§. XXXII. IL Y A à la vérité un
de ces exemples , où l'on trouve une
invocation de la Divinité : & je m'i-
magine que Mr. *D. J.* triomphera là-
deffus , comme fi je lui avois fourni
moi-même des armes ; fur tout quand
il lira l'endroit dans la Traduction de
Madame DACIER. C'eft celui du
VII. Livre de l'ILIADE, où en même tems que les Héros Grecs , qui
prétendoient tous à la gloire de combattre
contre Hector , *remettent ce choix au*
fort ;

Sort ; toutes les Troupes levant leurs mains aux Dieux, & attachant leurs regards au Ciel, font cette priére : " Grand „ JUPITER, qui tenez en vos mains „ tous les Sorts, & qui les gouvernez „ comme il vous plaît, accordez à nos „ vœux, ou *Ajax*, ou le fils de *Ty-* „ *dée*, ou même le Roi de *Mycé-* „ *nes*. " Il pourroit bien arriver, que Mr. *D. J.* fur cette verfion, s'écrie-ra d'abord : *Ne voila-t-il pas une Priére, & une Priére où l'on reconnoît formellement, que* LA DIVINITE' TIENT EN SES MAINS TOUS LES SORTS, ET LES GOUVER-NE COMME IL LUI PLAÎT? Mais rien n'eft plus facile que d'enlever à nôtre Prédicateur ce fujet de joie. Il n'y a (1) pas un mot, dans l'O-riginal, de ces derniéres paroles, que la Savante Interprête a ajoutées de fon chef : & quand elles y feroient, elles ne feroient rien en faveur de Mr. *D. J.* car elles prouveroient feu-lement qu'on croioit que la Divinité étoit

---

(1) Ζεῦ πάτερ, ἢ Αἴαντα λαχεῖν, ἢ Τυδέος υἱὸν,
Ἢ αὐτὸν βασιλῆα πολυχρύσοιο Μυκήνης.
Iliad. VII, 179, 180.

H

étoit (1) abfolument maîtreffe de tous
les événemens , & qu'elle pouvoit faire tourner à fon gré les chofes les plus
fortuïtes , auffi bien que celles qui ont
des Caufes néceffaires. C'eſt ſur ce
fondement que la Priére eſt emploiée,
dans HOMÉRE , pour obtenir un
heureux ſuccès dans toutes ſortes d'affaires : & Mr. *D. J.* n'a qu'à lire un
peu plus bas , dans l'endroit même
dont il s'agit, il y trouvera cette autre
Priére , faite après la décifion du Sort
en faveur d'*Ajax : En même tems les
Troupes adreffent leurs priéres au Fils de
Saturne , & levant les mains au Ciel,
elles s'écrient :* ˮ Pére des Dieux &
ˮ des Hommes, puiffant JUPITER,
ˮ qui êtes adoré ſur le mont *Ida.*, &
ˮ dont le thrône eſt environné de ma-
ˮ jeſté & de gloire, la victoire (2) dé-
ˮ pend de vous, accordez-la au vail-
ˮ lant *Ajax :* & ſi vous aimez *Hector*,
ˮ & que ſa vie ſoit précieuſe à vos
ˮ yeux

---

(1) —— Θεοὶ δέ τι πάντα δύνανται.
HOMER. Odyſſ. Lib. X. vers. 306.
Γένοιτο μῦ τ' ἂν πᾶν, θεῦ τεχνωμῦ͂νs.
SOPHOCL. Ajac. flagellif. vers. 86.
—— Immenſa eſt, finemque potentia cæli
Non habet ; & quidquid Superi voluère, peractum eſt.
OVID. Metam. VIII, 618, 619.
(2) Δὶς

„ yeux, au moins qu'*Hector* ne triom-
„ phe point d'*Ajax* , & que ces deux
„ Héros fortent de ce combat avec un
„ égal avantage.　Voilà fans doute une
de ces chofes où la Providence n'agit
pas feule , & où elle *concourt avec la*
force & l'induftrie des Hommes.　Les
Grecs prient *Jupiter* de diriger les efforts des deux Combattans , comme
ils l'ont prié de diriger de telle manière le Sort , que le caillou ou le morceau de bois qu'on tireroit le prémier
du Cafque d'*Agamemnon*, après l'avoir
bien remué , fût celui qui portoit la
marque d'*Ajax* , ou de *Dioméde* , ou
d'*Agamemnon*.　Ils ne regardent pas
plus le Sort *comme une chofe vénérable*
& comme une décifion divine , que la
victoire d'*Ajax*.

§. XXXIII.　M R. *D. J.* eft affûré (a) qu'il pourroit *trouver cent exam-*
ples dans les Hiftoriens Profanes , pour
fe convaincre que les Paiens confideroient
le

(a) *Lettres,*
pag. 70.

(2) Δὲς νίκην 'Αιαντί καὶ ἀγλαὶν εὖχO ἀρίαζ.
　　H O M E R. ubi fupra , vers. 203.
J'ai fuivi dans tout ce paffage la verfion de Madame
Dacier ; quoi qu'il y ait quelques endroits où elle
femble ne pas fuivre fon Original auffi exactement
qu'elle l'auroit pû.　Mais cela eft peu important pour
mon but.

le *Sort* comme un moien vénérable de remettre à la décifion de la Divinité, ce
qu'ils ne vouloient par respect, ou n'o-
foient déterminer eux-mêmes. Cependant il ne nous cite qu'un exemple tiré de l'Ecriture Sainte, (a) & un exemple où il s'agit du *Sort extraordinaire*. Car pourquoi est-ce qu'*Haman* jettoit le Sort pour chaque Mois de l'Année l'un après l'autre, & pour tous les
Jours de chaque Mois, fi ce n'est afin
de favoir par avance le fuccès de l'entreprife cruelle qu'il méditoit contre
les *Juifs*, & pour confulter là-deflus
fes fauffes Divinitez? C'étoit donc un
Sort divinatoire, femblable à celui par
lequel un des Lieutenans (1) de CE-
S A R fut expofé à être brûlé, par ordre d'*Ariovfte*, entre les mains de qui
il étoit tombé. Et Mr. *D. J.* n'a-t-il
pas bonne grace de prétendre donner
ainfi le change au Lecteur, lui qui dé-
clame par tout contre fes Adverfaires,
comme s'ils confondoient le *Sort commun* avec le *Sort extraordinaire?*

§. XXXIV. IL EST certain que
le Sort étoit un des moiens dont la Su-
per-

(a) *Either*,
III, 7.

(1) *Is* [Caius Valerius Procillus] *fe préfente, de fe ter*
Sortibus confultum dicebat, utrum igni ftatim necaretur, au
in

perſtition s'eſt beaucoup ſervie pour tâcher de connoître l'Avenir, & la volonté des Dieux. Et de là vient, comme l'a (a) très-bien remarqué Mr. LE CLERC, que l'on a enſuite nommé en Latin *Sortes* toutes ſortes d'Oracles, & *Sortilegi* ceux qui ſe mêloient de deviner par le Sort ou autrement ; d'où tire auſſi ſon origine nôtre mot François *Sorcier*, qui ſignifie un Devin & un Magicien. Cet uſage ſuperſtitieux paſſa même dans le Chriſtianiſme, où malheureuſement il n'y a eu que trop de gens qui ont conſervé des idées & des pratiques Paiennes. On n'a qu'à voir là-deſſus (b) GATAKER, (c) VAN DALE, & les *Réflexions* de (d) Mr. LE CLERC, que j'ai citées. D'où il paroît aſſez, que, ſi les Péres de l'Egliſe, & leurs Diſciples, ont regardé le Sort en général comme une *choſe ſacrée*, c'étoit un reſte de Paganiſme, qui s'eſt perpétué juſqu'aux Théologiens Scholaſtiques, & à Mr. D. J. En quoi il ſemble même que les *Chrétiens* ſont allez plus loin que leurs prémiers Maîtres. Car, quelque

ver-

(a) *Reflex. ſur le Bonheur & le Malheur*, &c. Chap. IX. pag. 112.

(b) *Of the nature and uſe of Lots*, &c. Chap. X.

(c) *De Oraculis*, Cap. XIV.

(d) Chap. IX.

in aliud tempus reſervaretur ; ſortium beneficio ſe eſſe incolumem. De Bello Gallic. *Lib.* I. *Cap.* LIII.

H 3   (1) ST.

vertu que les *Paiens* conçuſſent dans
le Sort, lors qu'ils s'en ſervoient en
certains lieux, & avec certaines cérémonies, pour ſavoir ſi le ſuccès d'une
entrepriſe ſeroit heureux ou agréable à
leurs fauſſes Divinitez ; il ne paroît
pas que hors de là quand ils l'em-
ploioient dans l'uſage ordinaire de la
Vie, ils le regardaſſent autrement que
comme une voie commode & impartiale de décider certaines choſes, &
qu'ils s'y figuraſſent une Providence plus
particuliére, que dans toute autre ſorte d'événement.

§. XXXV. Je vais le montrer par
un exemple ſenſible. Il eſt tiré d'une
Comédie, c'eſt-à-dire, comme chacun ſait, d'une de ces Piéces où les
idées communes & les mœurs des anciens tems, ſont le mieux dépeintes.
Dans la *Caſina* de Plaute, deux
Eſclaves diſputent entr'eux qui aura
pour femme une Jeune Fille reputée
de condition ſervile, à cauſe du malheur qu'elle avoit eu d'être expoſée
dans ſon enfance. La Maîtreſſe de la
Fille voiant que ſon Mari ſouhaittoit
fort que cette Fille fût accordée à l'un
des deux Eſclaves, qu'il avoit à ſa diſ-
po-

pofition , & foupçonnant là-deffus a-
vec raifon quelque infidélité de la part
& de l'Efclave & du Maître ; s'obfti-
noit à vouloir que l'autre Efclave é-
poufât la Fille , & faifoit fort valoir
le droit qu'elle prétendoit avoir fur elle , comme l'aiant élevée avec beaucoup de foins & de frais. Le Mari
n'aiant pu obtenir de bonne grace le
confentement de fa Femme pour la
préférence de l'Efclave , dont les intérêts étoient mêlez avec les fiens , &
par politique ne voulant pas ufer de
toute fon autorité , s'avife enfin d'une
nouvelle batterie , dont le fuccès, quoi
qu'incertain , étoit la feule reffource
qui lui reftoit, dans le deffein où il é-
toit de ne pas faire de violence à fa
Femme , c'eft de faire tirer au fort les
deux Efclaves concurrens. Mais on ne
voit pas-là le moindre indice d'où l'on
puiffe inferer qu'il eût recours au Sort,
comme à une *chofe facrée* & qu'il vou-
lût engager fa Femme à y confentir,
comme à un Oracle du Ciel que le
refpect pour les Dieux ne lui permettoit pas de recufer : il paroît feulement
qu'il prit ce parti pour fournir à fa
Femme jaloufe & opiniâtre un moien

H 4   de

de ceder sans peine & sans honte, & un moien qui lui laissoit encore quelque espérance de voir arriver ce qu'elle souhaittoit. Quand il lui en fait la proposition, il lui parle ainsi : (1) *J'ai raison de croire que* C'EST LE MEILLEUR ET LE PLUS JUSTE EXPEDIENT. *Si ce que nous souhaittons arrive, nous en ferons bien aises ; sinon, à la bonne heure, nous nous en consolerons.* Voilà à quoi se réduisoit le dessein de ceux qui jettoient dans un Seau ou dans une Urne de petites boules de bouis ou de terre grasse : ils n'y entendoient pas plus de mystére, qu'on ne fait aujourd'hui, quand on tire aux billets ou à la courte paille : c'étoit la sortie fortuïte des petites boules, qu'ils prenoient pour arbitre ; & nullement les Dieux, auxquels ils ne pensoient point du tout en cette occasion. S'ils y eussent pensé, je suis sûr que le Poëte leur auroit mis dans la bouche des discours qui le donneroient

(1) ST. *Optimum atque æquissimum istud esse, jure judico.*
Postremo, si illud, quod volumus, evenit, gaudebimus :
Sin secus, patiemur animis æquis, tene sortem tibi.
Act. II. Scen. VI. vers. 23, & seqq.

(2) Les

roient à connoître en quelque forte.

§. XXXVI. M R. *D. J.* prétend (a) *Lettre,* pag. 68. encore, que l'on n'emploioit le Sort que *dans des occasions graves, qui donnoient lieu à en faire un usage vénérable & respectueux.* Il défie que dans toute la Bible, qui contient l'Histoire d'environ quatre mille ans, & qui rapporte souvent beaucoup de folies des N A- TIONS P A I E N N E S, *on lui marque un seul exemple du Sort emploié à quelque bagatelle de l'ordre des badineries qui sont aujourd'hui si fort en vogue parmi les Joueurs.* Mais ici il paroîtra clairement, combien est fausse la raison qu'il tire du silence de l'Ecriture Sainte, pour prouver que ni les *Juifs,* ni les *Paiens* même, pendant l'espace *d'environ quatre mille ans,* ne se sont servis du Sort qu'*en matiére de choses graves.* Ignore-t-il, que parmi les anciens *Grecs* & *Latins,* lors qu'on se regaloit les uns les autres, on faisoit un (2) Roi du Festin, qui étoit choisi par

le

---

(2) Les *Grecs* l'appelloient Συμποσιαρχ⊙, Βασιλεὺς, Στρατηγὸς; & P L A U T E a même latinizé le dernier mot, *Strategus, Stich.* Act. V. Scen. IV. vers. 20. Les *Latins* disoient, *Modimperator, Arbiter bibendi, Dictator, Magister* &c. & C I C E R O N parle de cette forte de Roiauté, comme d'un usage fort ancien: *Me*

H 5 *vere*

le Sort? coûtume qui s'est en quelque
façon conservée parmi les *Chrétiens*,
où chacun a vû tant de fois faire le
Roi de la Fêve. Nôtre Prédicateur
a-t-il oublié ces vers d'HORACE,
qu'il a apparemment appris dans le bas
Collége:

(a) Horat.
Lib. I. Od.
IV, 18.

(a) *Nec regna vini sortiere talis.*

. . . .

(b) Idem.
Lib. II. Od.
VII, 25, 26.

———— ———— (b) *Quem Venus arbitrum
Dicet bibendi.* ———— ———— ————

Il ne manque pas d'exemples d'autres
choses peu sérieuses, où les *Paiens* faisoient usage du Sort. Mais les *Jeux
même de Hazard* ne font-ils pas si fort
anciens, que les Savans jusqu'ici n'ont
pû en découvrir ni le vrai Auteur, ni
la prémiere origine? Mr. *D. J.* a pû

(c) Pag. 20.

lire dans mon (c) *Traité du Jeu*, un
passage de PLATON, où l'invention
de ces sortes de Jeux est attribuée au
fameux *Mercure* des *Egyptiens*. HO-
MÉ-

vero & Magisteria delectant A' MAJORIBUS INSTITU-
TA &c. *De Senectute*, Cap. XIV. Voiez JUSTE LIP-
SE, Antiqu. Lect. *Lib.* III. *Cap.* I. HADR. JUNII
Animadverf. Lib. II. *Cap.* V. GATAKER, *of the na-
ture and use of Lots*, Chap. VI. §. I. OCTAV. FER-
RAR. Elector. *Lib.* I. *Cap.* XVI, &c. On tiroit aussi
au

MÈRE (a) fait mention du Jeu des *Offelets*, comme d'un Divertiſſement commun depuis fort long tems : & un (b) Savant Théologien Anglois ſoûtient que rien n'empêche que ce Jeu ne ſoit auſſi ancien, & plus ancien même, que le Déluge. A quoi penſe Mr. *D. J.* de fonder ſes pauvres raiſonnèmens ſur des faits dont il n'a aucune connoiſſance, & ſur des choſes dont il eſt ſi facile de lui démontrer la fauſſeté ?

§. XXXVII. IL NE réüſſit pas mieux à chercher déquoi appüier ſon opinion, dans l'autorité des *Sages du Paganiſme*. Il (c) a *trouvé citées*, je ne ſai où, des paroles de PLATON, qu'il nous donne en François ainſi traduites : *Il eſt néceſſaire d'emploier quelquefois dans la République l'égalité du Sort, pour prévenir le tort que bien des gens croiroient leur être fait autrement :* CAR PAR CE MOIEN NOUS FAISONS CONNOÎTRE QUE NOUS IN-VÒ-

(a) *Iliad.* Lib. XXIII. vers. 88.

(b) *Thomas Hyde*, De Ludis Oriental. *Lib.* II. *pag.* 172.

(c) *Lettres,* pag. 70.

au Sort les portions que chacun devoit avoir de chaque mets. Voiez GATAKER, Chap. IV. §. 12. pag. 78. Voiez encore ce que dit SAUMAISE, au ſujet des *Sortes convivales*, dans ſon Commentaire ſur LAMPRIDIUS, in Vit. Heliogabali, *Cap.* XXII.

VOQUONS LA DIVINITE' *& la bonne Fortune, & les prions de diriger le Sort à ce qui eſt le plus juſte.* Là-deſſus il conclut d'un air triomphant, que PLATON *& ſes ſemblables* regardoient l'élection faite par le Sort *comme un hommage qu'ils rendoient à la Divinité, en la prenant pour Arbitre*; & qu'ils *prenoient cette idée dans la même ſource* où *Néhemie & les autres Sages d'Iſraël* avoient puiſé, ſelon Mr. *D. J.*

Mais cette citation ne ſervira qu'à faire voir combien il eſt ridicule à nô-tre Prédicateur de s'ériger en redreſ-ſeur des *inexactitudes* d'autrui. Il ap-puie un fait conſidérable, une opinion commune, ſelon lui, chez les Philo-ſophes Paiens, ſur un ſeul paſſage de PLATON, qu'il a pris au hazard dans un Livre de quelque Auteur Moder-ne, ſans daigner recourir à l'Original, dont apparemment il n'a jamais vû que la couverture. Auſſi a-t-il eu le ſort de ceux qui citent aveuglément ſur la foi d'autrui. Le paſſage dont il s'agit, n'eſt

---

(1) Τὴν δὲ ἀληθεστάτην καὶ ἀρίστην ἰσότητα ἐκεῖσι ῥάδιον παντὶ ἰδεῖν· Διὸς γὰρ δὴ κρίσις ἐστί. καὶ τοῖς Ἀνθρώποις ἀεὶ σμικρὰ μὲν ἐπαρκεῖ· πᾶν δὲ ὅσον ἂν ἐπαρκήσῃ πόλεσιν ἢ καὶ ἰδιώταις, πάντ' ἀγαθὰ ἀπεργάζεται. τῷ μὲν

n'eſt point, comme il le cottè, *du Livre de la République, dans le V. Dialogue*; mais du Traité *des Loix*, Livre VI. Et ce paſſage doit être rendu tout autrement que ne fait Mr. *D. J.* qui l'aiant trouvé mal traduit, l'a peutêtre gâté & tordu encore lui-même, pour le ramener à ſes idées; ainſi que font tous les jours les Prédicateurs de ſa ſorte, en expliquant des Livres bien plus conſidérables que les Dialogues de P L A T O N. Voici le vrai ſens du Philoſophe. Il parle de l'*Egalité* que les Conducteurs de l'Etat doivent toûjours avoir en vuë, & dans laquelle il fait conſiſter la *Juſtice* du Gouvernement. Cette *Egalité* eſt, ſelon lui, de deux ſortes. L'une, (1) *véritablement telle & excellente en ſon genre*, laquelle demande une juſte diſtribution des honneurs & des autres avantages, à proportion du mérite de chacun: *Il n'eſt pas facile*, dit-il, *de découvrir cette Egalité, & il n'y a que la Divinité qui puiſſe la bien connoître.*

Les

μὲν γδ' μείζονι πλείω, τῷ δὲ ἐλάττονι ſμικρότερα νέμει, μέτρια δίδοσα πρὸς τὴν αὐτῶν φύσιν ἑκατέρῳ. De Legibus, *Lib.* VI. Tom, II. pag. 757. B. C.

(1) Δυεῖν

Les Hommes la rencontrent rarement,
& par tout où ils ont le bonheur de
l'établir, elle est une source féconde
de biens, tant pour le Public, que
pour les Particuliers. Mais l'autre sorte d'Egalité est très-sensible & très-ai-
sée à pratiquer. Elle se réduit à une
distribution (1) égale, selon le nombre, le poids & la mesure, sans aucun
égard à la qualité des personnes. Et
quoi que souvent elle soit presque directement opposée à la première, il
n'y a pas moien de s'empêcher de la
mettre en usage quelquefois, & d'emploier pour cet effet le Sort, si l'on
veut prévenir les Séditions. C'est une
espèce (2) d'indulgence nécessaire ; &
toute indulgence emporte quelque a-
doucissement, par lequel on s'éloigne
un peu de la Justice exacte, & l'on
relâche quelque chose du Droit rigoureux. C'est pourquoi, ajoûte PLA-
TON, (3) il est peut-être nécessaire de
se

(1) Δυεῖν γὰρ ἰσοτήτων ἔσαιν, ὁμωνύμοιν μὲν, ἔργῳ δὲ
εἰς πολλὰ σχεδὸν ἐναντίαιν· τὴν μὲν ἑτέραν εἰς τὰς τι-
μὰς πᾶσα πόλις ἱκανὴ παραγαγεῖν, καὶ πᾶς νομοθέτης,
τὴν μέτρῳ ἴσην, καὶ σταθμῷ, καὶ ἀριθμῷ, κλήρῳ ἀπευ-
θύνων εἰς τὰς διανομὰς αὐτήν. Ibid. B.
(2) Τὸ γὰρ ἐπιεικὲς καὶ σύγγνωμον τᾶ τελέα καὶ ἀκρι-
βὲς, παρὰ δίκην τὴν ὀρθήν, ἔτι παρατεθρυμμένον, ὅ-
ταν γίγνηται. Ibid. D, E. J'ai exprimé le sens & la
liai-

fe fervir dè l'égalité du Sort, pour ne pas choquer le Peuple : ET ALORS MEME *il faut prier la Divinité & la Bonne Fortune, de diriger le Sort à ce qui eft le plus jufte.* Je demande à tout Lecteur, qui a le fens commun, s'il entrevoit-là rien qui approche dès idées de Mr. *D. J.* & fi au contraire on n'y fent pas d'abord que le Philofophe regardoit le Sort purement & fimplement comme un molen d'établir l'égalité dans fa République, & de né donner aucun lieu aux murmures fur la préférence en matiére des chofes auxquelles chacun croiroit avoir droit de prétendre également. Bien loin de concevoir ici quelque intervention particuliére de la Divinité, ou un arbitrage du Ciel auquel on fe remette, par une fuite même de la nature du Sort ; il fait regarder le Sort comme une voie fujette à bien des inconvéniens, comme une décifion aveugle, à laquel-

llaifon de ces paroles, que ni *Marfile Ficin*, ni *De Serres* n'ont pas compris. Le dernier fur tout donne entiérement à gauche.

(3) Διὸ τῷ τῇ κλήρῳ ἴσως ἀνάγκη προσχρήσασθϛ, δυσκολίας ἢ πολλῶν ἕνεκα, Θεὸν καὶ ἀγαθὴν Τύχην ΚΑΙ' ΤΟ'ΤΕ ἐν εὐχαῖς ἐπικαλεσαμένους, ἀπορθοῦν αὐτὸς ἢ κλῆσιν πρὸς τὸ δικαιότατον, Ibid, E,

(1) "Ὅτι

quelle on n'a & on ne doit avoir recours que quand on ne peut faire autrement, & *autant qu'il eſt poſſible, lorsqu'il ne s'agit que de choſes* (1) *de très-
petite importance.* C'eſt pour prévenir
les effets pernicieux qui en pourroient
reſulter, qu'il veut qu'on implore le
ſecours de *la Divinité & de la Bonne
Fortune,* afin qu'elles préſident extraordinairement au Sort: Et alors
meme il faut &c. Car il entend
apparemment ici la *Divinité Suprême,*
qui *gouverne toutes choſes ;* & quelque
Puiſſance inférieure qu'il concevoit
confuſément ſous le nom de *Bonne
Fortune,* comme *gouvernant toutes* (2)
les affaires humaines avec Dieu, celles
qui dépendent de l'induſtrie des Hommes, auſſi bien que celles où il entre
du hazard. De ſorte que rien n'eſt
plus éloigné de la penſée de Platon, que de regarder l'uſage du Sort
comme emportant par lui-même une
Prié-

(1) Ὡς δ᾽ ἔτι μάλιϛα (χρήϲιον) ἐπ᾽ ἐληίϲεις τῇ ἰτί-
ϳα, τῇ τ τύχης διοιψῇ. Pag. 757. E. & 758. A.
(2) Ὡς Οἴεϲ μῷ ΠΑΝΤΑ, καὶ μ᾽ Θιῦ Τύχη καὶ
Χαιρϲ Τ᾽ΑΝΘΡΩΠΙΝΑ διακυβιρνῶϲι ΣΥΜΠΑΝ-
ΤΑ. De Legib. Lit. IV, pag. 709. B.
(3) Κλῆϲϲι δὲ τινϲϲ, εἶμαι, ϖχντϲι κομψοὶ, ὅϲι τ
φαῦλον ἐκϲινον αἰτιῶϲϳ ἰφ᾽ ἱκάϲης ϲυνίρξϲιας τύχη, ἀλλὰ
μὴ

Priére. Il y joint au contraire la Priére, comme un acceſſoire qu'il croioit
devoir ſuppléer en cette occaſion aux
inconvéniens des déciſions du Hazard.

Cela paroît encore par une choſe
que l'on trouve en deux autres endroits
de ſes Dialogues. Il veut que les Nô-
ces des Citoiens de ſa République ſe
faſſent par une eſpéce de Sort, que les
(3) Conducteurs de l'Etat aient ſoin de
diriger par quelque artifice, de maniére qu'il ne tombe que ſur ceux qu'ils
jugeront à propos, & que cependant
l'artifice ſoit ſi bien caché, que ceux
qui ſe croiront mal aſſortis, ne s'en
prennent qu'au Hazard & à la Fortune. Ce Philoſophe auroit-il voulu faire ſervir le Sort à tromper, quoi qu'innocemment, les Hommes, s'il y eût
conçû quelque choſe de ſacré?

Lors donc qu'il établit une page a-
près le paſſage de queſtion (car je veux
indiquer moi-même à Mr. *D. J.* tout
cc

μὴ τὰς ἄρχοντας. De Republic. *Lib.* V. pag. 460. A.
ὡς τὰς ἄρχοντας ἐραψψ καὶ τὰς ἄρχετας δεῖν εἰς τὴν
γάμον σύμπηξιν λάθρα μηχανᾶσς κληρῆς τισὶν, ὅπως οἱ
κακοὶ χωρὶς εἶτ' ἀγαθοὶ ταῖς ἐμελαῖς ἑκάτεροι ξυλλέξον-
ται, καὶ μὴ τις αὐτεῖς ἐχθεα διὰ ταῦτα γίγνηται, τύχην ἡγεμόνοις αἰτίαν τ' ξυλλέξεας. Iu Timæo, *Tom.* III,
pag. 18. D. B.

(1) Tὰ

ce dont il croiroit pouvoir tirer quelque avantage) lors, dis-je, qu'il établit pour regle dans fa République, de choifir par le fort un certain nombre de *Prêtres*, (1) & de *laiffer ainfi à la Divinité le foin de diriger l'événement, comme elle le jugera à propos :* Et lors que traitant des différentes maniéres d'aquérir de l'autorité fur les autres Hommes, il met au dernier rang le *Sort*, dont il appelle la décifion, une (2) voie *agréable à la Divinité, & une chofe qui eft l'effet du bonheur :* Cela fignifie feulement, que la Divinité, qui *conduit toutes chofes*, peut, quand elle le juge à propos, intervenir extraordinairement pour faire tomber le fort de telle ou telle maniére; & qu'elle approuve, en certaines occafions, qu'on prenne cette voie impartiale pour régler des chofes, qui autrement donneroient lieu à bien des conteftations.

§. XXXVIII. ARISTOTE, Difci-

(1) Τὰ μὲν ἐν ᾗ Ἱερῶν, τῷ Θιῷ ὑπηρίποντα αὐτῷ τὸ κίχαείσμύεν γίγνιαϑ, κλήρον ὅτα τῇ Θιᾷ τύχῃ ἀποδιδόντα. De Legg. Lib. VI. pag. 759. C.

(2) Θεοφιλῆ δὲ γι καὶ εὐτυχῆ τινα, ἰβδομήν ἀρχὴν τις κλήρον τινα προσχομείμ καὶ λαχόντα μὲν, ἄρχειν, δυσκλήρωντα δὲ, ἀρχιὰς, τὸ δικαιότατον ἰῖναι φαμέν. De Legg. Lib. III. pag. 690. C.

(3) Ἐν μὲν γὰ τῇ κληρώσι τὴν τύχην βεβλίσιτ. In A.

ciple de *Platon*, parle en plufieurs (a) endroits de l'ufage du Sort : mais jamais il ne dit la moindre chofe qui donne à entendre, qu'il le conçoive autrement que comme un événement cafuel auquel on fe rapporte, pour maintenir l'égalité, & pour prévenir les plaintes fur la préférence. C'étoit-là veritablement l'idée qu'en avoient les Sages du Paganifme, & non pas celle que Mr. *D. J.* leur attribuë, pour tâcher de les mettre de fon parti. I-SOCRATE dit, que (3) *dans le Sort, c'eſt la Fortune qui préfide*. PLUTAR-QUE appelle le *Sort*, après EURIPI-DE, *l'Enfant de la Fortune* (4), *lequel*, ajoûte-t-il, *ne donnant la préférence ni aux Richeffes, ni au Crédit ou à la Réputation, mais tournant tantôt d'un côté, tantôt de l'autre, comme il fe rencontre, reléve le cœur du Pauvre & de l'homme de baffe condition, & lui laiffe le plaifir de penfer qu'il n'a pas entiérement perdu*

fa

(a) Voiez, par exemple, *Politic.* Lib. IV. Cap. XVI. Lib. VI. Cap. II.

Areopagit. pag. 248. Ed. Paris. 1621.

(4) Καὶ τ̃ Τύχης παῖδα Κλῆρον, ὡς 'Ευριπίδης φησίν, ὃς ἔτε πλούτῳ νίμων, ἔτε δόξῃ τὸ κρατεῖον, ἀλλ', ὅπως ἔτυχεν, ἄλλως ἄλλοτε συμφερόμεν@, ἢ μὴ πλήτα καὶ ταπεινὸν ἐπιγαυροῖ, καὶ ὡς ἐξαίρει γε νῦν τιν@ αὐτονομίας, ἤ δὲ πλούσιον καὶ μέγαν ἐθίζων ἰσότητι μὴ δυσκολαίνειν, ἀλύπως σωφρονίζει. Sympofiac. Lib. II. Cap. X. *in fin.* Cap. & Lib.

(1) *Quid*

fa liberté ; comme d'autre côté, en accoûtumant les *Grands* & les *Riches* à fouffrir patiemment l'égalité , il leur donne de falutaires leçons , d'une maniére qui ne fauroit les choquer. CICERON dit, en parlant même des *Sorts divinatoires*, (1) *Qu'eft-ce que le* SORT ? *C'eft à peu près la même chofe , que de jouer à la mourre , ou de jouer aux Offelets ou aux Dez : en quoi il n'y a point de raifon ni de délibération éclairée , mais un pur hazard & un choix aveugle. Tout cela n'eft qu'une invention de quelques Fourbes , qui ont voulu fe procurer du gain , ou s'accommoder à la Superftition du Vulgaire , ou abufer de fa crédulité pour le jetter dans l'illufion*... *Mais*, ajoute plus bas l'Orateur & Philofophe Romain, *cette forte de divination eft aujourd'hui fort décriée dans le monde. On ne parle*

plus

' (1) *Quid enim* SORS *eft ? Idem propemodum , quod micave , quod talos jacere , quod tefferas. quibus in rebus temeritas & cafus, non ratio nec confilium valet. tota res eft inventa fallaciis , aut ad quaftum , aut ad fuperftitionem, aut ad errorem.... Sed hoc quidem genus divinationis vita jam communis explofit. Fani pulcritudo & vetuftas, PRÆNESTINArum etiam nunc retinet* SORTIUM *nomen, atque id in vulgus. Quis enim Magiftratus , aut quis vir illuftrior utitur fortibus ? ceteris vero in locis plane refrixerunt.* De Divinatione, *Lib.* II. Cap. XLI.

(2) Voiez , par exemple , XÉNOPHON , Memorab. Socrat. *Lib.* I. Cap. II. §. 9. Ed. Oxon. ARISTOTE,

plus des Sorts, qu'à Préneste *; & là-même il n'y a point de Magistrat, ni de personne un peu distinguée, qui s'avise de les aller consulter.*

§. XXXIX. VOILA' les idées & le langage des Sages Paiens, au sujet du Sort. Si le Sort avoit passé dans leur esprit pour une chose sacrée, & pour un Oracle du Ciel, ils en auroient certainement conseillé l'usage dans toutes les occasions importantes, & ils auroient regardé sa décision comme un Arrêt irrévocable. Or, bien loin de là, ils blâment en mille endroits (2) ceux qui faisoient tirer au Sort pour les Charges, ou en d'autres affaires considérables : & là-même où la coûtume en a été le plus établie, (3) on revoquoit quelquefois la sentence du Sort, lors qu'il étoit tombé sur

des

TE, Rhetoric. *Lib.* II. *Cap.* XX. PLUTARQUE, adversus Colotem, *init.* pag. 1107. *in fin.* PHILOSTRATE, Lib. III. Cap. XXX. pag. 121. *Ed. Olear.* TACITE, Histor. *Lib.* IV. Cap. VII. &c.

(3) Chacun sait qu'à *Athines*, dans la distribution des Charges, on examinoit la capacité, la vie & les mœurs de ceux même qui avoient été choisis par le Sort ; ce qu'on appelloit Δοκιμασία. Voiez GATAKER, pag. 99, 164. PLATON, immédiatement après le passage déja cité, au sujet des *Prêtres*, veut aussi qu'on procéde envers eux à un semblable examen, après le Sort tiré. VALE'RE MAXIME, Lib. VI. Cap. III.

nn*n*.

des personnes incapables ou notoirement vicieuses.

§. XL. MR. *D. J.* ne sauroit prouver non plus que les *Juifs* pensassent comme lui, au sujet du Sort : mais je puis lui citer un passage de PHILON, qui suffiroit pour le désabuser, s'il étoit capable de se rendre à la force des raisons. Ce fameux Auteur Juif, qui, comme l'on sait, aimoit extrémement à chercher par tout du mystére, bien loin d'en trouver ici, commence son Traité *de la création des Magistrats Souverains*, par censurer fortement ceux qui avoient introduit dans une affaire si importante, l'usage du *Sort*, dont (1) *la décision*, dit-il, *n'est point une preuve de mérite, mais l'effet d'un heureux hazard pour ceux sur qui le sort tombe.* Il allégue divers exemples des inconvéniens qui en résultent ici & ailleurs, & de la circonspection avec laquelle on évite de l'emploier en matié-

---

num. 3. rapporte, que le Gouvernement de la Province d'*Espagne* étant échu par le Sort à un des *Scipions*, le Sénat cassa cette élection, par la raison que celui qui avoit été choisi *reste facere nesciret.*

(1) Εὐτυχίαν γδ', ἀλλ' ἀκ ἀρετὴν, κλῆρος ἐμφαίνει. De constitutione Principis, *pag. 723. C. Edit. Paris.*

(2) Οὐ τοίνυν προσήκει δισπότας καὶ ἡγεμόνας ὅλων πόλεων καὶ ἐθνῶν ἀποφαίνειν, τὺς κλήφῳ λαχόντας, ἀλλ᾽-

tiére de plusieurs choses moins considérables : d'où il conclut, qu'à plus
forte raison (2) ne doit-on pas s'en remettre, pour le choix de ceux qui auront à gouverner des Villes & des Nations, à *un événement* QUI DEPEND
DE LA FORTUNE, C'EST-A-DI-
RE, D'UNE CHOSE FORT IN-
CONSTANTE ET FORT INCER-
TAINE. Il ajoûte, que *c'est pour* (3)
cela que MOÏSE *ne parle jamais d'aucu-*
ne Charge conferée par le Sort. Voit-on
là la moindre trace de quelque sainteté
attachée au Sort ? ou de quelque Providence particuliére qui y préside ? Et
n'a-t-on pas tout lieu au contraire d'en
inferer, que ce que Mr. *D. J.* attribuë aux *Juifs* ne leur est jamais venu
dans l'esprit ? L'Historien JOSEPH,
en parlant du bonheur qu'il eût de res-
ter un des deux derniers, lors qu'il fut
contraint de tirer au Sort qui mour-
roit le prémier de la main d'un des
quas-

Θα την τυχῆς, ἀβεβαίε καὶ ἀδηρύτε πράγματῷ. I-
bid. D.

(3) Ταῦτα ἒν ὁ σοφιωτ.ῷ Μωϋσῆς τῇ ψυχῇ διατεθ-
μυῷ, κληρωτῆς μὺ ἀρχῆς ὁδι μιμνηται. ibid. pag. 723.
C. On ne voit non plus aucune trace de quelque idée
de sainteté, dans ce que PHILON dit en parlant du
Bouc Hazazel, Lib. III, *Legis allegor.* pag. 1096.

(1) Καὶ

quarante avec qui il étoit enfermé dans
une Caverne dit , (1) qu'il fut ainsi
sauvé *soit par un effet du hazard, ou par
la Providence Divine.* Un homme, qui
auroit expliqué le passage des PRO-
VERBES, XVI, 33. comme fait Mr.
D. J. se seroit-il exprimé de cette maniére?

§. XLI. JE CROIS avoir ruiné
de fond en comble tout le Systême de
Mr. *D. J.* & j'en laisse le jugement au
Lecteur. Il n'aura pas lieu de se plaindre, que j'aie tronqué ses pensées , ni
ômis aucune de ses raisons. Bien loin
de là , je suis persuadé que je les ai
rangées en meilleur ordre , & qu'on
verra mieux ici , que dans son Livre
même, ce à quoi se réduit tout ce que
l'on peut comprendre de ses idées &
de ses preuves. S'il y a quelque chose
que je n'aie point touché, on trouvera que ce ne sont que de misérables
déclamations, qui se détruisent d'elles-mêmes , & qui ne méritent pas
d'être rapportées. Je ne ferai plus que
quel-

_____

(1) Καταλείπεται δὲ ἕν Ͼ, εἴτε ὑπὸ τύχης καὶ
λόγου, εἴτε ὑπὸ θεοῦ προνοίας, οὐκ ἴσμεν &c. De
Bell. Jud. *Lib.* III. *Cap.* XXVI. pag. 853. F. *Edit.*
Lipsi.

quelques courtes remarques fur ce qui
me regarde en particulier.

Nôtre Prédicateur (a) fe récrie fort
contre moi, fur l'exemple des *deux La-*
quais & des deux Crocheteurs, que j'ai
allégué après Mr. LA PLACETTE;
& il voudroit là-deſſus me faire paſſer
pour un homme qui croit que Dieu
eſt ſpectateur oiſif des *petites choſes* ou
des *petits événemens*, comme indignès
de ſa direction & de ſes regards. Mais
ce que j'ai dit dans mon Livre (b),
des cas où je conçois qu'il peut y avoir
dans le Jeu une direction extraordinaire & miraculeuſe de la Providence, ne
ſuppoſe-t-il pas néceſſairement que les
moindres événemens qui dépendent du
Sort ſont ſous les yeux & ſous la direction de la Providence, quoi que
pour l'ordinaire elle n'y intervienne
pas autrement, que dans ceux qui
n'ont rien de caſuel? Ainſi l'accuſa-
tion eſt encore plus mal fondée, que
ce que Mr. *D. J.* impute (c) à Mr.
LA PLACETTE, d'avoir emploié
un petit artifice de Rhétorique, plus pro-
pre à éblouïr l'eſprit du Peuple, qu'à con-
vaincre la raiſon d'un Philoſophe?

§. XLII. IL (d) *paſſe à une nou-*
vel-

(a) *Lettres,*
Pag. 122.
123.

(b) *Traité*
du Feu, Liv.
I. Chap. II.
§. 4.

(c) *Lettres,*
Pag. 54.

(d) *Lettres,*
Pag. 123.

I

velle inexaſtitude, pour ne rien di-
re de plus. Cette inexactitude épou-
vantable confiſte en ce que j'ai dit,
que D I E U *peut préſider & qu'il préſi-*
de quelquefois effeſtivement ſur le Sort;
mais rarement & en des occaſions graves
& importantes &c. Là-deſſus il s'écrie:
Voilà une belle Théologie ! Cependant
nôtre grand Théologien ne fait ici que
brouiller tout , & il n'entend pas ou
ne veut pas entendre les autres , comme apparemment il ne s'entend pas lui-
même. Je parle d'une *direſtion particu-*
liére & extraordinaire ; & il me cenſure
rudement comme ſi je niois la *direſtion*
générale & ordinaire de la Providence. Il
allégue & ici , & ailleurs , l'exemple
de *Matthias* , comme s'il n'y avoit là
rien que de commun : & il faut avouer
qu'on ne peut pas lui conteſter ici la
gloire de la ſingularité ; car je ne crois
pas qu'une penſée ſi abſurde ſoit encore venuë dans l'eſprit d'aucun Interprête, ni d'aucun Théologien. La nature même de la choſe, & toutes les
circonſtances de la narration de S T.
L U C , tendent manifeſtement à faire
voir que le choix de *Matthias* étoit un
effet d'une direction extraordinaire de
la

la Providence, & que ceux qui jettoient le Sort le faiſoient dans cette
vuë, par un ordre, ſinon exprès, du
moins tacite, de Dieu. Il s'agiſſoit
de choiſir un Apôtre, qui devoit annoncer l'Evangile & ſervir à l'établir
dans le monde. Les onze Apôtres, qui
ſe déterminérent à faire tirer au Sort,
étoient ſans doute animez de l'Eſprit
de Dieu, qui leur ſuggéra cet expédient comme un moien extraordinaire
en cette occaſion de connoître ſûre-
ment la volonté de leur Maître. La
priére qu'ils adreſſent à Dieu fait
voir manifeſtement qu'ils attendoient
un Oracle. Convaincus qu'ils ne pouvoient juger des qualitez perſonnelles
de *Matthias* & de *Barſabas*, que par
des marques extérieures, ſujettes à ê-
tre fort équivoques ; ſachant d'ailleurs
que, pour une vocation comme celle-
là, toute extraordinaire, il falloit un
choix divin : ils crurent avec raiſon,
que Dieu ne manqueroit pas de dé-
ploier ſa Toutepuiſſance pour faire
tomber infailliblement le Sort ſur celui des deux Diſciples qu'il jugeroit le
plus propre à ce grand Ouvrage. C'eſt
pourquoi, dans leur Priére, ils quali-

ſient

fient DIEU, celui *qui connoît les Cœurs :* ils le fupplient de *montrer quel des deux il a choifi.* Peut-on marquer plus clairement ce qui diftingue le *Sort extraordinaire* d'avec le *Sort ordinaire ?* S'il n'y avoit ici *rien d'extraordinaire que le fujet,* comme le prétend Mr. (a) *D. F.* fi la direction ordinaire de la Providence fuffifoit en de pareils cas ; le plus fûr moien d'élire les Magiftrats & les Eccléfiaftiques, ou plûtôt l'unique que l'on devroit emploier dans cette fuppofition, ce feroit de faire tirer au Sort. C'eft dommage qu'on ne profite de cette belle conféquence du Syftême de Mr. *D. F.* pour faire un tel établiffement dans l'Etat & dans l'Eglife: on éviteroit par là une infinité de brigues, & on feroit affûré que ceux fur qui le Sort tomberoit, tiendroient immédiatement de *Dieu* leur autorité. Les Miniftres alors pourroient fe dire au pié de la lettre les *Ambaffadeurs de Dieu.*

(a) *Pag.* 38.

§. XLIII. J'AVOIS dit, que *ceux qui condamnent abfolument les Jeux de Hazard,* le font *fur un fondement* (b) *très-foible,* & *du moins fort douteux.* De là nôtre Prédicateur infére, (c) que *je nage dans le doute.* Eft-il poffible qu'un

(b) C'eft ce qu'emporte mon expreffion, auffi foible, auffi douteux, que &c.
(c) *Lettres,* pag. 115.

qu'un homme , qui se fait imprimer,
connoisse si peu la force des termes,
& les régles du langage les plus communes? Y a-t-il tout au plus dans mes
expressions , autre chose qu'un *dato non
concesso ?* Et peut-on soupçonner là-
dessus avec la moindre apparence, que
je ne suis pas clairement convaincu de
la fausseté des idées de ceux qui regardent les Jeux de Hazard , considérez
en eux-mêmes , comme une profanation ? N'est-il pas clair que j'ai voulu
dire , que tout ce qu'on peut accorder
aux partisans de cette opinion , c'est
qu'ils avancent quelques raisons , qui
peuvent éblouïr d'abord certaines personnes , mais qui ne suffisent pas,
quand elles auroient quelque légere
vraisemblance , pour donner lieu de
condamner sans restriction les Jeux de
Hazard sur ce fondement ? Mr. *D. J.*
se flatte de n'*avoir pas laissé ce fondement fort douteux , en l'expliquant comme il l'a fait.* Mais je n'en suis pas
moins assûré , que je l'étois auparavant , de la fausseté de son opinion:
& je croi que ceux qui pourroient a-
voir eu quelque doute là-dessus, en seront délivrez entiérement , quand ils

ver-

verront le peu de folidité de tout ce
qu'a dit Mr. *D. J.* pour les convaincre , & le malheureux fuccès de fes
grands efforts. Ainfi je n'ai nul befoin
de m'engager ici à traiter la queftion,
comment & jufqu'où le Doute oblige
à s'abftenir d'une chofe.

§. XLIV.   MR *D. J.* a tâché ci-
deffus de me faire regarder comme un
mauvais Théologien & un Moralifte
relâché: il va maintenant prouver que
je fuis mauvais Marchand , & que je
(a)*Pag.*131. ne connois (a) *pas les ufages du Négoce.*
Comme il n'ignore rien, il me trouve
ici en faute fur ce que j'ai dit des *Con-*
tracts d'Affûrance , comparez avec les
Jeux de Hazard. J'ai remarqué , en
parlant de la convention par laquelle
les Joueurs remettent le gain ou la perte à la décifion du Hazard , que, s'il
y avoit là quelque chofe d'abfurde ,
les *Contracts d'Afsûrance feroient plus*
déraifonnables, parce qu'*aucune des Par-*
ties ne fauroit-là contribuer en rien à fai-
re que le Vaiffeau arrive à bon port , ou
non: au lieu que les Joueurs font *origi-*
nairement les Auteurs de l'événement ,
quoi qu'ils ne le produifent que par une
détermination aveugle & fans aucun choix.

Nô-

Nôtre Prédicateur, habile Négotiant, me veut apprendre là-deſſus, (a) qu'un (a)Pag.126. ſage Aſſûreur examine bien avant toutes choſes ſi le Vaiſſeau , dont il doit aſſûrer la charge , eſt conduit par un bon, ou un mauvais Pilote ; & (b) (b)Pag.131. qu'il demande une plus groſſe ſomme pour un long voiage , par exemple, lors que le Vaiſſeau vient de *Batavia*, que pour un petit voiage, comme celui de *Londres* à *Amſterdam*. Il faut aſſûrément avoir long-tems fréquenté la *Bourſe* d'A M S T E R D A M , pour ſavoir de ſi grands & ſi rares ſecrets du Négoce. Mais après tout, que fait cela ici ? En eſt-il moins vrai que l'Aſſûreur ne met pas lui-même la main à la direction du Vaiſſeau ? D'ailleurs, outre qu'il peut ſe tromper dans l'opinion qu'il a du Pilote , eſt-il plus en état d'empêcher ni de prévoir même les tempêtes , les pirateries , & autres ſemblables accidens , qu'un Joueur, qui ne pipe pas le Dé , ne peut compter d'amener tous les *ſix* ou tous les *as ?* Il eſt même eſſentiel au contract que la choſe ſoit ainſi : car ſi un Aſſûreur ſavoit avec quelque certitude que pendant tout le tems du voiage il ne

ſouf-

fouflera point de Vents fâcheux , &
qu'il ne fe trouvera point de Corfaire
dans la route ; le gain qu'il feroit alors
feroit certainement accompagné d'injuftice.

§. XLV. MAIS , dit (a) Mr. D.
J. on peut fuppofer une maniére de
jouer aux Dez ou aux Cartes , dans
laquelle il n'entrera aucun mouvement
produit par les Joueurs mêmes. Ce
n'eft pas ainfi qu'on jouë ordinairement : mais quand on le feroit , il faudroit toûjours un *choix* de la part des
Joueurs ; & ce feroit alors à ce *choix*,
quoi qu'*aveugle* , que la convention des
Joueurs auroit attaché le Sort : de même que , dans le Jeu de *Croix ou pile* ,
celui qui jette la piéce donne à deviner à l'autre. Quand j'ai parlé du mouvement des Dez & des Cartes , je ne
l'ai pas confidéré précifément & uniquement comme un mouvement des
bras ou des mains , mais comme l'effet
d'une détermination , quoi qu'aveugle,
de nôtre Volonté ou de quelcune de
nos Facultez.   Que cette Faculté foit
Corporelle ou Spirituelle , il n'importe , la détermination du Sort provient
toûjours d'elle , à parler *phyfiquement :*
com-

(a) *Pag.* 7.

comme l'effet attaché à cette détermination provient de la libre *volonté*
des Contractans. Lors même que le
Sort confiste à déviner, le mouvement
de la Langue y entre si bien, pour
quelque chose, que si quelcun par dis-
traction, au lieu de dire, par exemple, *six*, comme il le pensoit, dit
quatre, il ne peut plus en revenir, à
moins qu'il ne se reprenne incessam-
ment, & avant qu'on aît regardé le
point des Dez qui sont sous le cha-
peau, ou le nombre de piéces que
quelcun a dans la main. Mais qu'il y
aît du mouvement dans les Jeux de
Hazard, ou qu'il n'y en aît point, cela ne fait rien contre moi. Ce n'est pas
sur le mouvement, produit par les
Joueurs même, que j'ai fondé l'innocence de ces sortes de Jeux, considérez en eux-mêmes. La reflexion que
j'ai faite, sur ce que les Joueurs procurent l'événement, quoi que sans le
savoir & sans le diriger avec connoissance, tendoit uniquement à montrer,
qu'il n'étoit point nécessaire de supposer une Providence extraordinaire qui
distribuât les bons ou les mauvais coups,
puis qu'il y avoit une cause toute trou-
I 5 vée,

vée, ſavoir le mouvement des Dez &
des Cartes. Et comme tous les Jeux
communs de Hazard ſont accompa-
gnez d'un tel mouvement, la compa-
raiſon que j'en fais à cet égard avec les
Contracts d'Aſſûrance, étoit très-raiſon-
nable, & demeure en ſon entier, malgré les vaines attaques de nôtre Prédicateur. Du reſte, & dans le Jeu, &
dans toute autre maniére de Sort, on
peut auſſi bien attacher quelque effet
de droit à une choſe ſans mouvement,
ou à quelque mouvement auquel on
n'a ſoi-même aucune part, qu'à certains mouvemens qui proviennent de
nous-mêmes; ſans qu'on aît pour cela
plus de raiſon d'y ſuppoſer une Providence immédiate & particuliére. Il y
aura toûjours-là quelque Cauſe Phyſi-
que ou Morale, & un conſentement
des Parties, ſur quoi eſt fondée toute
la vertu de la déciſion.

§. XLVI. ENFIN, ſur ce que
j'ai dit, qu'*il n'y a guéres de Jeux d'A-
dreſſe, où il n'entre quelque ſorte de Hazard;* Mr. *D. J.* grand Logicien, &
toûjours à l'affût pour ne laiſſer paſſer
aucun faux raiſonnement, *arrête la*
(a) Pag. 132. *conſéquence.* (a) *Il falloit dire,* à ce qu'il
pré-

prétend, *il n'y a point de Jeux d'A-
dreſſe où il n'entre* toûjours autant *de
hazard que dans les autres.* C'eſt-à-dire,
en un mot, il falloit dire qu'il n'y a point
de Jeux d'Adreſſe. Peut-on voir une
critique plus inſenſée ? Si les Jeux des
Dez & des Cartes ſont criminels, à
cauſe du Hazard d'où ils dépendent,
par tout où ce Hazard ſe trouvera, &
pour peu qu'il y en aît, ne devra-t-on
pas dire auſſi qu'il y a du crime ? Mr.
D. J. condamne abſolument les Jeux
mêlez de Hazard & d'Adreſſe, (a) par (a) *Pag. 22*.
la raiſon que *le mélange d'une choſe indifférente avec une choſe criminelle ne
guérit de rien.* Puis donc que, de ſon
propre aveu, ce que j'ai dit du hazard,
qui entre ſouvent dans les Jeux d'A-
dreſſe, eſt *exactement vrai ;* ne s'enſuit-il pas de là manifeſtement, que,
ſelon ſes principes, on devroit condamner preſque tous les Jeux d'Adreſſe ; qui eſt tout ce que j'ai voulu prouver ? Cela me ſuffit auſſi pour montrer
l'abſurdité de l'opinion de nôtre Prédicateur, qui fait grace à tous les Jeux
d'Adreſſe ſans exception.

§. XLVII. En voila plus qu'il
ne faut ſur les *inexactitudes* que Mr. *D.*

I 6   *J.*

J. croit avoir trouvées dans les trente prémiéres pages de mon *Traité du Jeu.* Il a voulu entamer le III. Chap. du I. Livre : mais tout s'est réduit à deux *observations*, qu'il a raison d'appeller *nouvelles* ; car j'ai de la peine à croire qu'elles eussent pû venir dans l'esprit de tout autre que de lui, tant elles sont pitoiables. Je les laisse donc-là, avec leur Auteur ; & las d'examiner tant de pauvretez, je l'abandonne à Mr. La Placette, qui, à ce que j'apprens, vient de lui répondre. Je finirai donc ici par une déclaration dont je prie le Lecteur de se souvenir ; & par une conclusion générale sur la matiére de ce Discours.

Je me pique d'exactitude ; tout homme qui travaille pour le Public, doit s'en piquer, & je m'en piquerai toûjours de plus en plus, quoi qu'en dise Mr. D. J. qui m'en fait une matiére de reproche. Je ne suis pourtant ni assez vain pour me croire incapable de tomber dans des inexactitudes, ni si peu docile, que de ne pas avoir le courage de les reconnoître ingénument & de les redresser au plûtôt, soit que je les apperçoive moi-même, ou que d'au-

d'autres me les faſſent remarquer. J'en
pourrois indiquer des preuves parlan-
tes. Mais je crois pouvoir me flatter
ſans préſomtion, que, s'il n'y avoit
dans mes Ouvrages d'autres inexactitudes, que celles que Mr. *D. J.* y a
trouvées, ou qu'il eſt capable d'y trouver, j'aurois lieu de me tenir à l'abri
de toute juſte critique. J'avouerai encore, que ſi je n'avois regardé qu'à
moi-même, j'aurois pû ne pas répondre un ſeul mot, ſans avoir à craindre
que les Lettres de Mr. *D. J.* fiſſent
aucun tort ni à moi, ni à mon Livre.
Mais j'ai penſé, qu'au hazard de ſe
donner un peu de peine, il eſt quelquefois bon, pour l'exemple, de rembarrer vigoureuſement ceux qui cherchent de toutes parts avec qui rompre
une lance. Cependant Mr. *D. J.* me
permettra, s'il lui plât, de ne pas
lui tenir tête juſqu'au bout; j'ai de
meilleures choſes à faire. Il doit être
aſſez content que je n'aie pas gardé à
ſon égard un parfait ſilence, qu'il auroit pû prendre pour une marque de
grand mépris. Mais s'il lui prend envie
de revenir à la charge, & qu'il trouve
des preſſes pour publier ſes Livres qué-

rel-

relleux ; il peut compter pour fûr', qu'il n'ira pas avec moi jusqu'à la Duplique , & que déformais je lui laisserai volontiers le plaisir qu'il a quand il est en Chaire , de parler tout seul & sans que personne le contredise.

§. XLVIII. Voila` ma déclaration: voici maintenant ma conclusion générale. J'emprunterai encore ici les termes de GATAKER, pour faire voir à Mr. *D. J.* que je sai rendre justice aux Prédicateurs éclairez & judicieux , & aux Théologiens raisonnables. " Dans les *Jeux* de Hazard, il

(a) *Chap.*
VH. §. 2.
pag. 143.

" faut , dit-il, (a) soigneusement dis-
" tinguer *l'action de la Créature* , &
" *l'action du Créateur.* Autre chose est
" l'événement casuel par rapport à la
" Créature ; & autre chose, la Pro-
" vidence de Dieu qui le dirige, com-
" me toutes les autres actions. On
" peut donc faire servir l'une à se di-
" vertir , sans que l'autre entre pour
" rien dans nos Divertissemens : de
" même qu'on le fait en matiére des
" choses non-casuelles , & qui, quoi
" que conduites par l'adresse & l'in-
" dustrie des Hommes , ne sont pas
" moins accompagnées d'une direc-
" tion

„ tion de la Providence. Ce n'eſt
„ pas ce qu'il y a de caſuel dans un E-
„ vénement, qui le rend l'objet d'une
„ Providence immédiate : car il y a
„ bien des choſes caſuelles, qui ne ſont
„ pas pour cela des effets d'une Pro-
„ vidence immédiate, & qui n'em-
„ portent nullement une préſence par-
„ ticuliére de DIEU ; comme, par
„ exemple, lors qu'un Oiſeau vole tout
„ d'un coup devant quelcun, ou qu'un
„ Dogue, qui paſſe, vient à arrêter
„ la boule d'un Joueur &c. Si donc le
„ Sort, à cauſe du hazard qui y do-
„ mine, ſuppoſoit une Providence im-
„ médiate & une préſence particulié-
„ re de DIEU ; il faudroit dire la
„ même choſe, par la même raiſon,
„ de tous les Evénemens caſuels. Car
„ ce qui convient à une choſe, com-
„ me telle, convient auſſi néceſſaire-
„ ment à toutes les autres choſes de
„ même genre.

FIN *du Diſcours ſur la nature du* SORT.

DES

DES DROITS
DE LA
PUISSANCE SOUVERAINE;
& du vrai fens de la
LOI ROIALE
DU PEUPLE ROMAIN.

Différence
qu'il y a
entre un
Prince, &
un *Tyran*.

* Ce Difcours fut prononcé le 9. de *Fevrier* 1699. jour auquel Mr. NOODT devoit haranguer, felon la coûtume, en quittant le Rectorat de l'Univerfité de *Leide*.

JE me fuis fouvent étonné, * MESSIEURS, de voir que de Grands Hommes, qui ont pris à tâche de traiter du Pouvoir des Souverains, attribuent les mêmes droits au Prince & au Tyran: deux caractéres néanmoins fi oppofez, qu'on ne fauroit concevoir rien de plus incompatible. (1) En effet,

(1) PLATON fait en mille endroits des defcriptions vives & naturelles du *Tyran*, fur tout aux Liv. VIII. & IX. de fa *République*. L'on peut voir encore DION CHRYSOSTOME, dans fes Harangues I. & III. *du Roiaume*, & VI. *de la Tyrannie*: comme auffi le Dialogue de BUCHANAN fur le *droit des Rois en Ecoffe*, pag. 28. *& feqq.* & le fameux Livre intitulé, VINDICIÆ CONTRA TYRANNOS, Quæft. III. pag. 134. *& feqq.* Edit. Francof. 1622.
(2) C'eft ce que les Loix enfeignent à chacun, comme

fet, l'un commande aux Citoiens avec leur confentement : l'autre , malgré eux. L'un a uniquement en vûe le Bien Public : l'autre ne cherche que fon avantage particulier. L'un maintient les Loix : l'autre les foule aux pieds. L'un regarde la Vie, la Liberté, & les Biens de chaque Particulier, comme autant de chofes facrées , auxquelles il n'oferoit toucher , & dont il (2) éloigne fes mains , fes yeux , & fes défirs même : l'autre s'imagine que tout cela eft à lui , & qu'il peut en difpofer abfolument à fa fantaifie. L'un enfin , femblable à DIEU, & fe faifant un plaifir, à fon exemple, de procurer l'avantage du Genre Humain , eft aimé , refpecté, adoré, pour ainfi dire, & de fes Sujets & des Étrangers; tous (3) courent à lui, comme à l'Auteur de leur confervation & de leur féli-

me le difoit CICERON, dont Mr. NOODT emploie ici les propres termes. *Decemur. . . . . auctoritate nutuque Legum, demitas habere libidines, coërcere omnes cupiditates, AB ALIENIS MENTES, OCULOS, MANUS ABSTINERE.* De Orat. Lib. I. Cap. XLIII.

(3) L'Auteur imite un beau paffage de SENEQUE, que l'on ne fera pas fâché de voir ici. *Illius demum magnitudo ftabilis fundataque eft , quem omnes tam fupra fe effe , quam pro fe fciunt ; cujus curam excubare pro falute fingulorum atque univerforum quotidie experiuntur ; quo pro-*

félicité, prêts à se sacrifier courageu-
sement pour ce Chef dont ils sentent
que l'esprit les anime, les unit, les
gouverne, les fait fleurir & prospérer:
l'autre, vraie peste publique, ne faisant du bien à personne, faisant du mal
à tout le monde, & par là se rendant
l'objet de l'horreur & de l'exécration
de chacun, porte après soi de tous côtez la terreur, l'épouvante, l'effroi, la
désolation; toutes les fois qu'il se montre, on croit voit sortir en fureur de
sa taniére une Bête féroce d'une grandeur prodigieuse, & qui ne respire que
rapine & que carnage. La Raison veut
donc, que l'on ne confonde point le
Prince avec le Tyran; & que l'on
n'étende pas non plus le Pouvoir du
Prince aussi loin que son caprice, mais
qu'on le resserre dans les bornes de la
Justice & des Loix. Cependant je ne
sai par quelle fatalité on entend soûtenir communément dans le monde, qu'à
moins que d'anéantir la force & l'usage
de

cedente, non tanquam malum aliquod aut noxium animal è
cubili profilierit, diffugiunt, sed tanquam ad clarum ac be-
neficum sidus certatim advolant, objicere se pro illo mucro-
nibus insidiantium paratissimi, & substernere corpora sua, si
per stragem illi humanam iter ad salutem struendum sit.....
Ille est enim vinculum, per quod Respublica cohæret: ille spi-
ritus vitalis, quem hæc tot millia trahunt: nihil ipsa per se
fu-

de la Souveraineté, il faut reconnoître
que le Prince eſt au deſſus des Loix:
en ſorte que, quoi qu'il ne penſe qu'à
ſon intérêt particulier, & nullement à
l'utilité de ſes Sujets, ceux-ci n'aient
d'autre reſſource que la (1) gloire d'o-
béïr & de ſouffrir patiemment; & que
le Prince ne ſoit reſponſable de ſa conduite qu'à Dieu ſeul, de qui, comme
on le ſuppoſe, l'Autorité Souveraine
vient originairement. Il y a très-peu
de gens qui prennent ici le parti du
Peuple: la plûpart défendent la cauſe
du Tyran ſous le nom du Prince; &
ils tâchent de ſe perſuader & de perſuader aux autres, que, s'il ſe trouve
une telle oppoſition entre les intérêts
du Prince & ceux du Peuple, qu'il
faille que l'un des deux ſoit affoibli ou
périſſe même, il eſt & plus juſte &
plus avantageux d'accorder au Prince
un plein pouvoir d'opprimer ſes Sujets
par des injuſtices & des cruautez énor-
mes, que de laiſſer aux Sujets la liberté

fiuiura niſi onus & præda, ſi mens illa Imperii ſubtrahatur.
De Clement. Lib. I. Cap. III. IV.
(1) Q'eſt ce qu'un Chevalier Romain diſoit autrefois, en parlant à l'Empereur Tibère : TIBI ſummum
rerùm judicium Dii dedire: nobis obſequii gloria reliſta eſt.
TACIT. Annal. Lib. VI. Cap. VIII. num. 5.

(1) H

té de réprimer la fureur du Prince qui veut les perdre : comme fi ceux qui font réduits par leur condition à la néceffité d'obéïr, n'étoient pas de même nature que ceux qui commandent, & qu'on ne dût regarder fur le pié d'Hommes, que ceux à qui le confentement des Hommes a mis en main l'Autorité fur leurs femblables. Pour moi, quand je cherche les raifons d'un fentiment fi outré, fi dur & fi inhumain, je n'en trouve aucune qui foit conforme à la Loi de la Nature. Qui que (vous foyiez qui êtes dans cette penfée, foit Princes, foit Courtifans, permettez-moi de le dire, vous gâtez malheureufement (1) une chofe très-bonne & très-fainte d'elle-même : vous tournez à la ruine des Hommes, par vôtre ambition démefurée ou par vos lâches flatteries, le Gouvernement Civil, qui a été établi afin que chacun pût joüir, dans une profonde tranquillité, des commoditez & des douceurs de la Vie : vous rejettez des maximes juf-

(1) Il y a ici une allufion à ce qu'un ancien Auteur Latin a dit des Déclamateurs, par rapport à l'Eloquence : *Pace veftra liceat dixiffe, primi omnium Eloquentiam perdidiftis*. PETRON. Satyric. Cap. II.

(2) C'eft la réflexion judicieufe de TACITE : *Nec num-*

juftes, fûres, & utiles, pour fuivre des maximes injuftes, incertaines, & pernicieufes ; une Puiffance (2) fans bornes ne pouvant jamais être affûrée & durable.

Certainement il eft de l'intérêt de tout le monde, des Princes auffi bien que des Particuliers, qu'une erreur fi générale foit entiérement détruite ; & qu'en faveur des droits naturels de la Vérité, on laiffe enfin parler ouvertement & fans détour fur les droits du Souverain. Or à qui convient-il mieux de fe charger de cet emploi, qu'à un Jurifconfulte, à un Homme qui fait de l'étude des Loix l'objet de toutes fes veilles ? Quand eft-ce qu'il en trouveroit une occafion plus favorable, qu'aujourdhui qu'il doit, felon la coûtume, fe démettre folennellement du Rectorat de l'Académie, en préfence d'une fi belle Affemble ? Et quel lieu plus propre pourroit-il choifir, que cette fameufe Ecole du Bon-Sens & du Savoir, pour traiter un fujet qui renferme

Deffein de ce Difcours.

umquam fatis fida potentia, ubi nimia eft. Hift. Lib. II. Cap. XCII. num. 3.

    Quidquid exceffit modum,
    Pendet inftabili loco.
SENEC. Oedip. v. 909, 910.

(1) Volea

mé toute la majefté des Chofes (1) Divines & Humaines, Publiques & Particuliéres, & pour défendre avec foin, felon les Regles de l'Art, mais d'un Art très-honnête & très-légitime, la Liberté commune du Genre Humain? en déclarant néanmoins, qu'un bon Citoien doit rendre à fon Souverain tout le refpect qu'on peut avoir pour un Homme ; & qu'un Pouvoir établi pour la Sûreté publique ne fauroit jamais être trop indépendant & trop étendu ; pourvû qu'on l'exerce non felon les fuggeftions de la Cruauté ou de l'Orgueil, mais conformément aux Régles de la Raifon, & à l'Utilité commune des Citoiens.

PRE'MIE'RE PARTIE de ce Difcours, qui contient *les Raifons & les Objections générales* qu'on allégue fur cette matiére. 1. Une *Licence fans bornes* n'eft pas une fuite néceffaire de la *Grandeur.*

EN EFFET, MESSIEURS, on fe trompe, fi l'on croit, que la Diffolution, l'Avarice, la Violence, la Cruau-

(1) Volez le Fragment de la *Loi Roiale*, qui fera cité plus bas, dans la Seconde Partie de ce Difcours, & que l'on trouve tout entier dans la Harangue de GRONOVIUS, jointe à cette Edition.

(2) *Hécube*, dans la Tragédie d'EURIPIDE qui porte fon nom, (verf. 798. & *feqq.*) fait cette réflexion :

'Ημεῖς μὲν ἂν δὲλοι τι κꜳϑενεῖς ἴσως,
'Αλλ' εἰ Θεοὶ οϑινσι, χ' οἱ κείνων κρꜳτῶν
Νόμꜵ. Νόμῳ γὸ τꜱς Θεὸς ἡγύμεϑα.

,, Nous fommes Efclaves, & foibles: mais il y a des ,, Dieux puiffans, & une Loi (du Jufte & de l'Injuf- ,, te]

Cruauté, la Perfidie, & tous les autres déréglemens qui font le malheureux fruit d'une funefte Licence, foient
des caractéres & des priviléges de la
Grandeur. Ce font des marques de fureur, & non pas de puiffance : Et pour
vous en convaincre par l'exemple d'u-
ne Grandeur vraie & fans mélange
de baffeffe, y a-t-il quelque Majefté
plus relevée & plus augufte, que celle
de DIEU, que nous adorons comme
le Seigneur & le Maître, non d'un
Peuple particulier, mais de tout l'U-
nivers ? cet Etre Souverain n'exerce
pas néanmoins un Pouvoir qui aille jufqu'à fe permettre toute forte d'excès :
il fe conduit au contraire par certaines
Loix (2) qu'il s'eft lui-même impofées,
& il n'en eft pas moins puiffant, ni moins
abfolu, (3) pour ne pouvoir pas s'éloigner

„ te] à laquelle les Dieux même font foûmis. Car
„ nous jugeons de leur conduite par cette Loi. '' PLU-
TARQUE dit, que le Prince doit obéïr à cette Loi,
que *Pindare* appelle *le Roi des Mortels & des Immortels.*
Voiez le paffage, que j'ai cité tout du long & traduit,
dans mes Notes fur PUFENDORF, Liv. VII. Chap.
VI. §. 3. *Not.* I.

(3) *Neceffe eft enim et eadem placere, qui nifi optima placere non poffunt. nec ob hac minus liber & potens eft : ipfe e-
nim eft neceffitas fua.* SENEC. Præf. *Quæft. Nat.* pag.
626. Mr. NOODT femble avoir eu devant les yeux ce
paffage. Ajoûtons ce mot de SENEQUE : *Tantum e-
nim,*

gner le moins du monde de ce qui est
le meilleur. D'où vient donc que l'on
se fait une autre idée du Prince? Pourquoi ne veut-on pas, que celui qui représente Dieu ici-bas, se tienne, à
son exemple, dans les bornes exactes
de la Raison, & qu'il ne soit indépendant & autorisé à faire tout ce qu'il
veut, qu'autant, qu'il croit avoir les
mains liées en tout ce qui est contre
son Devoir, & qu'il se soumet lui-même à la nécessité de suivre cette maxime? (1) Il est juste sans contredit,
que le Prince qui se voit au dessus des
autres par son rang, ne céde à personne
ne en Grandeur d'Ame: & il n'y a
rien de plus absurde, ni de plus honteux pour un homme de ce caractere-
re, que de regarder (2) comme le partage des Particuliers, la Piété, la Fidélité, la Justice, & les autres Vertus nécessaires pour l'entretien de la
Société Humaine; pendant que lui
s'i-

nim, quantum vult, potest, qui se, nisi quod debet, non putat posse. Epist. XC. pag. 402.
(1) Minimum decet libere, cui multum licet.
Senec. Troad. vers. 336.
Cela est d'autant plus vrai, à l'égard des Grands,
que plus ils ont de pouvoir, & plus il est à craindre
qu'ils n'en abusent, comme le dit très bien une ancienne Sentence:

(u)

s'imagine être en droit de faire, non
tout ce que demande le Bien Public,
mais tout ce qui lui vient en fantaisie,
sans autre raison que la Force & les
Armes; qui néanmoins lui ont été mises en main pour protéger & faire fleurir les Loix, & non pas pour lui fournir les moiens de se plonger impunément dans le Crime.

Il ne faut pas non plus écouter ici
ceux qui prétendant que *l'Autorité
Souveraine est originairement & uniquement établie de* DIEU *même*, concluent
de là, que, quand les Sujets souffrent
par les effets de la cruauté ou de la
perfidie de leur Prince, celui-ci est à
la vérité responsable de sa conduite devant la Majesté Divine, qui se trouve
alors offensée; mais qu'il n'appartient
pas aux foibles Mortels de s'ériger en
Juges des actions du Souverain, quoi
qu'il puisse faire. Car, quand même on
accorderoit, que le Prince tient de
DIEU

2. Quand
même Dieu
seroit l'Au-
teur de la
Souveraine-
té, (ce qui
n'est pas)
les Princes
n'auroient
pas pour
cela une
Puissance
sans bor-
nes.

Cui plus licet, quam par est, plus vult, quam licet.
Publ. Syr. *vers.* 142. Ed. Lug. B. 1708.
(1) C'est le langage qu'un ancien Poëte Tragique
met dans la bouche d'*Atrée :*
—— *Sanctitas, Pietas, Fides,*
Privata bona sunt : quà juvat, Reges eant.
SENEC. Thyest. v. 216, 217.

X   (1) Voïez

Dieu seul la Puissance Souveraine ; y a-t-il quelcun d'assez impie pour s'imaginer, que cet Etre Suprême, qui n'est pas moins infini en Bonté, qu'en Grandeur, ait revêtu le Prince d'un tel Pouvoir pour la ruine des Hommes, & pour le mettre en état de s'abandonner impunément à toute sorte de Crimes ? Oseroit-on nier, que quand le Prince abuse insolemment du caractére dont Dieu l'a honoré, il ne se rende coupable & envers Dieu, dont il a passé les ordres, & envers ses Sujets, à qui il a fait du tort ? Mais la vérité est, que la *Souveraineté* tire proprement (1) & immédiatement son origine des Hommes. Que si quelquefois on se sert d'expressions qui semblent l'attribuer à Dieu, c'est dans le même sens que les Loix & les autres établissemens faits ou abolis par les Hommes conformément aux maximes de la Raison, sont regardez comme faits ou abolis par la volonté de Dieu ? En effet, a-t-on jamais ouï dire, qu'aucun Roi ou Prince, en un mot aucun Magistrat Souve-

(1) Voïez *le Droit de la Nature & des Gens*, de Pufendorf, Liv. VII. Chap. III.
(2) Voïez la Bibliotheque Choisie de Mr. Le

verain, quelque titre qu'on lui donne, aît été envoié du Ciel, & non pas élû par la volonté & le consentement des Hommes? N'est-il pas de la derniére évidence, que c'est uniquement la Raison Naturelle, cette lumiére sûre & véritablement divine, qui a la prémiére uni les Hommes entr'eux, & qui leur a inspiré de former des Loix & des Gouvernemens Civils comme des choses sans quoi la Société ne sauroit se maintenir? Et ne suffit-il pas de pouvoir dire que DIEU établit ou change les Gouvernemens Civils, quoi que formez ou abolis immédiatement par les Hommes, à cause que les Hommes le font pour l'entretien de la Société, suivant les conseils de la Raison, & par conséquent avec l'approbation de DIEU même?

Mais, pour développer ceci plus distinctement & plus en détail, il faut reprendre les choses dès la prémiére origine. (2) Il est certain, que les noms de *Souverain* & de *Sujet*, de *Maître* & d'*Esclave*, sont inconnus à la Nature:

3. Tous les Hommes sont naturellement égaux.

Le Clerc, Tom. VIII. pag. 162, & suiv. & Tom. X. pag. 211, & suiv.

K 2   (1) Voici

ture, elle nous a fait fimplement Hommes, (1) tous égaux, tous également libres & indépendans les uns des autres. Car d'où vient qu'elle a armé chacun des forces néceffaires pour fe défendre? D'où vient qu'elle infpire à chacun, en venant au monde, un Amour propre fi tendre & fi invincible, qu'on ne fauroit jamais aimer rien plus que foi-même? D'où vient qu'elle donne à chacun un vif fentiment de ce qui lui eft Utile ou Nuifible, & qu'elle le porte irréfiftiblement à rechercher le prémier, & à fuïr l'autre? Pourquoi tout cela, fi ce n'eft parce qu'elle a voulu, que ceux en qui elle a mis les mêmes Facultez, foient revêtus des mêmes droits par rapport à toutes les chofes qu'elle leur offre en commun pour leur propre confervation? de même que les autres Animaux font cenfez naître libres, parce qu'ils font tous naturellement portez à chercher leur propre bien, & en état de fe le procurer par leurs propres forces.

*Cependant, quoi que la Nature ait conféré à l'Homme le droit de rechercher

* Cette Liberté Naturelle n'autorife pourtant pas la Licence.

(1) Voïez Pufendorf, Droit de la Nature & des Gens, Liv. III. Chap. II.

cher ce qui lui est avantageux, elle ne l'a pas pour cela autorisé à mal faire. Au contraire, pour l'empêcher d'abuser de ce droit, elle l'a formé d'une façon particuliére, qui le met fort au dessus du reste des Animaux. Car, au lieu que ceux-ci n'ont en partage que les forces du Corps, elle lui a donné de plus la Raison, à la faveur de laquelle il peut non seulement penser au Présent, mais porter même ses vûes sur l'Avenir, les comparer l'un avec l'autre; préférer un moindre Bien à un plus grand, & un Bien de longue durée à un Bien passager; discerner enfin ce qui est véritablement Utile, d'avec ce qui ne l'est qu'en apparence.

Les Hommes étant ornez de si belles Facultez & du Corps & de l'Ame, il étoit naturel qu'ils cherchassent à se joindre les uns avec les autres, soit pour l'union des deux Sexes, à laquelle ils se sentoient entraînez par un doux panchant; soit pour éviter l'ennui de la Solitude, & pour trouver dans leurs secours mutuels de plus grandes commoditez & en plus grand nombre, que chacun n'auroit pû en avoir tout seul;

La Nature a porté les Hommes à vivre en société.

K 3   soit

soit enfin pour se mettre à couvert des Dangers que la foiblesse de la condition humaine leur faisoit appréhender, s'ils continuoient à vivre chacun à part, dispersez par les Forêts & par les Campagnes, continuellement exposez & à la fureur des autres Animaux, & aux insultes des autres Hommes, qui se trouvoient ou plus entreprenans, ou plus forts & plus robustes.

Elle veut qu'ils observent tout ce qui est nécessaire pour l'entretien de la Société Humaine.

Mais la Nature ne s'est pas bornée là. Après avoir porté les Hommes à vivre en société par l'avantage réciproque qu'ils en esperoient, elle a voulu encore que, pour former cette union, & pour la rendre ferme & durable, en sorte qu'elle ne pût pas facilement être troublée ou rompue, chacun observât avec soin, dans la conduite de sa Vie, tout ce (1) sans quoi la Société ne sauroit ou subsister absolument, ou se maintenir en bon état, & cette Loi Naturelle peut être regardée comme une Loi véritablement divine. En effet, quiconque veut une Fin, doit vouloir en même tems tous les Moiens sans lesquels il n'est pas possible d'y par-

(1) Voiez PUFFENDORF, Droit de la Nature & des Gens, Liv. II, Chap. III.

parvenir ; c'est une maxime incontestable de la Raison. Or DIEU sait
sans contredit que la Société est utile
& nécessaire aux Hommes, & il leur
ordonne certainement de rapporter tous
leurs desseins à la recherche de ce qui
peut les rendre heureux ; c'est une
suite nécessaire de la manière dont sa
Providence toute sage les a faits. Pourquoi donc ne diroit-on pas, qu'il leur
prescrit par cela même à chacun tout
ce qui paroît propre à former & à entretenir la Société Humaine, & qu'il
leur défend au contraire tout ce qui
tend à la troubler ou à la détruire?

Tenons donc pour une vérité constante & indubitable, que l'*Etat de Na-*
ture est un état de *Liberté*, mais d'u-
ne Liberté (car je ne saurois m'empêcher de le répéter ici) qui n'a rien de
commun avec la Licence : en un mot,
que quiconque suit la Loi de la Nature Humaine, selon les lumières de la
Raison, a droit de se servir de ses Membres & de ses Biens, pour se conserver, autant qu'il lui est possible, lui ou
quelque autre personne en qui il prend
intérêt : de repousser une injuste Violence, qui le menace de quelque mal,

En quoi consiste la Liberté de l'Etat de Nature.

lui

lui ou un autre : & (1) de punir même
les Injures qu'on peut lui avoir faites,
non pour jouir du plaisir inhumain de
la Vengeance, mais pour faire un exemple qui serve à le mettre déformais en
fûreté, lui & ses femblables. Du reste,
que de gaieté de cœur on fasse du mal
à un autre Homme, avec qui l'on est
uni par la conformité d'une même origine & d'une même Raison, qui est,
comme nous, sensible au Bien & au
Mal, & également l'objet des soins de
la Nature, ou plutôt de la Providence;
cela est contre la Raison, qui veut que
les Hommes soient sociables, & par
conféquent qu'ils se rendent utiles &
commodes les uns aux autres: car le
moien de se flatter que ceux dont le
commerce est dangereux ou incommo-
de, trouvent des gens qui veuillent vivre avec eux?

Inconvé-
niens qui
obligérent
à renoncer
à la Liberté
de l'Etat de
Nature, &
à former
des *Sociétez*
Civiles.

Et plut-à-Dieu que les Hommes eûf-
sent tous bien compris l'importance &
la nécessité de cette Loi sacrée & inviolable qui leur est imposée par la Nature! Ils auroient pû certainement, selon

(1) Mr. N o o d t suit ici les mêmes principes, sur
lesquels il raifonné, dans une grande Note sur Puffendorf, Liv. VIII. Chap. III. §. 4. *Note* 3. de la 2.
Edi-

fon leur deftination naturelle, vivre chacun à fon gré ; & rien n'auroit obligé perfonne à fe conduire par la volonté d'autrui, plûtôt que par la fienne propre. Mais une fâcheufe expérience fit voir enfin, qu'il falloit prendre d'autres mefures. (2) On reconnut, que fi chacun continuoit de vivre à fa fantaifie, il n'y auroit ni paix, ni repos, ni liberté parmi les Hommes, mais des troubles, des craintes, & des infultes perpétuelles, & par conféquent une Vie trifte, malheureufe, toûjours fur le point d'être ravie : parce que l'Ambition & l'Avarice, ces mauvaifes Confeilleres, étouffoient les lumiéres de la Raifon, fur lefquelles la Nature veut qu'on fe régle, pour trouver le jufte tempérament d'une Utilité folide. D'ailleurs, chacun alors décidant lui-même de fes droits en dernier reffort, & étant Juge & Vengeur du tort qu'il croioit avoir reçû (car naturellement nul Homme n'eft foûmis à la Jurifdiction d'aucun autre) ; le moien qu'on jugeât équitablement & fans prévention

dans

Edition, où il y a en cet endroit quelques additions.
(2) Voiez *le Droit de la Nature & des Gens*, de Pufendorf, Liv. VII. Chap. I.

K 5   (1) Les

dans sa propre cause? L'un étoit pré-
occupé par les illusions de l'Erreur ou
de l'Ignorance, l'autre se laissoit emporter à la Colére, l'autre étoit séduit
par l'Avarice, ou par quelque autre
Passion, qui l'empêchoit de voir la Vérité, & qui lui faisoit passer les bornes
de la Justice dans le maintien de ses
droits : d'où il naissoit des disputes,
des querelles, des combats, des meurtres, des pillages, en un mot mille désordres. Parmi tant de Guerres, & de
Guerres dont l'issue étoit si incertaine
& si périlleuse, conçoit-on qu'il fût
possible de vivre heureux & content ?
Qui est-ce qui pouvoit compter sur ses
forces ou sur son habileté, de telle sorte qu'il se crût à l'abri de la violence
ou des embûches d'autrui, en tout
tems, en tout lieu, de la part de tous
les Hommes ? Plusieurs donc, las d'ê-
tre ainsi dans des craintes & des inquié-
tudes perpétuelles, s'avisérent d'unir
ensemble leurs forces, & de dresser le
plan d'une Societé, dans laquelle ils
espérérent trouver de grands avantages, & une vie paisible, & tranquille,
au lieu de la vie sauvage & pleine de
dangers qu'ils menoient auparavant,

&

& à laquelle ils renoncérent de bon
cœur ; agiſſant en cela même d'une
maniére conforme à la Loi de Nature, qui veut que chacun travaille à ſa
propre conſervation. Par cette com-
munauté de Droit, où ils entrérent
alors, ceux qui auparavant vivoient
chacun en ſon particulier & diſperſez
de toutes parts, formérent un Corps
d'Etat, dans lequel ils convinrent que
chacun jouïroit de ſa Liberté, ſans
donner aucune atteinte à celle des autres, & que, ſi quelcun oſoit l'entreprendre, l'Offenſé ne repouſſeroit
pas l'inſulte de ſon autorité privée,
comme il pouvoit le faire auparavant,
mais qu'il ſeroit défendu par les meſures concertées & les forces réunies
de toute la Société. Comme on vit
enſuite, qu'il n'étoit pas poſſible que
tous les Membres de la Société s'aſ-
ſemblaſſent à chaque moment pour régler les affaires publiques & particuliéres, & que cependant il étoit néceſſaire de défendre & de venger par
des voies conformes à la Loi de la Nature, ceux qui, au mépris des Réglemens de la Société, viendroient à être
inſultez ou à recevoir du dommage : on

trou-

trouva à propos d'élire d'un (1) commun accord quelque personne d'une probité & d'une sagesse reconnue, qui étant chargée du soin de veiller au bien de la Société, écoutât paisiblement les raisons des Parties, prononçât sur leurs démêlez sans animosité, sans passion, & d'une manière conforme à l'Utilité Publique, & maintînt le Droit commun de la Nature par l'observation d'une juste Egalité. Pour le mettre en état de s'aquitter d'un tel emploi, & de réprimer la folie & la malice de ceux qui ou ne comprendroient point, par stupidité, les avantages de la Vie Civile, ou les fouleroient insolemment aux pieds par une férocité brutale, chaque Membre de la Société conféra à cette personne les forces & le pouvoir qu'il tenoit de la Nature.

La nature même & le but des Sociétez Civiles fait voir que l'Autorité du Souverain ne s'étend pas au delà de ce qui est nécessaire pour le Bien Public.

Pourquoi pensez-vous, Messieurs, que je vous ramène ici au commencement des Sociétez Civiles ? C'est pour

(1) Les Anciens nous représentent à peu près de cette manière l'origine des Gouvernemens. Il suffira de rapporter ici deux passages de Cicéron. *Omnes antiquæ Gentes Regibus quondam paruerunt : quod genus Imperii primùm ad homines justissimos & sapientissimos deferebatur.* De Legib. Lib. III. Cap. II. *Mihi quidem non apud Medos solùm, ut ait Herodotus, sed etiam apud Ma-*

pour vous faire voir, que la Souveraineté n'est pas une chose naturelle, comme les Loix de la Société Humaine ; mais que les Hommes naissant tous libres, & Juges souverains chacun de ce qui regarde son propre avantage, ont, avec le tems, établi volontairement & par des conventions entr'eux, l'Autorité Souveraine du Gouvernement Civil. Ainsi, quoique par un tel établissement chaque Particulier ait cessé d'être lui-même le Défenseur de sa propre Liberté, & qu'il ne lui soit plus permis de vouloir que ce que le Prince ou le Magistrat Souverain juge être utile à la Société, cette Puissance Suprême n'a pas été établie pour la ruine des Citoiens, mais pour leur défense, & pour régler tout ce qui regarde leur Utilité commune. En un mot, on n'a point prétendu se soûmettre à tous les caprices & à toutes les fantaisies du Souverain ; mais

---

Majores nostros, justitia fruenda causa videntur olim bene morati Reges constituti. Nam cùm premeretur inops multitudo ab iis, qui majores opes habebant, ad unum aliquem confugiebant, virtute praestantem, qui cùm prohiberet injuriâ tenuiores, aequitate constituenda summos cum infimis pari jure retinebat. De Offic. Lib. II. Cap. XII.

mais on s'eſt mis ſous ſa protection, en
comptant ſur ſa bonne foi & ſur ſon
intégrité. Y a-t-il la moindre apparence, que des gens qui avoient le Sens
Commun, & qui ſe joignoient enſem-
ble ſous un même Gouvernement Civil, à deſſein de s'aſſûrer une jouïſſan-
ce paiſible & tranquille des biens qu'ils
tenoient de la Nature, ſoient venus à
cet excès de folie, que de vouloir enſuite, lors que la Société a été formée,
détruire entiérement le but pour lequel ils l'avoient établie, & ſe dépouiller en faveur du Souverain de leurs
droits & de leurs avantages naturels,
pour être déſormais comme un troupeau
de Bêtes, dont le Maître tire tout le
profit qui en provient, les paît, les
chaſſe, les trait, les tond, les tue, les
écorche, les mange, comme il le juge à propos? Loin d'ici une penſée ſi
contraire à la Raiſon, au Sens Commun, à la Loi de Nature! Ce n'eſt
pas pour avoir un Prince ou un Roi,
que l'on a ſubi le joug du Gouvernement Civil: mais la raiſon pourquoi
chaque Particulier a mieux aimé ſe
ſoûmettre au Jugement de l'Etat ou de
ceux qui le repréſentent, que de con-
ſer-

ferver le droit de fon propre Jugement,
c'eft afin qu'à la faveur du refpect de
la Puiffance Souveraine, il pût librement & en fûreté faire d'ailleurs ce
qu'il jugeroit à propos, être maître de
fon Corps, & difpofer de fes Biens.
Si l'on me demande donc, jufqu'où
s'étendent les droits de la Souverain-
té, il m'eft aifé de fatisfaire en un mot
à cette queftion: car vous comprenez
bien par ce que je viens de dire, que
le Prince ou le Magiftrat Souverain, (1) quelque titre qu'on lui donne, n'a reçû de Pouvoir fur fes Sujets
& fur ce qui leur appartient, qu'autant
que le demande l'intérêt de la Société
Civile, c'eft-à-dire, autant qu'il en
faut pour que chacun puiffe demeurer
libre & vivre en fûreté; mais que s'il
paffe ces bornes, & qu'il faffe un mauvais ufage des forces publiques & particuliéres qu'il a en main, il dément fon
caractére, il n'agit plus en Prince ou
en Magiftrat.

Voilà, MESSIEURS, quelle eft
ma penfée: fi vous trouvez quelque chofe

4. Il n'eft
pas nécef-
faire que le
Peuple ait
déferé au
Prince
l'Autorité
Souveraine
fous claufe
commiffoire

(1) *Ideo Principes Regefque, & quocumque alio nomine
funt tutores Status publici* &c. SENEC. *de Clement.
Lib. I. Cap. IV.*

(1) Un

se qui vous frappe davantage, il vous
est permis de l'adopter; car je ne force personne à entrer dans mes sentimens. Je ne vous demande qu'une chose, c'est de vous transporter, pour ainsi dire, sur les lieux, & de bien considérer, je ne dis pas de vos esprits,
mais de vos yeux seulement, toutes les
clauses & les conditions de l'acte par lequel on défére au Prince l'Autorité Souveraine. Car si l'on est convenu, comme il n'y a rien de plus juste, que le
Bien Public seroit la Souveraine Loi,
il est hors de doute, que tant que le
Prince agit pour cette fin, il est autorisé par le Peuple, & que, selon

(1) Un Jurisconsulte Allemand, qui d'ailleurs rend
à nôtre Auteur la justice qu'il mérite, a critiqué cet
endroit, mais en le prenant tout de travers, comme
s'il s'agissoit du droit qu'a le Peuple de resister à un
Tyran, & de le mettre à la raison; au lieu que Mr.
N o o d t parle manifestement, comme toute la suite
du discours le fait voir, du pouvoir qu'a le Prince de
punir ceux qui violent les Loix.　Voïez B o h m e r i
Introductio in Jus Publicum Universale &c. imprimée à
Hall en 1710. pag. 279. Ce n'est que vers la fin de ce
Discours, que l'Auteur traite du droit des Peuples par
rapport à un Prince devenu Tyran; & là il a prévenu toutes les objections qu'on peut lui faire raisonnablement.　De sorte que, si Mr. B o h m e r prend la
peine de bien examiner les principes établis dans ce
Discours, il trouvera qu'il n'étoit pas nécessaire de
lui répondre. J'en dis autant, & avec beaucoup plus
de raison, de certains Journalistes, qui ont traité les
deux

Régles de tout Droit Divin & Humain, (1) il peut punir ceux qui violent manifestement une Loi établie pour maintenir le salut & la liberté de chacun, & à laquelle tous ont donné leur consentement selon les lumiéres de la Raison Naturelle, & par conséquent avec l'approbation divine. Mais aussi, lors que le Prince va au delà de ces justes bornes, & que, sans consulter d'autre régle que son caprice, il se sert des forces publiques & particuliéres dont il est armé, non pour procurer l'avantage du Peuple de qui il les tient, mais pour travailler à sa ruïne; n'est-il pas de la derniére évidence, qu'en ce cas-là

deux Harangues de Mr. NOODT, de *Discours séditieux*, & l'Auteur, de *Faiseur de Discours*. Ces Mrs. ont trop d'intérêt à tenir les Hommes humblement soûmis à la Tyrannie, & dans le Temporel, & dans le Spirituel, pour que leurs emportemens & leurs vaines déclamations nuisent, dans l'esprit des personnes raisonnables, à un Auteur du mérite de Mr. NOODT, & à des Piéces aussi solides, que celles-ci. Ils devroient du moins avoir un peu d'équité, & laisser dire ceux qui les laissent faire. On ne peut pas tout avoir. Ils ont en main la force & l'artifice : que ne laissent-ils les raisons à ceux qui n'ont & ne veulent avoir d'autres armes ? Aussi bien est-ce en vain qu'ils voudroient gagner quelque chose, en disputant de cette maniére. Le sujet ne le permet pas. On veut bien être plus généreux qu'eux, & ne pas se battre avec un si grand avantage.

(1) *Prin-*

là il agit uniquement de son chef, &
nullement en vertu du Pouvoir que le
Peuple lui a confié. Et il ne serviroit
de rien de distinguer ici entre les
Princes à qui l'on a fait promettre so-
lehnellement de veiller au Bien Public,
faute dequoi ils seroient déchûs du titre & des droits de la Souveraineté, &
ceux à qui elle n'a pas été déférée sous
clause commissoire : car, de quelque maniére que le Prince soit revêtu de son
Autorité, il la tient toûjours uniquement du Peuple; & le Peuple ne dépend jamais d'aucun Homme mortel,
qu'en vertu de son propre consentement : Du reste, il vit dans l'indépen-
dance de l'Etat de Nature, où la Raison & Dieu même lui permettent sans
contredit de faire usage de ses forces,
soit pour sa propre conservation & pour
sa propre liberté, soit pour celle d'autrui, contre tout Ennemi, quel qu'il
soit.

5. Il n'im-
porte pas
non plus
que *le Prince
se soit lui-
même enga-
gé, ou non,*
d'une ma-
niére solen-
nelle, à sui-
vre certai-
nes Loix.

Voilà qui est bien, dira-t-on, lors
que

(t) *Principio rerum, Gentium Nationumque Imperium pe-
nes Reges erat : quos ad fastigium hujus majestatis non am-
bitio popularis, sed spectata inter bonos moderatio provehebat.
Populus nullis Legibus tenebatur : arbitria Principum pro Legibus erant.* Justin. Lib. I. Cap. I. Voïez aussi Seneque, Epist. XC.

(t) Om-

que le Peuple a aftreint le Prince à
fuivre certaines Loix. Mais que di-
rons-nous des *Princes qui ont été purement & fimplement établis, fans s'engager à rien?* DIEU nous garde de tels
Princes! Ce n'eft pas qu'il ne puiffe
arriver que la Souveraineté foit confé-
rée de la forte à quelcun, quoi qu'a-
vec beaucoup de lâcheté ou d'imprudence. S'il en faut même croire les
monumens de l'Antiquité, (1) cela fe
pratiquoit ainfi ordinairement dans la
fimplicité des prémiers Siécles, où
les Rois étoient élevez fur le Thrône,
non par des factions & des brigues,
mais par l'opinion avantageufe qu'on
avoit de leur Sageffe & de leur Vertu. En ce cas-là donc, le Prince à la
vérité gouverne l'Etat (2) comme il le
juge à propos; fa volonté tient lieu de
Loi, & il a en un fens un Pouvoir illimité: cependant la nature même de
la chofe, & la confidération de la maniére dont les Hommes agiffent ordi-
nai-

(2) *Omniaque* MANU *à Regibus gubernabantur.* C'eft
ce qui eft dit des prémiers Rois de *Rome,* dans le DI-
GESTE, Lib. I. Tit. II. *De Origine Juris,* Leg. II. §.
1. où il y a une expreffion, dont Mr. NOODT fe
fert ici.

(1) PLI-

nairement, ne permettent pas de croire que le Prince ait été autorisé à commettre toutes sortes d'infamies, de
crimes, d'injustices, sous prétexte que
le Peuple, le regardant comme une
personne de probité, l'a choisi pour
Arbitre Souverain de ce qui concerne les intérêts, tant de l'Etat, que
des Particuliers, & n'a pas crû qu'il
fût besoin, en le revêtant d'un Pouvoir si grand & si absolu, de l'engager par un Contract solennel à ce à
quoi il paroissoit porté de lui-même.
A plus forte raison, (1) lors que le Peuple n'a pas expressément donné au Prince un Pouvoir illimité, il doit être censé avoir stipulé de lui tacitement, qu'il
useroit de son Autorité, non selon son
caprice, mais suivant les Régles de la
Loi Naturelle. Car qu'y a-t-il de plus
conforme à la constitution des Hommes, qui ne perdent jamais de vûe leur
propre Bien, que d'expliquer leur in-
ten-

---

(1) PLINE le Jeune dit, que la Domination ab-
soluë, & le droit d'un Prince sont deux choses différentes de leur nature ; & que ceux qui ont le plus
d'aversion pour le Pouvoir Despotique, sont ceux qui
aiment le mieux de vivre sous un bon Prince : *Scis,
ut sunt diversâ naturâ* Dominatio & Principatus, *ita
non aliis esse* Principem *gratiorem, quàm qui maxime* Domi-
mi-

tention de telle forte, qu'on préfume toûjours qu'ils ne négligent point leurs intérêts, (2) & qu'ils ne veulent pas être eux-mêmes la caufe ou l'inftrument de leur perte? Si donc le Prince fe conduit par cette maxime, s'il répond à l'attente du Peuple, cela lui donne un droit inconteftable de fe faire obéïr: mais s'il ne prend pas foin du Peuple, ou qu'il travaille à le perdre, il agit contre la volonté du Peuple, & par conféquent fans aucun droit. Car, quoi que le Peuple, en lui remettant purement & fimplement toute fon Autorité, fans fe referver rien par une claufe formelle, foit cenfé lui avoir conféré là Souveraineté la plus abfolue; on ne doit pourtant pas préfumer, qu'il aît prétendu lui donner plus de Pouvoir, que n'en avoit chaque Particulier avant la fondation des Sociétez Civiles. (1) Or qui eft-ce qui avoit alors le droit de fe faire du mal, à lui ou aux au-

minum *graventur.* Panegyric. *Cap.* XLV. *num.* 3. *Ed. Cellar.*

(2) Voiez J U N I I B R U T I *Vindiciæ contra Tyrannos,* Quæft. III. pag. 99, & *feqq.*

(3) C'eft ce qu'il faut bien remarquer : car il en réfulte que la conceffion d'un Pouvoir abfolument arbitraire eft une chofe contraire à la volonté du Créateur

autres? Personne sans contredit: chacun pouvoit seulement veiller à sa propre conservation, & à celle d'autrui.
Lors donc qu'ils se sont joints plusieurs
en un Corps de Peuple, afin de jouïr
en commun de leurs Droits Naturels, &
qu'ils ont pour cet effet établi sur eux
un Chef ou un Prince, il est clair qu'ils
ont eû cela en vûe, & rien autre chose.

**6. Un Peu-
ple, qui se
met à discre-
tion sous la
domina-
tion d'un
Prince, ne
lui donne
pas pour
cela une
Puissance
sans bor-
nes.**

Ce seroit, Messieurs, ména-
ger mal le tems, que de s'étendre davantage sur des véritez si claires. Il
faut aller plus loin, & suivre les réflexions que la matiére nous offre. Ne
se peut-il pas faire, dit-on, que le
Peuple aît voulu se soûmettre à une
Domination Despotique? J'avoue qu'on
a vû (1) des Peuples se résoudre, non
sans beaucoup de peine, à cette fâcheuse extrémité: lors, par exemple,
qu'après de rudes échecs une Nation
aiant

teur & du Souverain Maître des Hommes, qui ordonne à chacun de se conserver soi-même. Voiez sur
PUFENDORF, *Droit de la Nat. & des Gens*, Liv. VII.
Chap. VIII. §. 6. *Note 2.*
  (1) Voiez-en des exemples dans GROTIUS, *Droit
de la Guerre & de la Paix*, Lib. I. Cap. III. §. 8. *num.*
3. & seqq. & dans PUFENDORF, *Droit de la Nat. &
des Gens*, Liv. VII. Chap. VI. §. 5.
  (2) C'est la formule dont se servent les Députes
des

aiant perdu la fleur de sa Jeuneſſe, &
voiant l'Etat ſur le panchant de ſa
ruïne, ſe (2) livroit, avec ſes Villes,
ſes Terres, ſes Temples, & tous ſes
Droits Divins & Humains, entre les
mains du Vainqueur, ou de quelque
autre Peuple, à qui elle ſe rendoit à
diſcretion; ou lors que, dans une grande Famine, on ne trouvoit point d'autre reſſource pour vivre, que de ſe
donner à un autre à des conditions ſi
dures; ou même lors que les affaires
ſe trouvoient dans une telle ſituation,
qu'on croioit que l'Etat ne pouvoit
guéres ſubſiſter que ſous la Domination,
& la Domination Abſolue d'un ſeul
Homme. En ces cas-là, celui qui eſt
devenu le Maître du Peuple, aura-t-il
donc lieu de croire, qu'il peut diſpoſer
à ſa fantaiſie de tout ce qui concerne
le Salut de l'Etat, & des Particuliers,
qui ſe ſont ainſi rangez ſous ſes Loix?
                                    Je

des *Campaniens*, dans TITE LIVE, Lib. VII. Cap.
XXXI. *Quandoquidem*, inquit, *noſtra tueri adverſus vim
atque injuriam juſtâ vi non vultis; veſtra certè defendetis.*
ITAQUE POPULUM CAMPANUM, URBEMQUE
CAPUAM, AGROS, DELUBRA DEUM, DIVINA
HUMANAQUE OMNIA, IN VESTRAM, PATRES
CONSCRIPTI, POPULIQUE ROMANI DITIO-
NEM DEDIMUS.

                                    (1) Na-

Je vois, Messieurs, des gens qui entrent dans une pensée si étrange, & qui osent soutenir, qu'un tel Peuple désormais peut être regardé comme une troupe d'Esclaves, sur qui le Souverain Absolu a tous les droits que chacun d'eux avoit auparavant sur lui-même & sur ce qui lui appartenoit : que le Peuple y a consenti par cela même qu'il a donné au Prince un Pouvoir illimité : & qu'ainsi il ne sauroit légitimement se plaindre, qu'on exige de lui une soûmission à laquelle il s'est engagé volontairement. Mais cela ne fait rien contre moi, si je montre, comme il n'y a rien de plus aisé, que même dans un Contract de cette nature le Peuple qui se met à discrétion sous l'empire d'un autre, ne laisse pas d'avoir en vûe son propre bien : je dis plus, que quand même il voudroit y renoncer entiérement, il ne seroit pas en son pouvoir de le faire. C'est sans contredit une Loi de la Nature, que chacun recherche ce qui lui est utile, & évite au contraire ce qui lui est nuisible. La Providence Divine a établi

cet-

_____

(1) *Naturalia quidem Jura, quæ apud omnes Gentes peræquè observantur, divinâ quadam providentiâ constituta,*
sem-

cette Loi pour la confervation du Genre Humain (1): ainfi perfonne ne doit
s'en difpenfer; & quand quelcun le voudroit, il lui feroit impoffible. Si quelquefois l'on fouhaitte le Mal, ce n'eft
pas comme tel; mais comme une chofe où l'on fe figure moins de defavan-
tage ou de défagrément, que dans une
autre dont on veut fe délivrer. Lors,
par exemple, que l'on défire la Mort,
après laquelle on dit communément
que les Malheureux foûpirent; fi on
la demande à Dieu, ce n'eft pas
fous l'idée d'une chofe mauvaife, mais
comme la fin d'une Vie trifte & mi-
férable. Cela étant, oferoit-on foûtenir, qu'un Homme qui s'eft engagé à
quelque chofe où il ne va pas de moins
que de fa perte, foit obligé, par la
Loi Naturelle, de tenir religieufe-
ment une telle Convention? Certainement, de quelque maniére qu'il fe foit
engagé, il n'a point eu par là deffein
de fe perdre, mais il s'eft propofé un
ien qu'il croioit devoir lui revenir de
cet engagement, qui fe trouve néanmoins lui être funefte. Lors donc qu'il
voit fes efperances fruftrées, il eft clair
qu'il

emper firma, atque immutabilia permanent. INSTITUT.
ib. l. Tit. II. §. II.

L   (1) Voïez

qu'il n'a point donné son consentement :
car il trouve ce qu'il ne cherchoit pas,
& il ne trouve pas ce qu'il cherchoit.
Ainsi il est tenu, par la Loi Naturelle, de suivre non ce en quoi il s'est
trompé, & qui tend à sa ruine, mais
ce qui est veritablement conforme à
son interêt ; aucun Mal reconnu tel ne
pouvant être l'objet de la Volonté, ni
faire seulement la matiére de quelque
deliberation. On observe constamment
cette (1) maxime dans les Contracts de
Particulier à Particulier : à combien
plus forte raison doit-elle avoir lieu
dans les Traitez Publics, qui sont sans
contredit de plus grande conséquence ?
Car, dans les prémiers, il n'y a qu'une
ou peu de personnes intéressées, &
qui puissent en souffrir ; au lieu que
des autres dépend la conservation d'u-
ne infinité de gens. D'ailleurs, le
Corps d'un Peuple se formant, comme
personne ne l'ignore, par l'union du
consentement de tous les Particuliers,
la Raison ne permet pas de croire,
qu'en se joignant ensemble ils aient à-
quis sur eux-mêmes un droit que la Nature refusoit auparavant à chacun. En
effet,

(1) Voiez Pufendorf, *Droit de la Nature & des
Gens*, Liv. V. Chap. XII. §. 22.

effet le but de ceux qui ont fondé les
Sociétez Civiles, n'a pas été d'y é-
teindre les Obligations que la Loi Naturelle impofoit auparavant à chacun ;
au contraire c'eft pour être en état d'y
fatisfaire paifiblement, que chacun eft
entré dans la confédération. Et au fond
qu'eft-ce que la Loi Naturelle, fi ce
n'eft une Régle de la Raifon, que Dieu
même a établie pour diriger les Actions
des Hommes, foit qu'ils vivent chacun
en particulier, foit qu'ils faffent partie
d'un Corps où ils fe font raffemblez
pour joüir paifiblement de leurs Droits
par leurs fecours réciproques ? A moins
qu'on ne foit affez extravagant pour
s'imaginer, que les Hommes ont ceffé
d'être Hommes, du moment qu'ils ont
renoncé à la Vie fauvage & groffiére
qu'ils menoient auparavant, pour goûter les douceurs de la Société, & pour
s'affûrer la joüiffance de leurs Droits
Naturels, par l'établiffement des Magiftrats & des Tribunaux Civils. Certainement, de quelque caractére que
les Hommes foient revêtus par la Fortune, ils ne laiffent pas d'être toûjours
Hommes. La Nature a tracé un certain modéle pour toutes leurs Actions

L 2 &

& toutes leurs Conventions, tant Publiques, que Particuliéres : en forte que, dans quelque état qu'ils fe trouvent, elles n'ont de force qu'autant qu'elles s'accordent avec cette Loi Primitive & Eternelle, & par conféquent avec la Volonté Divine : laquelle fe propofant la confervation & l'utilité de tous les Hommes fans exception, il s'enfuit nécefîairement, que toute Convention qui tend à la ruine du Genre Humain, eft contraire à la Loi de la Nature.

Celui qui vend fa Liberté, ne donne pas pour cela à fon Maître un Pouvoir fans bornes, dans l'ufage duquel il ne doive confulter d'autre régle que fon caprice.

Mais, dit-on, un *Particulier* peut *vendre fa Liberté* : pourquoi ne feroit-il pas permis à un *Peuple* entier de vendre la fienne ? Quand je l'accorderois, Messieurs, cela ne feroit rien au fujet. Il n'eft pas queftion de favoir fi celui qui s'eft lui-même dépouillé de fa Liberté doit fe réfoudre à être Efclave ; mais fi un Peuple ou un Particulier, après avoir confenti à fon Efclavage, ne peut pas reprendre fa Liberté, lors que celui qu'il s'étoit donné pour Maître, ufe envers lui ou par cruauté, ou par fureur, de toutes fortes de mauvais & indignes traitemens. Vous me direz fans doute, qu'un Efclave

clave doit tout souffrir : que c'est-là u-
ne suite nécessaire de la perte de sa Liberté , & du droit de Propriété que
le Maître a aquis sur lui , puis que
l Esclave n'étant pas réputé une Personne , & appartenant à son Maître
comme un Bœuf, comme un Mouton,
comme un Pommier, comme un Poi-
rier, il est permis au Maître d'en faire ce qu'il lui plaît, tout de même que
de son Bétail , de ses Arbres , & de
ses autres biens , qu'il peut conserver
ou détruire selon que bon lui semble,
soit par raison , ou par caprice , sans
que personne aît droit de l'en empêcher. Mais , de grace , trouvez bon
que je parle franchement , c'est - là
supposer faux , & conclurre mal : &,
si vous faites usage de vôtre bon-sens,
vous n'entrerez point dans une telle
opinion , quelque grand nombre de
partisans qu'elle puisse avoir. Car, à
moins que de vouloir renverser les
véritables noms des choses , la Raison
n'approuvera jamais que l'on appelle
ce prétendu droit sans bornes, le droit
d'un Maître sur son Esclave , ou d'un
Propriétaire sur son Bien : elle nous le
fait regarder plûtôt comme une fu-

L 3   reur,

reur, née uniquement de l'orgueil des Hommes, & entiérement opposée au Droit (1) des Gens, sur lequel est fondé l'établissement & de l'Esclavage, & de la Propriété des Biens. Si vous voulez me donner quelques momens d'attention, je vais vous convaincre par des preuves sans replique d'une vérité si importante & si manifeste. Commençons par le droit qu'a un *Maître* sur son *Esclave*, en vertu de la *résignation* que celui-ci lui a fait de *sa Liberté*. A consulter les lumiéres de la Raison, on n'a pas plus de sujet de ne compter pour rien un Esclave dans la Société Humaine, qu'on n'en auroit de regarder le Maître sur ce pié-là. Un Esclave est toûjours Homme : c'est la Nature qui l'a fait tel, mais (2) c'est le malheur de sa condition qui le rend Esclave ; & cela arrive en différentes

ma-

___

(1) L'Auteur, suivant les idées des Jurisconsultes Romains, entend par le *Droit des Gens*, ce que la nécessité & les besoins de la Vie ont fait établir parmi presque toutes les Nations, conformément aux lumiéres de la Raison Naturelle. *Quod verò Naturalis Ratio inter omnes Homines constituit, id apud omnes peraquè custoditur : vocaturque* JUS GENTIUM, *quasi quo Jure omnes Gentes utantur.... Jure Gentium Servitus invasit.... ex hoc Jure.... Dominia distincta.* DIGEST, Lib. I. Tit. I. *De Justitia & Jure*, Leg. IV. IX.

(2) *Nec Natura ulli, sed Fortuna Dominum dedit.* QUIN-

maniéres. (3) L'un, après avoir été vaincu par les armes , eſt tenu lié , ou en
priſon : l'autre a la liberté de ſon Corps,
ſur ſa parole. A l'égard du prémier , le
droit de la Guerre demeure dans toute
ſa force entre lui & ſon Vainqueur, n'y
aiant point de Convention qui l'aît fait
ceſſer : car aucun des deux ne ſe fie à
l'autre , & c'eſt pour cela que le Vainqueur tient le Vaincu lié, ou en priſon :
en un mot l'Eſclave ne s'eſt engagé à
rien envers ſon Maître , ni le Maître
envers ſon Eſclave. Ainſi ils ont chacun reciproquement les mêmes droits,
ils ſont tous deux dans l'Etat de Nature , tous deux indépendans , tous deux
Juges & Vengeurs des injures qu'on
leur fait. De ſorte que, ſi le Maître
veut châtier ſon Priſonnier , ou le tuer
même , il ne fait qu'uſer du droit de
la Guerre : mais , d'autre côté, le Pri-
ſon-

QUINTILIAN. Declam. XIII. pag. 188. Ed. Lugd.
Bat. DIXIT [Albutius] neminem natum Liberum eſſe,
neminem Servum : hæc poſtea nomina ſingulis impoſuiſſe For-
tunam. SENEC. Controv. Lib. III. Contr. XXI. p. 214.
Ed. Gron. Quod attinet ad Jus Civile, Servi pro nullis ha-
bentur : non tamen & Jure Naturali : quia, quod ad Jus
Naturale attinet, omnes Homines æquales ſunt. ULPIAN.
Digeſt. Lib. L. Tit. XVII. De diverſ. Regul. Juris, Leg.
XXXII.
(3) Volez PUFENDORF, Droit de la Nature & des
Gens, Liv. VI. Chap. III.

L. 4.   (1) Volez

fonnier à fon tour peut, felon le Droit des Gens, fe délivrer des mains de fon Ennemi ou par la fuite, ou par la force, felon qu'il en trouve l'occafion. Que fi quelcun eft devenu Efclave non par un pur effet de la violence, mais en conféquence d'une parole donnée, foit que n'aiant pas dequoi fubfifter il fe foit lui-même choifi un Maître, qui a acheté fa Liberté pour le prix dont ils font convenus enfemble, foit que fon Vainqueur lui aît donné la vie, à condition qu'il feroit Efclave : en ce cas-là même l'engagement où il entre ne tend pas uniquement à l'avantage du Maître, il fe rapporte auffi à l'intérêt de l'Efclave. En effet, chacune des Parties a eu alors en vûe fon propre bien, comme cela a lieu dans toutes les Conventions. L'Efclave, pour fauver fa vie, s'eft engagé à fervir un Maître : & le Maître, de fon côté, lui a promis la vie, pour profiter de fon fervice ; de forte que chacun y trouve fon compte. Comme donc l'Efclave eft tenu de fervir fon Maître ; de même le Maître eft indifpenfablement obligé, par le Droit des Gens, de donner la Vie à fon Efclave. Que fi le Maî-

Maître manque à ses engagemens, &
qu'il maltraite si fort son Esclave, que
la Vie devienne pour celui-ci un supplice, & un supplice plus cruel que la
Mort même; l'Esclave est alors quitte
de toute obligation, puis qu'il ne s'é-
toit engagé que pour son bien, & nullement pour rendre sa condition insup-
portable. Etant donc rentré dans les
droits de l'État de Nature, il peut ou
se sauver, ou tuer même son Ennemi.
En voilà assez pour ce qui regarde le
Pouvoir d'un Maître, considéré comme celui en faveur duquel l'Esclave s'est
dépouillé de sa Liberté.

Venons maintenant aux droits du
Maître, entant qu'il est *Propriétaire* de
son *Esclave*. Et ici je vois que l'on
est, dirai-je dans une pareille erreur,
ou dans un semblable aveuglement? car
il n'est pas certainement de l'intérêt
d'un Propriétaire, de détruire lui-même son Bien. Je n'ai pas besoin d'en
aller chercher bien loin des preuves:
considérez seulement dans quelle vûe
la Raison a inspiré aux Hommes d'introduire la Propriété des Biens. Est-ce
qu'elle a voulu qu'on assignât à chacun
sa portion distincte; afin que le Pro-

L 5   prié-

priétaire pût diffiper fon Bien à fa fan-
taffie ? Point du tout. Elle s'eſt pro-
poſée que chacun fût en état de fe fervir paiſiblement, & comme il le jugeroit à propos, pour fa conſervation,
des choſes que la Nature offroit à tous
en commun. Si donc un Propriétaire
prodigue ou détruit fon Bien ſans néceſſité, c'eſt à lui à voir comment il
pourra juſtifier une telle conduite : car,
dans l'eſprit des perſonnes ſages & at-
tachées à ſuivre exactement la Loi Naturelle, il paſſera pour un Sot ou pour
un Fou, & non pas pour un Homme
Riche ou Magnifique. Y a-t-il, en
effet, rien de plus abſurde ou de plus
honteux, que de prétendre qu'une choſe nous appartienne, parce qu'elle eſt
devenue nôtre en vertu d'un titre fondé ſur la Raiſon Naturelle ; &, lorsqu'on la poſſéde enſuite, de la brûler,
de la gâter, ou de la faire périr, en
ſor-

(1) Voiez CICER. de Invent. Lib. II. Cap. L. &
Tuſcul. Quaſt. III, 5. & DIGEST. Lib. XXVI. Tit IV.
De legitimis Tutoribus. Leg. I. & INSTITUT. Lib. I.
Tit. XXIII. De Curatoribus, La Loi des XII. Tables ô-
toit auſſi aux Prodigues l'adminiſtration de leurs Biens.
Lege XII. Tabularum Prodigo interdicitur bonorum ſuorum
adminiſtratio. DIGEST. Lib. XXVII. Tit. X. De Curatoribus &c. Leg. I.
  (2) C'eſt la définition que le Droit Civil donne.
                                                    Sed

forte qu'elle ne nous foit plus d'aucun
ufage ? Et ce n'eft pas feulement le
Bon-Sens qui condamne un tel abus:
le Droit Civil même s'y oppofe quelquefois. En effet, n'eft-ce pas pour
cela que la (1) LOI DES DOUZE
TABLES donnoit des Tuteurs aux
Pupilles, & des Curateurs aux Infen-
fez? N'eft-ce pas pour cela que la *Loi
Lætorienne* ordonnoit, que les Prodigues, (2) qui diffipent tout mal-à-
propos & fans régle ni mefure, fuffent
dépouillez par le Juge de l'adminiftra-
tion de leurs Biens, & mis fous cura-
telle entre les mains de leurs Parens?
N'eft-ce pas pour cela que l'Empereur
MARC AURELE, ce Prince fi religieux obfervateur de la Juftice, con-
fidérant le peu de conduite de la Jeu-
neffe, voulut le prémier, que déformais tous les Jeunes Gens euffent des
Curateurs (3), fans qu'on fût obligé
d'en

Sed folent hodie Prætores vel Præfides, fi talem hominem in-
venerint, QUI NEQUE TEMPUS NEQUE FINEM
EXPENSARUM HABET, SED BONA SUA DILA-
CERANDO ET DISSIPANDO PROFUNDIT, Cura-
torem ei dare, exemple Furiofi. DIGEST. Lib. XXVII.
Tit. X. Leg. 1.

(3) De Curatoribus verò, cùm ante nonnifi ex Lege Læ-
teria vel propter lafciviam, vel propter dementiam darentur,
ita fanxit [M. Antoninus] ut omnes adulti Curatores acci-

L 6 pe-

d'en rendre d'autre raison que leur âge :
au lieu qu'auparavant on n'en donnoit
que pour caufe de Démence, ou de
Débauche, felon la *Loi Létorienne?*
Ces fages Légiflateurs ont bien vû,
qu'il étoit de l'intérêt public, de ne
pas laiffer au Propriétaire même le ma-
nîment de fes Biens, tant qu'il feroit
dans un âge ou dans une fituation d'efprit qui le porteroit à ruiner fon Pa-
trimoine, au lieu d'en prendre foin &
de le gouverner en bon Econome?

Je n'ignore pas, MESSIEURS,
que, felon le Droit Civil, un Maître
avoit autrefois droit de Vie & de Mort
fur fon Efclave. Mais le but de ceux
qui avoient fait cette Loi, n'é oit pas
d'autorifer les Maîtres à abufer de leur
pouvoir : on voulut feulement tenir
par là dans la crainte les Efclaves fri-
pons & mutins, qui avoient befoin d'u-
ne difcipline un peu févére ; & l'on
crut ne pouvoir en remettre le foin à
perfonne qui s'en aquittât mieux que
les Maîtres mêmes, qui avoient le plus
grand intérêt à corriger leurs Efclaves,
&

---

ferent, *non redditis caufis.* JUL. CAPITOLIN. Cap. X.
Voïez VINNIUS fur les *Inftitutes,* Lib. I. Tit. XXIII.
§. 2.

(1) Voïez

& à leur conserver la vie. C'est ainsi que
les Loix rendirent sacrée & inviolable
l'Autorité Paternelle, (1) en donnant
aux Péres droit de Vie & de Mort sur
leurs Enfans: non qu'elles voulûssent
qu'un Pére mît des Enfans au monde,
pour leur ôter ensuite lui-même à sa
fantaisie le jour qu'ils tenoient de lui;
mais, comme l'Education des Enfans est
une chose fort délicate & fort difficile,
on laissa aux Péres tout le pouvoir nécessaire pour imprimer du respect à
leurs Enfans. D'ailleurs, on fit réflexion, que l'avantage même des Enfans demandoit qu'il y eût quelcun qui
dirigeât l'ardeur bouillante de la Jeunesse: & il n'étoit point à craindre que
les Peres traitassent leurs Enfans avec
trop de rigueur, eux qui ne péchent
ordinairement que par une trop grande
indulgence. Mais comme on vit dans
la suite, qu'il y avoit des Péres & des
Maîtres qui abusoient de leur pouvoir,
& qui, au lieu de l'exercer avec affection, (2) selon l'intention de la Loi, en
usoient avec cruauté: on modéra non
seu-

_____

(1) Voïez PUFENDORF, Liv. VI. Chap. II.
§. II.

(2) *Nam Patria Potestas in pietate debet, non atrocitate,*

L 7

feulement l'Autorité des Péres, mais
on établit même des Juges qui connoif-
foient des plaintes des Efclaves, (1) &
qui, lors qu'un Efclave avoit éprouvé
de la part de fon Maître des cruautez,
de mauvais traitemens, & des infamies infupportables, obligeoient le
Maître à le vendre, & cela fans qu'il
pût faire un marché defavantageux à
l'Efclave. Bien plus: *Antonin le Pieux*
ordonna, que fi quelcun tuoit fon propre Efclave, fans que celui-ci lui en
eût donné un jufte fujet, il feroit fou-
mis à la Peine que la *Loi Cornélienne*
décernoit contre les Affaffins, tout de
même que s'il avoit tué un Efclave
d'autrui. Puis qu'en fuivant les maximes de la Raifon on a jugé à propos
de mettre ainfi des bornes à l'Efclavage des Particuliers; pourquoi n'auroit-
on

confiftere. D i g e s t. Lib. XLVIII. Tit. IX. *De Lege
Pompeia, de Parricidiis,* Leg. V.

(1) *Sed hoc tempore nulli hominibus, qui fub Imperio
noftro funt, licet fine caufa Legibus cognita, in Servos fuos
fævire. Nam ex Conftitutione* Divi Antonini, *qui fine cau-
fâ Servum fuum occiderit, non minus punire jubetur, quàm
fi alienum Servum occiderit ...... Præcepit, ut fi intole-
rabilis videatur fævitia Dominorum, cogantur Servos fuos
bonis conditionibus vendere.* I n s t i t u t. Lib. I. Tit. VIII.
De his qui fui, vel alieni juris funt, §. 2. Voiez ce qui
fuit, où l'on trouve les propres termes du Refcript
d'*Antonin.* Parmi les *Athéniens,* les Efclaves qui é-
toient

on pas la même équité pour une Nation Esclave?

JE VOULOIS finir ici, MES-
SIEURS; car ce que j'ai dit me paroît suffire pour décider la Question
dont il s'agit. Mais voici une nouvelle
batterie dressée par des Savans du prémier ordre, qui soûtiennent qu'un Prince, à qui l'on a déféré la Souveraineté
purement & simplement, sans rien sti-
puler de lui, & à plus forte raison celui à qui l'on s'est soûmis comme à un
Maître Absolu, est entiérement au dessus des Loix: & ils croient le prouver
invinciblement par l'exemple des Empereurs Romains, qui regnoient sur ce
pié-là, comme il paroit, dit-on, &
par le témoignage formel de (2) DION
CASSIUS, & par des déclarations au-
thentiques du Droit Civil: car qui ne
sait

SECONDE
PARTIE, où
l'on traite
du vrai sens
de la LOI
ROIALE du
Peuple Ro-
main.
I. Quand il
seroit vrai,
que les
Empereurs
Romains
fussent au
dessus des
Loix, cela
ne tireroit
pas à con-
séquence
pour tous
les Princes.

toient maltraitez par leur Maître, avoient action en
Justice contre lui; & si les plaintes des Esclaves paroissoient bien fondées, on obligeoit le Maître à les
vendre à quelque autre Maître plus doux. Voiez l'AR-
CHÆOLOGIA GRÆCA de Potter, Lib. I. Cap. X. &
le Recueil des LOIX ATTIQUES fait par Samuel Petit, Lib. II. Tit. VI. comme aussi ATHÉNÉE, Lib.
VI. p. 266, 267. Edit. Casaub.

(2) Αἴρονται γὰρ δὴ τ᾽ νόμων, ὡς αὐτὰ τὰ Λατινικὰ
ῥήματα λέγει, τετ᾽ ἔσιν, ἐλεύθεροι ὑπὸ τῶνδε διαγνώσας
ποιήσεις εἰσί. Hist. Lib. LIII. pag. 582. E. Edit. H.
Steph.

(1) Pris-

sait que, dans le DIGESTE, on trouve ces paroles d'*Ulpien*, docte & grave Jurisconsulte : (1) *Le Prince est déchargé de l'obligation d'observer les Loix : & pour ce qui est de l'Impératrice, quoi que par elle-même elle ne soit pas au dessus des Loix, le Prince son Epoux lui communique ses priviléges.* Nous voilà donc renvoiez au Droit Civil, aux Loix du Peuple Romain ! Mais il faut ici des raisons, & non pas des autoritez. Car puis qu'il s'agit du Pouvoir des Souverains en général, il ne sert de rien d'alléguer les Loix de quelque Etat particulier ; on doit chercher celles de cette grande République, qui n'a d'autres bornes que le chemin du Soleil. Cependant si quelcun veut à quelque prix que ce soit en appeller au Droit Civil, quoi que j'aie eû raison de le recuser d'abord, j'y consens, je veux bien maintenant le reconnoître pour Juge.

(1) *Princeps Legibus solutus est : Augusta autem, licet Legibus soluta non est, Principes tamen eadem illi privilegia tribuunt, qua ipsi habent.* DIGEST. *Lib.* I. *Tit.* III. *De Legibus* &c. *Leg.* XXXI. *ex Ulpiano Lib.* XIII. *ad Legem Juliam & Papiam.* Voiez *Cujas,* Observat. *Lib.* XV. *Cap.* XXX.

(2) Mr. NOODT a en vuë ici ce beau passage de CICERON : *Est quidem vera Lex, recta Ratio, natura congruens.... Huic Legi nec obrogari fas est, neque derogari ex hac aliquid licet, neque tota abrogari potest. Nec ve-*
ro

Juge. Car je ne saurois me persuader, qu'un Jurisconsulte aussi éclairé qu'UL-PIEN, & d'une intégrité aussi connue que la sienne, ait voulu, par une flatterie si lâche & si mal fondée, corrompre ici d'une maniére funeste aux Hommes, les Régles de cette belle Science, qu'il rapportoit d'ailleurs avec tant de soin à l'avantage du Genre Humain.

Mais ne dit-il pas en termes exprès, que *le Prince est déchargé de l'obligation d'observer les Loix?* Cela est vrai : la question est de savoir, s'il entend parler des *Loix Civiles*, ou des *Loix Naturelles*. Il n'excepte rien, direz-vous. Mais n'y a-t-il pas une Loi primitive & fondamentale, (2) vraie & juste par elle-même, dont il n'est pas plus permis de rien retrancher, que de l'abolir entiérement; qui ne sauroit être abrogée (2) ni par un Arrêt du Sénat, ni par une Ordonnance du Peuple;

2. ULPIEN n'entend pas parler des *Loix Naturelles*, lors qu'il dit, que le Prince n'est pas obligé d'observer les Loix.

ro aut per *Senatum*, aut per *Populum*, solvi hac *Lege* possumus... nec erit alia *Lex* Roma, alia *Athenis*, alia nunc, alia posthac : sed & omnes *Gentes*, & omni tempore, una *Lex*, & sempiterna, & immortalis continebit; unusque erit communis quasi *Magister* & *Imperator* omnium Deus ille, *Legis* hujus inventor, disceptator, lator &c. CICER. apud *Lactant.* Lib. VI. Cap. VIII. Voiez ce que dit nôtre Auteur, dans ses *Probabilia Juris*, Lib. II. Cap. XI.

(1) Voiez

ple; & qui étant établie par la Providence Divine, eft éternelle, conftante, immuable, d'une obligation indifpenfable en tout tems & en tout lieu, impofée à toutes les Nations & à tous les Hommes fans exception? Je veux, dites-vous, que le Prince foit obligé, par rapport à Dieu, d'obferver la Loi Naturelle: mais il ne s'enfuit point de là, que les Sujets aient droit de l'y contraindre; ainfi on peut dire véritablement à cet égard, qu'il eft *au deffus des Loix*, puis que, quoi que la Vertu & la Bienféance l'engagent à les obferver, il n'eft pas permis à fes Sujets de rien entreprendre contre lui, lors qu'il les viole. Vous donnez donc à une licence effrénée les mêmes priviléges qu'à la conduite la plus légitime? Vous prétendez donc, que parce que *Néron* ne craignoit pas les Loix, il étoit en droit de faire empoifonner fon Frere (1) *Britannicus?* Dites auffi fur ce même principe, qu'un Brigand, qui, par fa force ou par fon adreffe, trouve le moien d'éviter

la

____

(1) Voiez la Vie de *Néron*, dans Suetone, Cap. XXXIII.

(2) *Non omne, quod licet, honeftum eft.* Digest. Lib.

la peine, a droit de détrouffer & de tuer
les paffans. En vérité, je fuis fâché
pour l'amour de ceux contre qui je difpute, qu'ils ofent tenir un langage comme celui-là, qui approche fort de l'impiété. Je n'ignore pas, MESSIEURS,
que tout ce qui eft permis par (2) les
Loix, n'eft pas conforme aux Régles
de l'Honnête; & que tout ce qui eft
Honnête, n'eft pas prefcrit par les Loix
fous quelque peine. Mais cette diftinction n'a été faite qu'en faveur de la vile
Populace, qui, à caufe de fon ignorance, de fa groffiéreté, de fa ftupidi-
té & de fa pareffe, eft difpenfée par là
d'atteindre au plus haut point de Vertu & de Sageffe, & non pas autorifée
à commettre, fans crime & fans infa-
mie, des excès de débauche, des méchancetez, ou des fourberies. Du
refte, cela ne regarde nullement ceux
qui fe piquent d'être Sages ou Gens de
bien; & moins encore le Prince, dont
le haut rang demande qu'il ne fe croie
permis, je ne dirai pas, rien de honteux & de criminel, mais rien qui ne
soit

Lib. L. Tit. XVII. De div. Reg. Jur. Leg. CXLIV. Voîez
ce que l'Auteur dira dans le Difcours fuivant, vers la
fin de la I. Partie.

(1) Nam

foit beau & honnête, rien en un mot
qui ne foit digne de lui. Car étant é-
tabli ici-bas, en la place de Dieu, pour
Gardien de la Loi Naturelle, & pour
Juge de ce qui concerne cette Utilité modérée, fage, & falutaire, dans
laquelle confifte la Vertu & l'Honnête; de quel front oferoit-il s'attribuer
le privilége de faire quelque chofe de
contraire aux Régles de l'Honnêteté,
c'eft-à-dire, de l'Utilité vraie & folide ? Mais heureufement ULPIEN
lui-même, du fentiment de qui il s'agit
entre nous, eft tout-à-fait dans cette
penfée, comme il le donne à entendre
dans les exemples fuivans: (1) *Lors*, dit-
il, *que l'on permet de faire quelque chofe
dans un Lieu Public*, IL NE FAUT LE
PERMETTRE QU'AUTANT QUE
CELA PEUT SE FAIRE SANS
CAUSER DU PREJUDICE A' PER-
SONNE: ET C'EST AINSI QU'EN
USE ORDINAIREMENT LE PRIN-
CE, *lors qu'on lui demande la permiffion*
d'en-

---

(1) *Nam quotienfque aliquid in publico fieri permittitur,*
ita oportet permitti, ut fine injuria cujufquam fiat: & ita
folet Princeps, quotiens aliquid novi operis inftituendum pe-
titur, permittere. DIGEST. Lib. XLIII. Tit. VIII. *Ne*
quid in loco publico, vel itinere fiat, Leg. II. §. 10.
(2) *Si Imperator fit Hæres inftitutus, poffe inofficiofum*
dici

d'entreprendre quelque nouvel Ouvrage.
Le même Jurisconsulte dit ailleurs, que,
(2) *si un Pere institue l'Empereur son Hé-*
ritier, au préjudice de ses Enfans, ceux-
ci peuvent faire casser le Testament, &
que les Empereurs eux-mêmes l'ont fort
souvent déclaré par des Rescripts. D'où il
aroit, que, selon les idées d'Ulpien,
e Prince n'est pas moins indispensablement tenu à l'observation des Loix
Naturelles, qu'un simple Particulier.

Je vais plus loin, je soûtiens,
Messieurs, *qu'il est aussi obligé*
d'observer les Loix Civiles. On se re-
criera sans doute là-dessus: mais rien
n'est plus facile que de le faire voir d'u-
ne maniére convaincante. C'est ce que
témoignent manifestement des Rescripts (1) d'Hadrien & d'Alexandre Sévére, au sujet de la
Loi Falcidienne. Le même Alexandre fait mention ailleurs de la Loi
de l'Empire, c'est-à-dire, de celle que l'on appelloit autrement la Loi
                              Roia-

3. Bien
plus: les
Empereurs
Romains
n'étoient
pas même
dispensez
d'observer
toutes les
Loix Civiles.

---

dici *Testamentum, sæpissimè rescriptum est.* Digest. Lib.
V. Tit. II. *De inoffic. Testam.* Leg. VIII. §. 2.
   (3) *Et in legatis Principi datis Legem Falcidiam locum ha-*
bere, meritò Divo Hadriano placuit. Imp. Alexander, *Cod.* Lib. VI. Tit. L. *Ad Leg. Falc.* Leg. IV.

                              (1) Ex

ROIALE, (1) & il dit, que par cette Loi l'Empereur étoit dispensé, non pas, à mon avis, de se conformer à toutes les Loix Civiles, mais seulement de maintenir scrupuleusement les formalitez du Droit, lors qu'en vertu de son Autorité il jugeroit à propos de faire de meilleurs réglemens: car du reste il prétend que l'Empereur doit être regardé comme un simple Citoien, & que, dans les affaires de la Vie Civile, il n'est pas moins tenu, que les autres, d'observer les formalitez prescrites par les Loix, tant que ces Loix subsistent. C'est pour cela qu'il remarque, *qu'on a souvent décidé, que l'Empereur même ne peut pas hériter en vertu d'un Testament imparfait.* Et il en rend la raison: *C'est*, ajoûte-t-il, *qu'encore que, par la* LOI DE L'EMPIRE, *l'Empereur soit dispensé de laisser subsister inviolablement les formalitez du Droit, il n'y a rien néanmoins de si*

in-

---

(1) *Ex imperfecto Testamento nec Imperatorem Hereditatem vindicare posse, sæpe constitutum est. Licèt enim* LEX IMPERII *solennibus Juris Imperatorem solverit; nihil tamen tam proprium Imperii est, quàm Legibus vivere.* COD. Lib. VI. Tit. XXIII. *de Test.* &c. Leg. III. Voiez ce que dit l'Auteur dans ses *Observations* (publiées en 1706. & rimprimées en 1713. dans le Recueil de ses

Oeu-

inséparablement attaché au caractére de la
Puissance Souveraine, que de vivre se-
lon les Loix. On trouve aussi les paro-
les suivantes dans un Rescript de
THÉODOSE & de VALENTI-
NIEN: (2) C'EST UNE CHOSE
DIGNE DE LA MAJESTÉ DU
SOUVERAIN, QU'UN PRINCE SE
RECONNOISSE LUI-MEME AS-
TREINT A SUIVRE LES LOIX;
DE SORTE QUE NÔTRE AUTO-
RITÉ MEME EST SOÛMISE A
L'AUTORITÉ DU DROIT. Et en
effet, soûmettre sa volonté aux Loix, est
pour un Prince quelque chose de plus
grand, que la Souveraineté même. Nous
déclarons donc par le présent Edit, ce
que nous jugeons ne nous être pas permis.
Voilà le langage d'un Prince qui se fait
une juste idée de son Pouvoir. Car les
Loix Civiles sont établies pour le Bien
Public, & on ne sauroit raisonnablement en faire aucune qui ne se rapporte

_____

Oeuvres) Lib. I. Cap. IV.
(2) Digna vox est majestate Regnantis, LEGIBUS AL-
LIGATUM SE PRINCIPEM PROFITERI. Adeo de
auctoritate Juris nostra pendet auctoritas. Et re vera majus
Imperio est, submittere Legibus Principatum. Et oraculo
praesentis Edicti, quod nobis licere non patimur, indicamus.
COD. Lib. I. Tit. XIV. De Legibus &c. Leg. IV.
(1) Quod

te à ce but; le Droit Civil n'étant autre chose (1) que ce que chaque Peuple juge utile à son Etat. Or le Prince est chargé du soin de veiller & de pourvoir à ce qui concerne le Bien Public: pourquoi ne seroit-il donc pas lui-même soumis aux Loix Civiles, qu'il reconnoît être avantageuses à l'Etat? Mais, direz-vous, il est le Prince, c'est-à-dire, le prémier de l'Etat. Ajoutez, si vous voulez, qu'il en est le Chef, ou bien, qu'il est l'Ame des Citoiens: il ne laisse pas pour cela de faire partie de la Société Civile: en vertu de quoi donc ne devroit-il pas conformer ses actions au Bien Public, comme tous les Citoiens y sont indispensablement obligez? C'étoit-là l'opinion des Anciens, comme il paroît par ce que rapporte un Historien en parlant du Mariage de l'Empereur *Claude* & d'*Agrippine*, qui étoit alors regardé com-

(1) *Quod quisque Populus ipse sibi Jus constituit,* (il faut sousentendre ici, *usu exigente,* comme il paroît par la définition du DROIT DES GENS) *id ipsius proprium Civitatis est, vocaturque* JUS CIVILE *quasi Jus proprium ipsius Civitatis.* INSTIT. Lib. I. Tit. I. §. I.

(2) C. Pompeio, Q. Veranio Coss: *pactum inter Claudium & Agrippinam matrimonium jam fama, jam amore inlicito firmabatur; necdum celebrare solennia nuptiarum audebant, nullo exemplo deducta in domum Patrui fra-*

comme inceſtueux par les Loix Civiles :
(2) *Sous le Conſulat de* C. Pompeius *&
de* Q. Véranius, *quoi que le Mariagé fût
conclu & arrêté entre* Claude *&* Agrippine, *que la Renommée le publiât, &
que leurs careſſes en donnaſſent des aſſû-
rances ; ils n'oſoient encore le célébrer ouvertement, parce qu'on n'avoit jamais vû
à* Rome *un Oncle épouſer ſa Niéce. Ils
étoient même frappez de l'idée de l'In-
ceſte, & ils craignoient que les Dieux ne
le puniſſent par quelque calamité publique.
Ces difficultez les empêchérent de paſſer
outre, juſques à ce qu'enfin* Vitellius *entreprit de les lever par ſes artifices. Il
demanda donc à l'Empereur, s'il ne ſe
rendroit pas à la volonté du Peuple,
& à l'autorité du Sénat : & comme*
Claude *eût répondu,* qu'E'TANT DU
NOMBRE DES CITOIENS, IL NE
POUVOIT PAS S'OPPOSER A'
LEUR CONSENTEMENT ; *il lui
dit*

fratris Filia. Quin & inceſtum, ac ſi ſperneretur, ne in
malum publicum erumperet, metuebatur. Nec ante omiſſa
cunctatio, quàm Vitellius ſuis artibus id perpetrandum
ſumpſit. Percunctatuſque Caſarem, an juſſis Populi, an
auctoritati Senatûs cederet ? ubi ille unum ſe Civium,
& conſenſu imparem reſpondit, opperiri intra Palatium jubet. TACIT. Annal. Lib. XII. Cap. V. num. 1,
2, 3.

M   (1) L'Au-

dit d'attendre dans son Palais la réponse qu'on feroit là-dessus. C'est ce que nous apprend TACITE.

Preuve de cela, à l'égard d'*Auguste*.

Cependant, direz-vous, l'autorité d'ULPIEN n'en est pas moins expresse : elle porte en termes généraux, que *le Prince est déchargé de l'obligation d'observer les Loix.* Fort bien : mais je demande, quand & par quelle Loi en at-il été exemté ? C'est, dit-on, par la LOI ROIALE, faite sous *Auguste ;* car alors le Peuple Romain transféra à lui & en sa personne tout son Empire & tout son Pouvoir. Mais, qui que vous soyiez qui vous fondez là-dessus, sâchez que ce que la plûpart des Empereurs, depuis *Auguste,* ont reçû par un seul Arrêt du Sénat (1) ou une seule Loi, que les anciens Jurisconsultes appellérent ensuite la LOI ROIALE ou la LOI DE L'EMPIRE ; *Auguste* le reçût sous un autre nom, & par plusieurs Loix ou Ordonnances du Sénat, faites en divers tems. Si cela vous surprend, considérez avec attention la

suite

---

(1) L'Auteur parle ainsi, à cause que, la distinction ancienne entre les *Loix* & les *Arrêts du Sénat* étant alors abolie ; on appelloit tantôt *Loi,* & tantôt *Arrêt du Sénat,* tout Réglement ou toute Ordonnance

suite de la Vie d'*Auguste*; parcourez tous ses Consulats, selon l'ordre dans lequel DION CASSIUS les rapporte; vous trouverez, je m'assure, qu'il n'y a rien de plus vrai. Je pourrois le montrer par un grand nombre de preuves, si je n'avois été prévenu par * un Excellent Homme, qui a été un grand ornement & de cette Université, & de toute la République des Lettres, où sa mémoire sera éternellement en bénédiction. J'ajoûterai seulement une chose, qui n'a été remarquée ni par cet Illustre Savant, ni par aucun autre; c'est que, quelle qu'aît été l'Ordonnance du Sénat par laquelle *Auguste* fut exemté de l'observation des Loix, ce n'est pas la même que celle en vertu dequoi il fut élevé à l'Empire. Car, si l'on en croit † DION, l'Empire lui fut déféré à son septiême Consulat; au lieu que, selon le même ⊥ Auteur, le Sénat ne le déchargea de l'observation des Loix qu'au dixiême Consulat. Alors il ne fut pas même mis au dessus de

* *Jean Frederic Gronovius*, dans sa Harangue *de la Loi Roiale*, jointe à cette nouvelle Edition.

† *Lib. LIII. pag. 569.*

⊥ *Lib. LIII. pag. 590.*

ce sur les affaires générales, tant publiques, que particulières. Voïez la Harangue de GRONOVIUS, sur la fin.

M 2 (1) Voïez

de toutes les Loix, mais d'une seule, je veux dire, de la *Loi Cincienne*; quoi que D i o n s'exprime ici en termes trop généraux. Je me fonde sur la narration même de cet Historien. Car en parlant de la raison pourquoi le Sénat dispensa *Auguste* d'observer les Loix, il dit qu'aiant promis de donner au Peuple une somme pour être distribuée à tant par tête, il feignoit de ne pouvoir tenir sa parole sans l'approbation du Sénat: de sorte que, pour l'autoriser à faire des libéralitez qui alloient au delà de ce que permettoit la (1) *Loi Cincienne, le Sénat l'exemta de l'observation des Loix* (2). Cette expression, selon l'usage des *Romains*, ne se devoit entendre que de la *Loi Cincienne:* mais D i o n, qui étoit *Grec* de Nation, l'étendit à toutes les Loix généralement, soit par ignorance, ou par flatterie, toûjours sans aucune raison. Il y aüra sans doute, M e s s i e u r s, des gens

____

(1) Voïez le Commentaire de F r i d e r i c B r u m- m e r sur cette Loi, qui vient d'être rimprimé en 1712. à *Leipsig*.

(2) Καὶ ἐπειδὴ .... τῷ Δήμῳ καθ᾽ ἱκατὸν δραχμὰς δώσειν ὑπέσχετο, τό, τι γράμμα τὸ περὶ αὐτῶν ἀπηγόριυσι μὴ πρότερον ἐκτεθῆναι, πρὶν ἂν καὶ ἐκείνη [τῇ Βηλῇ] συνδόξῃ· ὧδεις αὐτὸν τ᾽ ᾗ νόμων ἀνάγκης ἀπήλλαξαν

gens qui me trouveront un peu bien
hardi & bien opiniâtre, d'oſer, dans
un fait ancien, & de l'Hiſtoire Romaine, démentir un Conſul Romain & un
Hiſtorien célebre. Mais j'aime mieux
contredire D I O N, que la Vérité : car
il * avoue lui-même, que le Sénat, en
déchargeant *Auguſte* de l'obſervation de
la *Loi Cincienne*, ſe ſervit de l'expreſſion que j'ai rapportée ; or je ferai voir
un peu plus bas, que les Anciens n'entendoient point par là une exemtion
de toute Loi Divine & Humaine, mais
d'une ſeule Loi, ſavoir de celle dont
il s'agiſſoit. Ajoûtez à cela, que l'année ſuivante (3) D C C X X X I. de la fondation de *Rome*, c'eſt-à-dire, ſous le
onziéme Conſulat d'*Auguſte*, le Sénat,
au rapport de † D I O N, revêtit ce
Prince à perpétuité de la Puiſſance du
Tribunat ; & lui permit de plus de
propoſer (4) ce qu'il lui plairoit toutes
les fois que le Sénat ſe tiendroit, encore

* *Lib.* LIII.
bag. 582, &
590.

† *Ibid.* pag.
594.

λαξαν &c. Pag. 590, 591. *Edit. H. Steph.*
(3) Selon l'Ere de *Varron*, que D I O N ſuit ; ou
DCCXXIX. ſelon l'Ere de *Caton*, que d'autres préfé-
rent.
(4) Voïez ce que j'ai dit là-deſſus, ſur la Harangue
de G R O N O V I U S, pag. 48. *Not.* I.

M 3   (1) Cet

core même qu'il .ne fût pas Conful.
Il ordonna encore, qu'*Augufte*, en entrant à *Rome* ne fe démettroit pas de
l'Autorité de Proconful ; & qu'il n'auroit pas befoin d'y faire renouveller fa
commiffion. Enfin, il voulut que,
quand *Augufte* feroit dans les Provinces, il y eût plus de pouvoir que les
Gouverneurs même. Tout cela ne don-
ne-t-il pas à entendre clairement, que
l'on déchargeoit alors l'Empereur de
l'obfervation de quelques Loix du Droit
Public, auxquelles il étoit foûmis auparavant? Comment eft ce donc que
D I O N a pû écrire, qu'il avoit été dif-
penfé de toutes les Loix dans un de fes
Confulats précédents? Pour ne pas dire, qu'au rapport du même † Hiftorien, fous le Confulat de *C. Sentius*, &
de *Q. Lucretius*, c'eft-à-dire, l'an de *Rome* D C C X X X V. on accorda entr'autres
chofes à *Augufte* la permiffion de tout
réformer, comme il le jugeroit à propos; de faire telles Loix que bon lui
fem-

† *Lib.* LIV. *pag.* 604

---

(1) Cet Empereur, pour amaffer de l'argent, voulut que tous ceux qui avoient légué quelque chofe par
teftament à *Tibere*, & qui lui avoient furvêcu, fiffent
les mêmes legs à lui *Caligula*. Mais comme il n'avoit
ni Femme ni Enfans, & que par un article de la *Loi
Julienne & Papienne* on ne pouvoit hériter en ce cas-là
que

fembleroit, & de leur donner fon nom :
ce qui feul fuffitoit pour faire voir,
qu'il n'avoit pas encore le droit de rien
faire contre les Loix. Je trouve auffi
dans D I O N un autre fait bien remarquable ; c'eft qu'en parlant du régne de
Caligula, il dit (1) que pour autorifer
ce Prince à agir contre la *Loi Julienne
& Papienne*, à l'égard des biens fujets
au Droit d'Aubaine, il fallut que le Sénat l'exemtât de cette Loi : à quoi bon
cela, fi *Augufte* & *Tibére* avoient déja
eu le privilége de paffer par deffus toutes les Loix ?

Il eft donc clair, quoi qu'en dife
D I O N, & d'autres après lui, qu'*Augufte* ne fut pas dégagé de l'obfervation
de toutes les Loix, mais feulement de
celles dont le Sénat le difpenfa nommé-
ment : & que du refte il étoit tenu
d'obferver les autres, comme un fimple Citoïen. Tous fes Succeffeurs eurent le même droit, & rien davantage. Car qu'eft-ce qu'on leur donna ?
L'Em-

L'Empire, fur le pié qu'*Augufte* l'a-
voit eu : voilà tout. La feule différence qu'il y eût, c'eft que les Succeffeurs
d'*Augufte*, dès leur avénement à l'Empire, reçûrent tout-à-la-fois par un feul
Arrêt du Sénat ou une feule Loi, ce
qui n'avoit été accordé à *Augufte* que
par plufieurs Loix ou Ordonnances du
Sénat, faites en divers tems. Je ne
prétens pas, MESSIEURS, que vous
m'en croyiez fur ma parole : mais vous
ajoûterez foi fans doute à la *Loi Roiale*,
par laquelle l'Empire fut déféré à *Vefpafien* ; on ne peut fouhaitter de te-
moignage plus certain & plus authentique. En voici donc les paroles qui
font à nôtre fujet, telles que je les trouve dans un fragment de cette Loi qui
fe voit à *Rome* fur une Table de cuivre, dans la Bafilique de *St. Jean de
Latran :* (1) QUE L'EMPEREUR
VESPASIEN SOIT EXEMT D'OB-
SERVER LES LOIX ET LES
OR-

---

(1) VTIQVE. QVIBVS. LEGIBVS. PLEBEIVE.
SCITIS. SCRIPTVM. FVIT. NE. DIVVS. AVG.
TIBERIVSVE. JVLIVS. CÆSAR. AVG. TIBE-
RIVSQVE. CLAVDIVS. CÆSAR. AVG. GERMA-
NICVS. TENERENTVR. IIS. LEGIBVS. PLEBIS-
QVE. SCITIS. IMP. CÆSAR. VESPASIANVS.
SOLVTVS. SIT. QVÆQVE. EX. QVAQVE. LEGE.
&c.

ORDONNANCES DU PEUPLE,
DONT IL A ETE ORDONNE
QU'AUGUSTE, TIBÉRE, ET
CLAUDE SEROIENT DISPEN-
SEZ: ET QU'IL SOIT PERMIS A
VESPASIEN DE FAIRE TOUT
CE QU'AUGUSTE, TIBÉRE, ET
CLAUDE, ONT PU FAIRE EN
VERTU DE QUELQUE LOI. Qui
peut douter après cela, que le privi-
lége conféré au Prince par la *Loi Roia-
le* ne confifte à être déchargé de l'obli-
gation d'obferver, non toutes les Loix
fans exception, mais feulement celles
dont *Augufte* & fes Succeffeurs avoient
été formellement difpenfez.

Je n'en dirai pas davantage là-deffus, Quel eft le
MESSIEURS; cela n'eft pas néceffai- roles d'*Ul-*
re; & vous attendez que je vous ex- *pien.*
plique enfin ce que veut dire ULPIEN,
lors qu'il pofe en fait, que le *Prince*
eft exempt de l'obfervation des Loix. Je
fuis perfuadé, que la *Loi Julienne &*
Pa-

ROGATIONE. DIVVM. AVG. TIBERIVMVE.
JVLIVM. CÆSAREM. AVG. TIBERIVMVE.
CLAVDIVM. CÆSAREM. AVG. GERMANICVM.
FACERE. OPORTVIT. EA. OMNIA. IMP. CÆSA-
RI. VESPASIANO. FACERE. LICEAT. Voiez
VINCENT. GRAVINA, dans fes *Origines Juris Civi-*
lis, pag. 138. Ed. Lipf. 1708.

Papienne n'étoit pas une de celles dont on déchargea *Auguste* ; & j'en ai une preuve claire & incontestable : c'est que, comme nous l'avons déja remarqué sur la foi de DION, il fallut que le Sénat dégageât *Caligula* du lien de cette Loi ; ce qui n'auroit pas été nécessaire, si *Auguste* & *Tibere* en avoient déja été dispensez. Cela étant, je ne sai si nous n'y trouverons pas dequoi découvrir le veritable sens des paroles d'ULPIEN. Car je suis fort trompé si, lors que ce Jurisconsulte dit, que *le Prince est déchargé de l'observation des Loix*, cela ne doit s'entendre uniquement de la *Loi Julienne & Papienne*, dont le Sénat avoit exemté les Empereurs en la personne de *Caligula*. Pour vous en convaincre, MESSIEURS, par vos propres yeux, vous n'avez qu'à considérer, que le dessein d'ULPIEN n'est pas d'expliquer la *Loi Roiale*, & de faire voir, par la teneur de cette Loi, en quoi consiste & jusqu'où s'étend le Pouvoir du Prince ; mais seule-

(1) Il y a pourtant apparence, que TREBONIEN, en détachant ces paroles de la suite du discours, & les insérant dans le Titre du DIGESTE, *de Legibus*, leur a voulu donner un sens plus général, dans un tems

lement (1) d'expliquer la *Loi Julienne*
& Papienne. Cela paroît par le titre
même du Chapitre où sont contenues
ces paroles: car, comme l'ont déja remarqué (2) de très-savans hommes, il
est tiré du *XIII. Livre* d'ULPIEN
sur la Loi Julienne & Papienne, & non
pas d'un Traité sur la *Loi Roiale*; d'où
il s'ensuit qu'ULPIEN n'avoit en vûe
que la prémiére. Les paroles suivantes
de ce Jurisconsulte nous donnent lieu
d'inférer la même chose: *Pour l'Impé-*
ratrice, (dit-il) *quoi qu'elle n'aît pas*
été exemtée de l'observation des Loix, le
Prince son Epoux lui communique ses pri-
viléges. Que veut dire cela, si ce n'est
qu'encore que l'Impératrice n'aît pas
été formellement dispensée, par un Arrêt du Sénat, de la *Loi Julienne & Pa-*
pienne, elle peut ne pas s'y soûmettre,
entant que Femme de l'Empereur, qui
lui fait part du droit, en vertu duquel
il est exemt de se conformer à cette
Loi.

Voilà, MESSIEURS, de quelle
ma-

Réponse à une difficul-té, tirée de ce qu' *Ulpien* s'exprime au *Plurier*, & non pas au *Singu-lier*.

_____

tems où les Empereurs s'étoient mis tout ouvertement
au dessus des Loix.

(2) Par exemple, CUJAS, dans ses *Observations*,
Lib. XV. Cap. XXX.

(1) Sed

manière il faut entendre ULPIEN. Il
ne reste plus qu'une difficulté, mais
qu'il est très-facile de lever. Ce Jurisconsulte dit, que *le Prince est déchargé
de l'observation* DES LOIX, & non pas
D'UNE LOI. Ne semble-t-il donc pas
insinuer par là, qu'il entend parler de
plusieurs Loix, ou même de toutes sans
exception? Cette expression vous fait
de la peine, & elle a embarrassé DION,
comme je l'ai conjecturé ci-dessus.
Mais elle n'arrêtera personne, si l'on
fait attention à l'usage de la Langue
Latine, dont la connoissance exacte
est absolument nécessaire à ceux qui
veulent étudier le Droit Romain, comme cet exemple seul peut vous le persuader. En effet, dans la bonne Latinité, on peut dire qu'une personne est
dispensée des Loix, quoi qu'elle ne soit
dispensée que d'une seule. C'est ainsi
que

---

(1) *Sed cùm, edictis jam Comitiis, ratio ejus haberi non
posset, nisi privatus introisset Urbem, & ambienti ut* LE-
GIBUS SOLVERETUR *multi contradicerent, coactus est
Triumphum, ne Consulatu excluderetur, dimittere.* VIT.
JUL. CÆSAR. Cap. XVIII.

(2) *Cur M. Brutus, te referente,* LEGIBUS EST SO-
LUTUS, *si ab Urbe plus quam decem dies abfuisset?* PHI-
LIPPIC. II. Cap. XIII. (ubi vid. GRÆV.) *Brutus é-
toit Préteur de la Ville; & il y avoit une Loi qui dé-
fendoit à un tel Magistrat de s'absenter de Rome plus
de dix jours.*

(1) *Quid*

que SUÉTONE (1) raconte que *César*
fit des brigues, pour être DISPENSÉ
DES LOIX: or il s'agit là uniquement de la Loi qui défendoit de retenir le Commandement d'une Province
en entrant à *Rome*, à moins que ce ne
fût pour le Triomphe. CICERON
dit aussi à *Marc Antoine*, dans (2) une
des PHILIPPIQUES: *D'où vient que*
Brutus, *sur vôtre proposition, a été dispensé* DES LOIX, *au cas qu'il vînt à
s'absenter de* Rome *plus de dix jours:*
Et ailleurs, en parlant de *Pompée:* (3)
*Qu'y a-t-il de plus extraordinaire, que
de voir un homme,* DISPENSÉ DES
LOIX *par un Arrêt du Sénat, devenir
Consul dans un âge où les ... oix ne permettent pas même de prétendre à aucune autre Charge Publique?* Je pourrois
alléguer plusieurs (4) autres exemples
de cette façon de parler: mais ceux
que

---

(3) *Quid tam singulare, quàm ut ex Senatusconsulto* LEGIBUS SOLUTUS *Consul ante fieret, quàm ullum alium
Magistratum per Leges capere licuisset?* ORAT. PRO LEG.
MANIL. Cap. XXI.

(4) Dans la derniére Edition de ce Discours, qui
vient de paroître, avec toutes les autres *Oeuvres* de
nôtre Auteur, il renvoie ici en marge à l'argument
d'ASCONIUS PEDIANUS sur la Harangue de CICERON *pro Cornelio*, dont il ne nous reste que quelques fragmens, *Tom. VI. Orat. Edit. Grav.* pag. 948.
Il n'y a rien de plus commun dans toutes les Langues,

que vous venez d'entendre fuffifent,
& il eft clair maintenant, qu'on ne fauroit fe prévaloir de l'autorité d'Ulpien, pour prouver que les Empereurs avoient une Puiffance fans bornes.
Qu'on vienne après cela défendre, fi
l'on peut, ce prétendu Pouvoir des
Souverains abfolument illimité, & au
deffus de toute Loi: qu'on faffe fonner
haut l'exemple des Empereurs Romains,
comme favorable à une opinion fi dure, fi cruelle, fi inhumaine: il n'en
fera pas moins vrai, que ces Princes
même étoient indifpenfablement ténus
d'obferver toutes les Loix & Naturelles, & Civiles, à la referve d'un petit
nombre de Loix du Droit Public ou

Par-

---

gées, que ces pluriels mis pour des finguliers; & à
l'égard de l'expreffion même, dont il s'agit, il m'en
tombe fous la main un exemple, tiré d'une des Philippiques de Ciceron: *Alter Cæfar, Vopifcus
ille, homo fummo ingenio, fumma potentia, qui ex ædilita-
te confulatum petit* SOLVATUR LEGIBUS *quanquam*
LEGES *eum non tenent, propter eximiam, credo, di-
gnitatem.* Philippic. XI. Cap. V. pag. 829, 830. Ed.
Grav.

(1) *Quod Principi placuit, Legis habet vigorem: utpote
cum* LEGE REGIA, *qua de Imperio ejus lata eft, Populus ei & in eum omne fuum imperium & poteftatem conferat.*
Digeft. Lib. I. Tit. IV. *De Conftitutionibus Principum,*
Leg. I.

(2) L'Auteur, dans le Chap. III. du I. Liv. de fes
Obfervations, publiées en 1706, & rimprimées en 1713.

dans

Particulier, comme nous venons de le faire voir.

Mais, dira-t-on, par la Loi Roia-Le les Empereurs aquirent le droit de faire tout ce que bon leur sembleroit, sans être obligez d'en rendre compte à personne; de sorte que, depuis ce tems-là, leur Pouvoir ne fut plus borné à gouverner selon les Loix, ils étoient maîtres des Loix mêmes. Le témoignage d'ULPIEN est exprès là-dessus : (1) *Ce que le Prince trouve bon,* (dit-il) *a force de Loi :* & la raison en est, comme il l'ajoûte, *que, par la* Loi Roiale, *qui roule sur l'Autorité du Prince,* LE PEUPLE LUI A TRANSFÉRÉ (2) A LUI ET EN SA PER-

Vrai sens de la Loi Roiale.

dans le Recueil de toutes ses *Oeuvres,* soûtient que ces mots EI ET IN EUM, ne sont pas la formule dont le Peuple Romain se servoit dans la *Loi Roiale :* & qu'ils signifient une seule & même chose ; comme il le fait voir par des exemples de façons de parler semblables, où l'addition d'une expression synonyme ne fait que donner quelque emphase à la pensée. Il montre aussi, par plusieurs faits incontestables, qu'après que la Souveraineté eût été déférée aux Empereurs, & même depuis la *Loi Roiale* faite sous *Vespasien ;* le Peuple Romain établit plusieurs Loix dans ses Assemblées : & que les Empereurs eux-mêmes reconnurent qu'il en avoit le droit. D'où il paroit, que le Peuple ne s'étoit pas tellement dépouillé de son Autorité, qu'il ne s'en fût reservé aucune partie.

(1) *Quod*

PERSONNE TOUT SON EMPIRE
ET TOUT SON POUVOIR. Vous
jugez bien MESSIEURS, qu'un argument ſi frivole n'a garde de m'embar-
raſſer. J'ai honte, au contraire, de voir
que, ſur un tel fondement, des perſonnes éclairées abandonnent les principes les plus évidens de la Loi Naturelle, pour ſe jetter dans une opinion
ſi abſurde. On dit que le Prince, comme tel, n'eſt point tenu de rendre
compte à l'Etat de ſa conduite ; je ne
le nie pas : que ſon Empire s'étend ſur
les Loix même ; ſoit : que ſa volonté
tient lieu de Loi ; en un mot, que le
Peuple lui a conféré *à lui & en ſa perſon-*
ne tout ſon Empire & tout ſon Pouvoir ; je le veux. Mais que s'enſuit-il
de là ? Cela l'autoriſe-t-il à tout bouleverſer, & à faire des choſes qui tendent à anéantir tous les droits & du
Corps de l'Etat & de chaque Particulier ? Non, MESSIEURS, le Peuple
Romain ne penſoit à rien de tel, ni
ULPIEN non plus. Ce Juriſconſulte

a

---

(1) *Quodcumque igitur Imperator per Epiſtolam & Sub-*
ſcriptionem ſtatuit, vel cognoſcens decrevit, vel de plano in-
terloquutus eſt, vel Edicto præcepit, Legem eſſe conſtat. Hæc
ſunt, quas vulgo Conſtitutiones adpellamus. DIGEST. Lib.
J.

a voulu seulement nous apprendre, que l'Empereur avoit reçû le pouvoir de faire des Loix de la maniére qu'il jugeroit à propos, (1) soit par des Rescripts, soit par des Constitutions, soit par des Edits: du reste il ne le soustrait point à l'Obligation indispensable de cette Loi primitive & souverainement juste, qui étant établie pour le Bien commun de tous les Hommes, ne sauroit être changée, affoiblie, ou détruite par aucune Loi ni aucune Convention. Pour ce qui est de l'intention qu'avoit le Peuple Romain en déférant l'Autorité Souveraine à ses Empereurs, voici le jugement d'AMMIEN MARCELLIN. Cet Historien parlant du changement arrivé dans le Gouvernement de l'Etat, dit, que la *République Romaine* étant sur son déclin, & voulant passer en repos le tems de sa Vieillesse, (2) *se déchargea sur les Empereurs, comme sur ses Enfans, du soin de gouverner ses biens, agissant par là en Mére bonne, sage, & riche, & non pas*

en

l. Tit. IV. *De Constitut. Princip. Leg. I. §. 1.*
(2) *Velut frugi parens, & prudens, & dives, Casaribus tanquam liberis suis, regenda patrimonii jura permisit.* Lib. XIV. Cap. VI. pag. 23. *Edit. Valef. Gronov.*

(1) *Nam*

en dénaturée, ou, en insensée. LAC-
TANCE étoit dans la même penséé
à moins qu'on ne s'avisât de donner un
autre sens aux paroles que je vais rapporter, dans lesquelles il censure si vi-
goureusement l'orgueil & l'insolence
de *Maximien le Jeune*, qui imitoit la
Tyrannie des Rois de *Perse* : (1) *Après
avoir vaincu les* Perses, dit-il, *parmi
lesquels c'est une coûtume établie que les
Sujets se soûmettent à une Domination
Despotique, & que les Rois traitent leurs
Peuples en Esclaves; ce scélérat voulut
introduire une telle coûtume dans les Païs
de l'Empire Romain, & depuis cette victoire il en faisoit l'éloge sans aucune honte dans toutes les occasions.* Mais laissons-
là les autoritez, quelque graves & justes qu'elles soient. Ce que j'avance ici,
je puis le prouver par les paroles mêmes
de la *Loi Roiale*, où l'on trouve le formu-
laire de l'acte par lequel on conféroit la
Souveraineté à l'Empereur, & dont UL-
PIEN

(1) *Nam post devictos Persas, quorum hic ritus, hic
mos est, ut Regibus suis in servitium se addicant, & Reges Populo suo tanquam Familiâ utantur; hunc morem ne-
farius homo in Romanam terram volait inducere, quèm ex
eo tempore victoria sine pudore laudabat.* De moribus
Persecutor. Cap. XXI.
(2) UTIQUE. QUÆCUNQUE. EX. USU. REIPU-
BLI-

PIEN a exprimé le sens à sa maniére, & non dans les termes de la Loi : de sorte que, si après cela on veut encore se fonder sur le paffage dont il s'agit, pour en tirer une conféquence si abfurde, également contraire & à la teneur de la *Loi Roiale*, & à la penfée d'ULPIEN, il n'y a que des Ignorans, ou des Efprits mal faits, ou de Malhonnêtes-Gens, qui foient capables d'approuver de pareils raifonnemens. Voici donc les propres termes du fragment de la Loi Roiale, que l'on conferve dans la Bafilique de *St. Jean de Latran :* (2) QUE VESPASIEN AÎT LE DROIT ET LE POUVOIR DE FAIRE TOUT CE QU'IL JUGERA AVANTAGEUX A LA RÉPUBLIQUE, ET CONVENABLE A LA MAJESTÉ DES CHOSES DIVINES ET HUMAINES, PUBLIQUES ET PARTICULIÉRES, TEL QUE L'ONT EÛ AUGUSTE, TIBÉRE, ET CLAU-

---

BLICÆ. MAJESTATE. DIVINARVM. HVMANARVM. PVBLICARVM. PRIVATARVMQVE. RERVM. ESSE. CENSEBIT. ET. AGERE. FACERE. JVS. POTESTASQVE. SIT. ITA. VTI. DIVO. AVG. TIBERIOQVE. JVLIO CÆSARI. AVG. TIBERIOQVE. CLAVDIO. CÆSARI. AVG. GERMANICO. FVIT.

(1) *Ref-*

Claude. Que fait ici le Peuple? Il donne à *Vespasien* un Pouvoir fort étendu & illimité, comme celui dont *Auguste* avoit été revêtu. Pourquoi? Dans la même vûe qu'un Procureur est autorisé à ménager comme il le jugera à propos les affaires dont on le charge. Or on ne présume jamais, que par là il aît aquis le droit de ruiner les affaires de celui qui s'est reposé sur lui: on suppose toûjours, qu'il les gouvernera avec plein pouvoir, mais de bonne foi. C'est une maxime que la Raison & le (1) Droit Civil établissent de concert, à l'égard des Procureurs de Particulier à Particulier: & c'est aussi ce qu'entend le Peuple Romain, en confiant le soin des affaires de l'Etat au Prince, qui est (2) l'Administrateur Public. Il ne prétend pas l'autoriser à faire tout ce qui lui viendra en fantaisie, ni lui donner un Pouvoir absolument sans bornes,

(1) *Respondi, eum de quo quæreretur,* PLENE' QUIDEM, SED QUATENUS RES EX FIDE AGENDA ESSET, *mandasse.* Digest. Lib. XVII. Tit. I. *Mandati, vel contra,* Leg. LX. §. 4.

(2) L'Empereur *Hadrien* protesta souvent, & dans l'Assemblée du Peuple, & dans le Sénat, *qu'il gouverneroit, comme aiant en main le maniment des affaires du Peuple, & non pas des siennes propres.* SPARTIAN. Cap. VIII. *Et in Concione, & in Senatu sæpe dixit, Ita se Rem-*

nes, mais un Pouvoir auffi grand que
le demande *le Bien de l'Etat, & la majefté des Chofes Divines & Humaines,
Publiques & Particuliéres.* En un mot,
le Peuple établit le Prince pour être
(3) une Loi vivante, qui puiffe s'accommoder à la diverfité infinie des con-
jonctures ; au lieu que les Loix écrites
font toûjours uniformes, & ne fauroient, lors même qu'elles font dref-
fées avec le plus d'exactitude, exprimer
tous les cas ni prévenir tous les inconvéniens poffibles. Pour ne pas dire, qu'il
y a des chofes utiles en un tems, qui de-
viennent nuifibles en un autre : car qui
ne fait, que le Bien de l'Etat demande,
par exemple, que l'on faffe d'autres réglemens en tems de Guerre, qu'en tems
de Paix ; & que l'on agiffe dans la
Profpérité, autrement que dans l'Ad-
verfité? Pendant que les *Romains* vê-
curent fous un Gouvernement Répu-
bli-

Rémpublicam gefturum, ut fciret POPULI REM ES-
SE, NON SUAM. Et *Alexandre Sévère* difoit en pro-
pres termes, que l'Empereur étoit le Procureur ou
l'Econome du Peuple, DISPENSATOR PUBLICUS.
Lamprid. *Cap.* XXXII. Voiez SAUMAISE fur le Chap.
XV. p. 902, 903. *Ed. Lugd. Bat.*
(3) Cui [Imperatori] & ipfas Deus Leges fubjecit, LE-
GEM ANIMATAM eum mittens hominibus &c. NO-
VELL. JUSTINIAN. CV. Cap. II. §. 4.

blicain, quoi que les Magistrats eussent
quelque part aux affaires, la décision
en dépendoit principalement du Peuple, qui, outre qu'il ne s'assembloit
pas tous les jours, agissoit avec une
lenteur souvent préjudiciable. Les Factions & l'Avarice faisoient naître mille
difficultez, mille obstacles, mille re-
tardemens: & d'ailleurs, chacun n'en-
visageoit pas ordinairement les choses
du même côté, ni de la même manière. Lors donc que l'on eût ensuite é-
tabli un Prince, on crut qu'il étoit de
l'intérêt public que son Autorité ne fût
pas bornée, comme l'étoit celle des
Preteurs ou des Consuls, mais souveraine & indépendante. On ne préten-
dit pourtant pas lui donner le droit de
changer ou d'abolir à sa fantaisie des
Loix justes & utiles: on voulut seulement qu'il eût plein pouvoir, comme
l'avoit auparavant l'Assemblée du Peuple, d'adoucir ou d'abroger des Loix
trop dures ou désavantageuses; & de
remédier, selon sa prudence & ses
forces, aux cas imprévûs qui survien-
droient désormais. Sur ce pié-là on
peut très-bien dire, que, par la *Loi
Roiale*, l'Empereur étoit revêtu de
tout

tout le Pouvoir du Peuple, & qu'il avoit un Empire souverain, même sur les Loix; mais qui néanmoins étoit renfermé dans les bornes du Bien Public, &, comme le porte expressément la *Loi Roïale*, *de la majesté des Choses Divines & Humaines, Publiques & Particulières.*

Je ne nie pas, MESSIEURS, que les *Empereurs* n'aient souvent agi comme s'ils ne devoient suivre d'autre régle que leur *caprice*, & ne se soient tout permis, sans se mettre en peine si ce qu'ils faisoient, ou qu'ils négligeoient, étoit convenable à leur caractére & à leurs engagemens. Je frémis, quand je pense aux excès horribles dans lesquels ils se sont plongez, & j'ai compassion de voir le prémier Peuple du Monde réduit à souffrir des traitemens si indignes de la part de quelques-uns de ses Citoiens. Figurez-vous un *Tibére*, ou, si vous voulez, un *Caligula*, un *Néron*, un *Vitellius*, un *Domitien*, un *Commode*, &c. voilà ces *Péres de la Patrie*, ces Princes *Pieux*, *Fortunez*, dignes sans contredit de si beaux titres, ou d'autres semblables que la Flatterie a inventez! Peut-on nier que ces Em-

La conduite de plusieurs Empereurs prouve seulement qu'ils abusoient de leur Autorité.

pe-

pereurs n'aient été des monstres, qui
ne respiroient qu'orgueil, que calom-
nies, que rapines, qu'infamies, qu'incestes, qu'adultéres, que parricides,
que brigandages, que meurtres & cruautez horribles, que désolation, que
fureur & ferocité brutale, infiniment
au dessus de toutes les plaintes qu'on
faisoit de leur Gouvernement & même
au dessus de l'horreur avec laquelle ils
étoient regardez & à *Rome*, & dans
les Provinces? Ces monstres, dis-je,
(car je ne saurois donner le nom d'Hommes, à des gens qui avoient dépouillé
tout sentiment d'Humanité) lors qu'ils
vouloient (1) empoisonner le Sénat,
mettre le feu à la Ville, & y lâcher
des Bêtes féroces; lors qu'ils (2) sou-
haittoient que le Peuple n'eût qu'une
tête, pour la faire sauter d'un seul
coup; lors qu'ils cherchoient toute sorte de moiens pour ne laisser à personne
ne rien de ce qui lui appartenoit; lors
qu'immolant à leur rage toutes les personnes de probité & d'un mérite distin-
gué,

____

(1) Volez Suetone, dans la Vie de *Néron*, Cap.
XLIII.
(2) C'étoit le souhait de *Caligula*. Suet. C. XXX.
Dion Cassius, Lib. LIX. pag. 746. B. *Edit. H.
Steph.*

(3) *Nulla*

gué, ils ne faisoient du bien qu'à des
Assassins, à des Empoisonneurs, à des
Comédiens, à des Bouffons, à des
Cochers, à des Gladiateurs, en un
mot à tout ce qu'il y avoit d'Infames,
de Méchans, & de Scélérats : lors,
dis-je, qu'ils se conduisoient de cette
maniére, peut-on dire qu'ils agissent
comme Princes, en vertu de la *Loi
Roiale*, & qu'on fût obligé de leur
obéïr par le Droit Divin & Humain ?
Ne se montroient-ils pas au contraire
vrais Tyrans, avec qui par conséquent
personne n'étoit uni (3) par aucun lien
de Droit Humain ou Divin ; & contre lesquels chacun avoit droit de prendre les armes, en vertu de la Loi Naturelle, la plus sainte & la plus juste
de toutes les Loix ? Aussi voions-nous
que le Sénat usa de ce droit, lors qu'il
déclara (4) *Néron* Ennemi du Peuple
Romain, & qu'il le fit chercher pour
le punir selon la coûtume, c'est-à-dire,
en lui passant la tête dans une fourche,
& le fouettant ensuite jusqu'à la mort.

II

(3) *Nulla enim nobis societas cum Tyrannis, sed potius
summa distractio est.* CICERON. *de Offic. Lib.* III. *Cap.*
VI.

(4) Voiez sa Vie, dans SUETONE, Cap. XLIX.

N   (1) SUR-

Il en seroit venu plus souvent à faire
de tels exemples en la personne de ses
Empereurs, qui lui en donnoient sujet
si souvent, & d'une maniére si étrange :
mais ils prenoient soin de se bien mu-
nir contre la sévérité de la Discipline
Publique, & ils cherchoient l'impuni-
té de leurs Crimes non dans la *Loi de
l'Empire*, mais dans la Loi du plus fort.
Le Sénat fit effacer par tout le nom de
Domitien dans les (1) monumens publics,
voulant abolir jusqu'au souvenir de ce
méchant Prince : & le Peuple demanda d'un commun accord avec le Sénat,
que le corps de (2) *Commode* fût traîné
avec un croc, & jetté dans le *Tibre*.
Preuve évidente, que ce n'étoit que
malgré lui qu'il obéissoit à de tels Princes; & que, dès qu'il trouvoit moien
de tirer vengeance de leurs déporte-
mens, il faisoit voir hautement qu'il
en avoit & le droit & la volonté. Car,
comme il n'étoit pas toûjours en état
de mettre à la raison les Empereurs,
qui s'étoient aquis une puissance énorme;

(1) Surtone, dans sa Vie, à la fin.
(2) Lampridius, dans sa Vie, Chap. XVII.
(3) L'Auteur fait allusion ici, & un peu plus bas,
à ce passage de Tacite, dont il explique en même
tems la pensée dans le sens le plus raisonnable, auquel

me ; la prudence vouloit qu'on fup-
portât leurs déréglemens , lors qu'on
ne pouvoit pas s'y oppofer avec fuccès. C'eft ainfi (3) que l'on fouffre la
Pluie, le Froid , & autres femblables
incommoditez naturelles, quand il n'y
a pas moien de s'en garantir. Mais
comme le Droit Naturel ne nous défend pas de nous mettre à couvert, fi
nous pouvons, de ces fortes d'incommoditez : de même la Raifon ne condamne nullement la conduite d'un Peuple, qui fe fert des forces qu'il a en
main pour fecouer le joug d'un Tyran.

Loin d'ici, direz-vous, une fi mauvaife doctrine , qui détruit le refpect
que l'on doit au Souverain, & par conféquent le lien de la Société Humaine.
N'eft-ce pas une chofe certaine, qu'il
y aura des Vices, tant qu'il y aura des
Hommes, fur tout dans les Cours &
parmi les Grands? Et les Hommes é-
tant, comme ils font, fort enclins à
mal penfer de la conduite des Magiftrats

*Cette doc-
trine par
elle-même
n'est nuisible
ni à la Socié-
té, ni aux
bons Princes.*

quel on peut l'admettre. *Quomodo fterilitatem , aut ni-
mios imbres, & cetera natura medi; ita luxus , vel ava-
ritiam dominantium tolerare. Vitia erunt , donec Homines
&c.* Hist. Lib. IV. Cap. LXXIV.

N 2   (1) TA-

trats & des Princes, quand ceux-ci seroient les plus innocens du monde,
peuvent-ils toûjours éviter la calomnie
& les injuftes murmures? D'ailleurs,
on juge ordinairement des chofes par
le fuccès : & cependant combien de
fois ne voit-on pas échouer les projets
les plus raifonnables & le mieux con-
certez? Ajoûtez à cela, qu'il y a des
Vertus fujettes à être confondues (1)
avec le Vice : l'Epargne, par exemple, femble tenir de l'Avarice; la Libéralité, de la Prodigalité; la Sévérité,
de la Cruauté; la Moderation, de la
Lâcheté; de forte que ce que les uns
regardent comme un acte de Vertu,
peut pafſer pour Crime dans l'efprit des
autres. Si donc la fûreté de la Puiffance Souveraine dépend de la légéreté du
Peuple, on ne fauroit rien concevoir
de plus malheureux ni de plus chan-
ce-

(1) Tacite dit, qu'il y a des Vertus odieufes,
comme une Sévérité inflexible, & une Intégrité qui
ne donne jamais rien à la faveur. *Quædam immo Vir-
tutes odio funt, Severitas obſtinata, inviſus adverſum gra-
tiem animus*. Annal. XV, 21. Il eſt pour le moins auſſi
ordinaire de confondre certains Vices avec la Vertu.
Un ancien Philofophe le remarque très bien. *Sunt e-
nim, ut ſcis, Virtutibus Vitia confinia.... ſic mentitur Pro-
digus Liberalem.... imitatur Negligentia Facilitatem, Temeritas Fortitudinem*. Senec. Epiſt. CXX. *Vitia nobis
ſub Virtutum nomine obrepunt: Temeritas ſub titulo Fortitu-
dinis*

celant que la condition d'un Prince.
Qu'y a-t-il d'ailleurs de plus pernicieux
à l'Etat, & qui doive moins être to-
léré, qu'une maxime qui foûmet le
Magiſtrat Souverain à la volonté & au
caprice du Peuple. Suivez-la bien, &
au lieu d'une fidéle obéïſſance, vous
aurez des ſéditions & des troubles; au
lieu de la Paix, des Guerres continu-
elles: en un mot, vous mettrez tout
en déſordre & en combuſtion. Voilà,
MESSIEURS, une âpre cenſure &
une objection qui a d'abord quelque
choſe de ſpecieux: mais permettez-moi
de la peſer à la balance exacte du Bon-
Sens, & vous avouerez que c'eſt la foi-
bleſſe même. Car, je vous prie, que
veut-on conclurre de là? Prétend-on
qu'il n'eſt jamais permis au Peuple de
ranger à ſon devoir le Prince, quelque
méchant qu'il puiſſe être? Cela eſt con-

trai-

dinis latet: *Moderatio vocatur Ignavia: pro Cauto Timidus
accipitur.* Epiſt. XLV. JUVENAL dit la même choſe,
au ſujet de l'Avarice:

 Fallit enim Vitium ſpecie Virtutis & umbrâ,
 Cum ſit triſte habitu, vultuque & veſte ſeverum,
 Nec dubie tanquam Frugi laudetur Avarus,
 Tanquam Parcus homo, & rerum tutela ſuarum
 Certa magis, quàm ſi &c.
  Satyr. XIV, 109, & ſeqq.
Voïez auſſi CICERON, Partit. Orator. Cap. XXIII,
& Mr. WASSE, ſur SALLUSTE, Catil. LVI.

(1) L'Au-

traire & au Droit Naturel, & à l'ufage des Nations les plus célébres, tant
anciennes, que modernes. Veut-on
dire, que le Peuple ne doit rien entreprendre témérairement & au préjudice
du Bien Public? Cela ne fait rien contre moi; car il s'agit de l'ufage légitime, & non pas de l'abus du droit que
j'attribue au Peuple: or il ne faut pas
regarder comme abfolument mauvais,
ce dont on peut faire un bon ufage.
Autrement l'établiffement des Magiftrats & des Princes, fans quoi il n'y
a pas moien de vivre en repos, devroit
paffer pour une chofe nuifible au Genre Humain. Car qui ne fait que les
Souverains, & les Magiftrats, depuis
le plus petit jufqu'au plus grand, ont
fouvent exercé leur Autorité d'une maniére funefte & à leurs Concitoiens &
à eux-mêmes? Dira-t-on pour cela
qu'il ne faut avoir ni Princes ni Magiftrats, & traitera-t on de pernicieufe la doctrine de ceux qui foutiennent
qu'ils

(1) L'Auteur imite ici ce que *Senéque* dit au fujet de
l'Empereur *Claude:* Cæsari quoque ipfi, cui omnia licent, propter hoc ipfum multa non licent. Omnium domos illius vigilia defendit, omnium otium illius labor, omnium
delicias illius induftria, omnium vacationem illius occupatio.
De Confolat. ad Polyb. Cap. XXVI.
(2) C'eft l'éloge que Pline le Jeune donne à
Tra-

qu'ils font neceſſaires dans la Société,
ſous prétexte que ceux qu'on choiſit
peuvent ſe trouver mechans? Puis donc
qu'à cet égard on ſe contente de condamner l'abus; pourquoi prétendroit-
on, que, parce que le Peuple peut faire
un mauvais uſage de ſa Liberté Naturelle, même contre ſon propre intérêt, il ne lui ſoit jamais permis ni
avantageux de ſe ſoulever contre les
plus méchans Princes? Mais qu'eſt-ce
qu'il y a ici à craindre pour un Souverain, ſi, comme il s'y eſt engagé, il
veille avec ſoin à la Tranquillité publique? (1) ſi, par ſa juſtice & par ſon
courage, il défend les biens, la vie,
& la liberté de chacun? Si, par ſa
prudence, il va au devant de tout ce
qui eſt capable de nuire à ſes Sujets,
quels qu'ils ſoient? ſi, par ſa bonté,
il les ſoulage dans leurs malheurs? en
un mot, s'il agit envers eux non en
Tyran, mais en Citoien, non en Maître, mais en Pére: (2) s'il ſe ſouvient
toû-

Trajan: N o n enim de Tyranno, ſed de Cive: non de Do-
mino, ſed de Parente loquimur. Unum ille ſe ex nobis, &
hoc magis excellit atque eminet, quod unum ex nobis putat:
nec minus Hominem ſe, quàm Hominibus praeſſe meminit.
Intelligamus ergo bona noſtra, dignoſque nos illius uſu probe-
mus &c. Panegyr. Cap. II.

N 4   (1) Volez

toûjours & qu'il eſt Homme, & qu'il commande à des Hommes: ſi la vûe de leur mérite, & de leurs dignitez, n'excite pas en lui des mouvemens d'une noire envie: s'il voit avec plaiſir ſes Sujets riches & paiſibles poſſeſſeurs des fruits de leur induſtrie: s'il regarde comme autant d'ornemens de l'Etat, & non pas comme des perſonnes ſuſpectes & dangereuſes, ceux qui s'attachent à cultiver leur Eſprit par de belles Connoiſſances, & par l'étude de la Sageſſe? Le moien que les Sujets faiſant réflexion ſur le bonheur de leur ſiécle & ſur leur propre bonheur, ne ſoient (1) tranſportez d'amour & pleins de reſpect pour un ſi bon Prince, ne le regardent comme un préſent du Ciel, & ne tâchent à l'envi les uns des autres de ſe rendre dignes de lui par leurs actions & par toute leur conduite? Que ſi un Prince abandonnant le chemin de la Vertu, c'eſt-à-dire, celui de la véritable Gloire, eſt encore le meilleur des Méchans, & ſe contente d'exercer ſa fureur ſur un petit nombre de ſes Sujets; quoi qu'il mérite alors

(1) Voiez Seneque, de Clement. Lib. I. Cap. XIX. in fine.

alors d'être mis à la raison, le Peuple
ne se remue pas aisément pour cela
seul: soit par un effet de la foiblesse
humaine, qui ne permet pas que le
reméde soit aussi promt que le mal;
soit parce que les Foibles & les Petits
sont portez à excuser celui qui est en
état de leur faire & du bien & du mal;
soit enfin parce que, quelque grandes
que soient les injustices faites à un ou
à quelques Particuliers, le Corps de
l'Etat néglige ordinairement d'en tirer
raison, par cela même qu'elles n'interessent que peu de gens: & pour ceux
qui sont alors opprimez, quoi qu'au
défaut de la protection des Loix Civiles, la Loi Naturelle les mette en é-
tat de Guerre par rapport au Prince,
il leur est, en ce cas-là, plus avantageux de demeurer en repos, que de
s'attirer, par une résistance impuissan-
te, un mal encore plus fâcheux. Lors
même que le Prince donne quelque atteinte aux droits & aux libertez de
tout le Peuple, ou de la plus grande partie, combien de choses, & de
choses criantes, ne lui pardonne-t-on
pas, pour éviter les calamitez & les
horreurs de la Guerre, & pour ne pas

se

se priver des avantages & des douceurs de la Paix? Mais, s'il en vient aux derniers excès de cruauté ou d'insolence, en sorte qu'il n'y ait plus moien de supporter sa tyrannie; peut-on blâmer les Sujets, dont il a poussé la patience à bout, de ce qu'ils ne sont pas assez lâches & assez ennemis d'eux-mêmes, pour attendre que Dieu descende du Ciel, & lance visiblement ses foudres sur cet Ennemi déclaré du Genre Humain? Ne doit-on pas au contraire les louer, de ce qu'ils pensent enfin à leur propre conservation, & regarder comme une punition de Dieu même, la chûte d'un Tyran, contre qui ils se soûlevent en vertu d'une permission de la Loi Naturelle, & par conséquent avec l'approbation divine? Mais, direz-vous, un Gouvernement, quel qu'il soit, vaut encore mieux que l'Anarchie; & la Paix est toûjours préférable à la Guerre. Belle raison! Comme (1) si l'on pouvoit dire qu'il y a quelque sorte de Gouvernement, dans un Païs où les Loix ne sont qu'un vain nom, où l'on ne rend point de Jus-

---

(1) *Non igitur erat illa tum Civitas, cum Leges in illâ nihil valebant: cum Justitia jacebant* &c. Cicer. Paradox. IV.　　(2) C'est

Justice, où tout se fait avec violence
ou par des cabales, rien selon la Raison & l'Equité. Il faut, dites-vous, entretenir la Paix. Mais lors qu'on se dis-
pose à me tuer ou à me piller, dois-je
le souffrir, sans remuer seulement le
bout du doigt? Si c'est-là, selon vous,
un état de Paix, qu'appellerez-vous donc
Guerre? Voulez-vous que je n'en vienne pas à la Guerre contre vous? ne
commettez contre moi aucun acte
d'Hostilité. Voulez-vous que je garde
la paix avec vous? vivez en paix avec
moi. Ce n'est pas la Naissance ou le
Climat (2) qui distingue le Citoien
d'avec l'Ennemi; mais les actions & la
volonté. Lors que l'on me tourmente,
que l'on me déchire, que l'on veut
me faire mourir misérablement & in-
justement, il n'importe que celui, de la
part de qui je souffre ces traitemens indignes, soit un Ennemi déclaré ou un
Brigand, ou bien un homme qui se
dit mon Concitoien ou mon Souverain. L'injustice est toûjours la même;
il n'y a de différent que le nom de l'Of-
fen-

(2) C'est encore la remarque de GICERON: *An
tu Civem ab Hoste naturâ ac loco, non animo factisque dis-
tinguis? Paradox. IV. pag. 562. Edit. Grav. major.*

N 6 (1) L'Au-

fenfeur : & cette circonftance fert feulement à rendre le crime plus atroce
entant que celui qui devoit me défendre contre l'Ennemi & les Brigands,
agit lui-même avec moi en Ennemi
cruel & en vrai Brigand. Lors donc que
les Peuples prennent enfin la réfolution
de fe foulever contre un tel Prince, ce
feroit fort mal à propos qu'on leur re-
préfenteroit vivement & avec em-
phafe les avantages de la Paix, & les
malheurs de la Guerre. Car peut-on
s'eftimer heureux dans le tems que les
Gens-de-bien font profcrits & facri-
fiez, pour affûrer au Tyran une pleine liberté de fatisfaire paifiblement fes
paffions, avec un petit nombre de
Débauchez & de Scélérats : & quand
le Peuple fe voit réduit à la néceffité
de répouffer les violences & les injufti-
ces

(1) L'Auteur ne cite perfonne : mais il a tiré fans
doute ce fait de Vulcatius Gallicanus, dont
il emploie prefque les propres termes. Les voici. E-
numeravit deinde [Antoninus,] omnes Principes, qui
occifi effent, habuiffe caufas, quibus mererentur occidi, nec
quemquam facile bonum vel victum à Tyranno (Par le mot
de Tyran on entend ici les Généraux qui fe rebel-
loient contre le Prince, & fe faifoient proclamer Empereurs par les Soldats) vel occifum : dicens, meruiffe Ne-
ronem, debuiffe Caligulam, Othonem & Vitellium nec impe-
rare voluiffe. Vit. Avidii Caffii, Cap. VIII. Ed. Obrecht.
Galba fait une réflexion femblable, dans Taciti

ces faites à lui & aux siens, est-il responsable des maux d'une Guerre Civile, à laquelle il ne vient que malgré lui? Certainement tous ces desordres ne doivent nullement être attribuez au pauvre Peuple, mais au Tyran, qui, par ses oppressions, a été le véritable Aggresseur. L'Empereur *Marc Antonin*, Prince qui s'est aquis une Gloire immortelle par son intégrité & par sa probité, aussi bien que par son savoir & par ses lumiéres ; après avoir (1) fait une énumération de tous les Empereurs qui avoient été tuez, remarqua très-véritablement, qu'ils s'étoient attirez ce malheur par leur mauvaise conduite : qu'il n'y avoit guéres de bon Prince, qui eut été défait ou tué par ses Sujets : que *Néron*, *Caligula*, *Othon*, & *Vitellius* avoient bien merité une telle fin,

&

Sit ante oculos Nero, *quem longâ Cæsarum serie tumentem, non* Vindex *cum inermi Provincia, aut ego cum una Legione, sed sua immanitas, sua luxuria cervicibus publicis depulere : neque erat adhuc damnati Principis exemplum.* C'est-à-dire, selon la version d'*Ablancourt :* " Considére " *Néron*, enflé d'une longue suite d'Aieux : ce n'est " pas *Vindex* qui l'a dépossedé, avec une Province " désarmée ; ni moi, avec une Légion. C'est sa " cruauté et ses débauches, qui l'ont " fait le premier exemple d'un Prince " condamné par ses Sujets, *Hist.* Lib. I. " Cap. XVI. *num.* 4.

& que ces Princes, semblables à des
Bêtes plûtôt qu'à des Empereurs, n'a-
voient pas eû le courage de regner.

Conclusion. MAIS il est tems, MESSIEURS,
de finir : car j'ai été plus long que je
ne croiois ; & vous voiez bien maintenant, que le Magistrat Souverain,
quelque titre qu'on lui donne, n'est
point envoié du Ciel, mais établi par
le commun consentement des Citoiens;
que, s'il veut se conduire d'une maniére digne d'un Prince ou d'un Magistrat, il faut qu'il se reconnoisse soûmis aux Loix, & non pas qu'il se
croie au dessus de toute Loi; qu'il
doit mesurer son Pouvoir non à son
caprice, mais à ce que demande le
Bien Public : que, s'il en use autrement, il agit non en Prince ou en
Magistrat, mais en Tyran ; & qu'il
peut alors être réprimé par ses Sujets,
en vertu de tout Droit Divin & Humain,

Il ne me reste plus qu'à faire ce que
demande la solennité de cette Journée. Vous attendez qu'on installe celui qui doit être mon Successeur, pour
l'année prochaine, dans le Rectorat
de l'Académie. Pour laisser donc la
pla-

plàce vuide, felon les Loix & la Coûtume, je me démets dès ce moment
de ma Charge.

FIN *du prémier Difcours de*
Mr. NOODT.

DIS.

DISCOURS

SUR LA

LIBERTÉ DE CONSCIENCE:

Où l'on fait voir, que par le Droit de la Nature & des Gens la RELIGION n'est point soûmise à l'Autorité Humaine.

Dessein de ce Discours.

* Mr. NOODT. prononça ce Discours en forme de Harangue, le 6. de Février de l'année 1706. en quittant le Rectorat de l'Université, selon la coûtume.

J'AI choisi, MESSIEURS, un sujet fort convenable à la solennité de cette *Journée, à la majesté de ce lieu, à la dignité de cet Auditoire également nombreux & illustre par tous les avantages de la Noblesse, du Bon-Sens, & du Savoir. Je veux vous faire voir, avec toute la force & toute la netteté dont je suis capable, qu'il n'est permis à aucun Homme, quoi qu'en pensent certaines gens, de commander ou d'interdire aux autres la profession de quelque Religion que ce soit, & de les y contraindre ou de les punir en cas de refus, soit par les Armes, ou par le Bras Séculier. C'est une chose très-

très-importante & en même tems fort
difficile, que de propoſer en peu de
mots & de décider hardiment une queſtion qui intéreſſe tous les Païs, tous
les Siécles, tous les Hommes; & ſur
laquelle on tâche de mettre aux priſes
les droits de la Liberté, tantôt avec le
reſpect des Puiſſances Souveraines, tantôt avec l'amour de la Vérité, & cela
avec d'autant plus d'apparence de raiſon, que l'on fait intervenir auſſi la
Gloire de DIEU. Les Erreurs, dit-
on, en matiére de choſes divines, les
Schiſmes & la diverſité des Sectes,
emportent un mépris des Cérémonies
& du Culte agréable à cette Majeſté
ſuprême; c'eſt un ſacrilége ſi énorme,
que non ſeulement la Raiſon & le Sens
Commun, mais encore les choſes inanimées, ſemblent en fremir d'horreur.
Le vrai DIEU n'eſt-il pas certainement offenſé, lors que l'on adore de
fauſſes Divinitez; ou qu'on ne lui rend
pas le Culte qu'il a preſcrit; ou que
l'on quitte une Religion établie dès
long tems & ſalutaire, pour en embraſſer une nouvelle & pernicieuſe? D'ailleurs, les mauvaiſes mœurs, ſouvent
même de grandes infamies, des crimes

de-

deteſtables, s'introduiſent ainſi à la
faveur d'une fauſſe Religion qui les
permet ou les autoriſe. Enfin, la licence de diſputer, & l'opiniâtreté invincible de chacun à maintenir les intérêts de ſa Secte, produiſent (1) toûjours des diviſions, des brouilleries, des
ſeditions, des cabales, qui troublent le
Repos Public, & en quelque façon
l'Ord . même de l'Univers & de la
Nature. Que s'enſuit-il de là? Souf-
frira-t-on ces monſtres abominables,
ces peſtes de la Société, ces Impies
déclarez? Non, non, il faut emploïer
tout ce que l'on a de forces & de moïens
pour purger l'Etat & le Genre Humain
de cette maudite engeance. Il n'eſt
point de reméde trop dur, trop cruel,
trop violent, pour déraciner un mal
ſi contagieux, & pour ſauver les Hommes à quelque prix que ce ſoit. Les
plus rigoureuſes peines, les tourmens
les plus terribles, n'ont rien qui approche de la grandeur du forfait. Il
n'y a ici ni Séxe, ni Age, ni Parens, ni Alliez, ni Grands, ni Petits,
ni

____

(1) C'eſt la raiſon dont ſe ſervoit autrefois *Mecenas*
(dans le Diſcours rapporté par *Dion Caſſius*, Lib. LII,
pag. 561. D. *Ed. H. Steph.*) pour perſuader à *Auguſte*,
qu'on

ni Vivans, ni Morts, que l'on doive respecter ou épargner ; & il faut même punir exemplairement, comme Fauteur de l'Impiété, quiconque osera garder la foi & l'amitié, ou témoigner quelque humanité & quelque douceur à des gens si dangereux. Voilà, MESSIEURS, le langage affreux des Intolérans ; & plût-à-Dieu qu'on en fût demeuré à ces déclamations tragiques ! Mais il y a long tems que les effets suivent les paroles. L'Antiquité les a éprouvez : les derniers Siécles n'en ont pas été exemts, & nous en voions même de nos jours. Le grand nombre d'exemples me dispense d'en alléguer de particuliers : des Peuples, des Nations entiéres fournissent ici un triste spectacle & une preuve parlante. L'*Europe*, l'*Asie*, l'*Afrique*, ont été le théatre de ces injustes violences. L'*Amérique* même, si long-tems inconnue, & à peine découverte, n'a pû échapper au zéle furieux des Perfécuteurs.

Je suis persuadé, MESSIEURS, qu'une

qu'on ne doit souffrir aucune innovation en matiére de Religion. Voïez les réflexions que fait là-dessus feu Mr. BAYLE, dans son COMMENTAIRE PHILO-

qu'une opinion fi dure & fi inhumaine, n'eft point infpirée par la droite
Raifon, ni par une véritable ardeur
pour la Gloire de Dieu, ou un fincére
amour du Prochain, mais par l'Avarice, par l'Ambition, par la Vanité, par
un efprit de Domination. Ce feroit
blefler la haute idée que j'ai de vôtre
vertu, & démentir moi-même mes
fentimens en faveur du Genre Humain,
que de ne pas travailler avec foin à diffiper les illufions funeftes par lefquelles on jette de la poudre aux yeux des
gens, à la faveur de certains termes
vagues & de quelques grands mots qui
ne fignifient rien. Je tâcherai donc de
faire voir clairement à tout le monde
ce qu'il eft de l'intérêt de chacun de
bien comprendre, que cette rigueur,
qui jufques ici a été couverte du prétexte fpécieux de la Gloire de Dieu &
du Bien Public, n'eft autre chofe, à
la regarder toute nue & fans fard, que
l'effet d'une Arrogance & d'une Malice infigne: laquelle, pour ne rien dire
des haines mutuelles des *Chrétiens* &
des *Païens*, & fur tout de la fureur que
les

LOSOPHIQUE, Tom. I. *Préface*, pag. 122. & *fuiv.*
de la nouvelle Edition de *Rott.* 1713.
(1) Voïez

les *Chrétiens* même ont exercée les uns contre les autres, a coûté la vie (1) aux *Anacharsis*, & aux *Socrates*, & à une infinité d'Honnêtes-gens, qui, quoi que joignans à une rare sagesse & une probité sans reproche, la profession d'une doctrine très-pure, & exemts même de tout soupçon d'aucun crime, ont été misérablement immolez à la rage des Persécuteurs, sous ombre de venger un mépris prétendu de la Majesté Divine & Humaine.

Si j'avois à parler devant ceux qui ont un intérêt manifeste de tenir les Hommes dans un si triste Esclavage, j'entreprendrois, MESSIEURS, une chose fort périlleuse, qui m'exposeroit à l'Envie, à la Haine, & à tous les traits de la Calomnie. Mais heureusement pour moi, j'ai tout lieu d'espérer que vous ne serez pas fâchez d'entendre examiner sans passion & sans préjugé une question si importante & si délicate, qui étant mal décidée entraîne des suites si fâcheuses & pour les Grands, & pour les Petits. Nous sommes redevables de cette

(1) Voiez *Diog. Laërt.* Lib. I. §. 102. & là-dessus les Interprétes.

(1) C'est

te honnête liberté, après le secours du Ciel, au courage & à la valeur extraordinaire de nos Ancêtres, qui n'ont épargné ni leurs biens, ni leurs vies, pour effacer l'opprobre d'une longue suite de Siécles, & pour délivrer des Hommes libres d'une servitude auſſi injuſte & tyrannique, qu'indigne & honteuſe : par où ces Ames Héroïques ſe ſont rendues l'admiration éternelle non ſeulement de leur poſtérité, mais encore de tout ce qu'il y a au monde d'Honnêtes-gens & de perſonnes ſages & éclairées. Agréez donc, MES-SIEURS, qu'un Juriſconſulte, ravi de profiter du bonheur de nôtre tems, plaide aujourdhui la cauſe du Genre Humain dans le centre de la liberté de ces floriſſantes Provinces, & que confondant l'Intolérance par l'autorité ſacrée & inviolable du Droit de la Nature & des Gens, il défende hautement la Liberté de cette grande République, (1) dont Dieu eſt le Chef, & tous les Hommes les Membres ; qui n'eſt point

_____

(1) C'eſt l'Idée des *Stoïciens*. SENEQUE oppoſe cette République, à celle dont on eſt membre par la naiſſance. *Duu Reſpublicas animo complectamur : alteram magnam, & rere publicam, qua Dii atque Homines continentur.*

point bornée par une Montagne ou une Riviére, ni refferrée dans un petit efpace de Terres, & qui n'a d'autres limites que l'Occan & le chemin du Soleil.

La Religion, MESSIEURS, eft, selon moi, un préfent que Dieu fait à chaque perfonne en particulier ; elle eft foumife à fes mouvemens & à fes infpirations, mais du refte libre & indépendante ici-bas de tout Empire. Ainfi perfonne ne doit entrer malgré lui, ou fans connoiffance de caufe, dans quelque Société Religieufe que ce foit, & l'on ne fauroit non plus, en vertu d'aucun Droit Humain, emploier légitimement la force des Armes ou l'autorité des Loix, pour contraindre quelcun d'embraffer une Religion, ou d'y demeurer, ou de fe conformer en tout & par tout à celle qu'il a choifie préférablement aux autres. Confidérons le *Droit de Nature* (car c'eft par là que je dois commencer): qu'y a-t-il de plus jufte & de plus équitable, que de laiffer

PREMIÉRE PARTIE de ce Difcours. PREUVES directes de la Tolérance des Religions. 1. Par le Droit Naturel Il eft permis à chacun de fe conduire comme il l'entend dans fes propres affaires, qui n'intereffent perfonne.

nentur; in qua non ad lunæ angulum refpicimus, aut ad illuni, fed terminos Civitatis noftra cuns Sole metimur : alteram, cui nos adfcripfit conditio nafcendi. De Otio Sapient. Cap. XXXI.

(1) Pla-

fer à chacun une pleine liberté de se conduire comme il l'entend dans ses propres affaires, qui le regardent lui seul ? Qui ne fait, que tous les Hommes en venant au monde font invinciblement portez à chercher ce qui leur est avantageux & à fuir au contraire ce qui leur est dommageable ? (1) Cette inclination dominante n'est pas particuliére au Genre Humain, on la remarque dans tous les Animaux généralement; elle est commune à ceux qui volent dans l'Air, à ceux qui nagent dans les Eaux, à ceux qui vivent fur la Terre : ce qui fait voir, qu'elle est imprimée dans la nature même des Animaux par cette Intelligence Toute-fage & Toute-puissante qui a formé l'Univers, & qui par là leur met devant les yeux à tous fans exception, dès le prémier moment de leur existence, la Ré-

---

(1) *Placet his .... quorum ratio mihi probatur, fimul atque natum fit Animal .... ipfum fibi conciliari, & commendari ad fe confervandum, & ad fuum ftatum eaque qua* (c'est ainfi que je crois qu'il faut lire, en fuivant les traces d'un des meilleurs MSS. de Gruter, qui porte *æque qua,* au lieu de la leçon ordinaire, *& ad ea qua*) *confervantia funt ejus ftatus, diligenda : alienari autem ab interitu, iifque rebus qua interitum videantur adferre.* Cicer. de finib. bon. & malor. *Lib.* III. Cap. V.

(2) *Sed*

Régle de ce qu'ils peuvent & de ce qu'ils doivent faire. L'Homme a néanmoins ici un avantage confidérable, qui le met beaucoup au deffus des Bêtes ; c'eft que le Créateur, outre les Facultez du Corps, a orné fon Ame de certaines Facultez infiniment plus nobles, (2) qui le mettent en état de n'être pas toûjours chancelant & irréfolu, de ne pas courir à l'avanture après toute forte d'objets, & de ne pas embraffer par un mouvement aveugle le prémier qui le flatte d'abord agréablement; mais de fe déterminer, au contraire, après une exacte comparaifon des chofes, par les lumiéres de la Raifon, qui lui fert de flambeau dans toutes fes démarches, & de difcerner les Biens véritables, folides, & de longue durée, d'avec les Biens trompeurs, imaginaires, & fujets à entraîner

(2) *Sed inter Hominem & Beluam hoc maxime intereft, quòd hac tantum, quantum fenfu movetur, ad id folum quod adeft quodque prafens eft fe adcommodat, paullulum admodum fentiens prateritum aut futurum. Homo autem, quòd Rationis eft particeps, per quam confequentia cernit, caufas rerum videt, earumque progreffus & quafi anteceffiones non ignorat, fimilitudines comparat, & rebus prafentibus adjungit atque adnectit futuras: totius Vita curfum videt &c.* CICER. de Offic. Lib. I. Cap. IV.

O   (1) Il

ner après foi la Douleur & le Répentir.

Y a-t-il, Messieurs, aucune Violence, aucune Convention, aucune Autorité, qui doive ou qui puisse détruire, abroger, affoiblir, changer, cette grande Loi, qui est la source & le fondement de tout Droit Divin & Humain; Loi prémiére & souveraine, immuable, constante & perpétuelle, convenable à tous les tems & à tous les lieux, propre à décider toutes les affaires, tous les cas, toutes les causes? On la suit invariablement, en ce qui concerne les Biens du Corps. Il est permis à chacun de vendre ou de louer ses possessions comme bon lui semble: chacun choisit librement le Genre de Vie & la Profession qu'il trouve la plus à son gré; on peut se faire Artisan, Peintre, Sculpteur, Laboureur, Marchand, Homme de Lettres, selon qu'on juge à propos, sans que personne se fâche ou se formalise de ce que l'on prend ainsi tel parti qu'on veut dans ses propres affaires, où les au-

(1) Il y a une pensée de Symmaque, (pag. 295. Lib. X. Ep. LIV. Ed. Juveti) à laquelle Mr. Noodt a apparemment fait allusion : *Quid interest quâ quisque tru-*

autres n'ont rien à voir. Pourquoi n'a-
t-on pas la même équité en matiére de
Religion.

On y eſt certainement d'autant plus
obligé, qu'il ne s'agit point ici des
Biens de la Fortune, qui ſont de peu
d'importance, fragiles, & paſſagers.
La *Religion* ne regarde que les *intérêts de l'Ame*; elle a pour but le Souverain Bien, la vraie Félicité, le Bonheur Eternel: or on ne ſauroit y parvenir qu'en s'uniſſant avec Dieu; & cette union ne ſe fait ni par des paroles,
ni par des écrits, ni par un pompeux
étalage d'Offrandes & de Sacrifices,
en un mot, par aucun acte purement
corporel; mais par l'Eſprit ſeul, par
de ſaintes penſées & une Volonté
pure.

Il n'eſt pas néceſſaire, MES-
SIEURS, de s'arrêter à vous faire voir,
que tous les Peuples, toutes les Nations, depuis un bout de la Terre juſqu'à l'autre, tendent ſecrétement à ce
grand & ſublime but, (1) mais par tant
de routes, & de routes ſi différentes,

que

2. La nature
même de la
Religion de-
mande
qu'il ſoit
libre à cha-
cun de ſui-
vre celle
qu'il juge
la meilleu-
re.

3. Cela eſt
auſſi abſo-
lument né-
ceſſaire, à
cauſe de la
diverſité in-
évitable &
de la variété
infinie des
ſentimens.

prudentiâ Verum inquirat? Uno itinere non poteſt pervenire
ad tam grande ſecretum.

O 2   (1) On

que le tems & la voix manqueroient à qui voudroit en faire un dénombrement exact. Je me contente de remarquer, que dans cette prodigieuse diverſité d'Opinions & de Sectes, ce qu'il y a de plus certain, c'eſt que chacun aime la ſienne & la trouve la meilleure, (1) en ſorte que la plûpart mépriſent toutes les autres, & que quelques-uns vont juſqu'à les traiter d'impies: tant eſt grande la force des impreſſions de l'Education reçue ou dans l'Enfance, ou dans un âge plus mûr ! De là vient encore que, comme les Hommes entrent d'ordinaire dans certains ſentimens par paſſion, plûtôt que par lumiére, & ne ſe mettent pas tant en peine de chercher la Vérité, que de trouver à quelque prix que ce ſoit de quoi favoriſer les Opinions reçues dans leur Parti; peu de gens ſont en état de juger ſainement ſi une Religion eſt bonne

ou

---

(1) On peut appliquer ici ce que dit élégamment & judicieuſement le Philoſophe Senéque; qu'une des infirmitez de la Nature Humaine, c'eſt d'être non ſeulement ſujet à tomber dans l'erreur par une eſpéce de néceſſité, mais encore d'aimer les erreurs dont on eſt imbu. *Inter cetera mortalitatis incommoda, & hæc eſt caligo mentium: nec tantum neceſſitas errandi, ſed errorum amor.* De Ira, II, 9. Voïez auſſi une Note de G

ævius ſur la Harangue de Ciceron pro L. Flac-

ou mauvaife: la plûpart même s'imaginent, qu'il y a une Piété plus refpectueufe à croire des chofes fi relevées fans les entendre, (2) qu'à les examiner, & à ne les recevoir que fur des preuves folides & convaincantes.

Je ne dis pas cela, MESSIEURS, pour blâmer perfonne. Une confidération de grand poids nous oblige ici de remonter plus haut. Pour rabatre avec plus de force & avec plus de fuccès l'infolence de ces infames Tyrans qui veulent dominer fur la Confcience d'autrui, il faut chercher les raifons d'une chofe qui eft de la derniére importance, non dans la légéreté & la précipitation du Vulgaire à embraffer au hazard certains fentimens fans réflexion & fans examen; mais dans les voies admirables de la Sageffe Divine. (3) Oui, cette liberté dont nous tâchons de remettre en poffeffion le Gen-

4. C'eft empiéter fur les droits de Dieu, & aller contre fon intention, que de refufer la Liberté de Confcience.

Flacco, Cap. XXVIII. Tom. IV. pag. 172.

(2) C'eft la réflexion judicieufe de TACITE, dont Mr. NOODT emploie les propres termes. SANCTIUSQUE AC REVERENTIUS VISUM, DE ACTIS DEORUM CREDERE, QUAM SCIRE. De moribus German. Cap. XXXIV. in fine.

(3) Volez le Traité DE LA RAISON HUMAINE, traduit de l'Anglois, pag. 34, & fuiv. de l'Edit. d'Amfterd. 1682.

(1) Volez

Genre Humain, & qui donne à chacun un plein droit de fuivre la Religion qui lui paroit la meilleure, fans
pouvoir être inquiété ici-bas pour ce
fujet par aucun de fes femblables; cette liberté, dis-je, fi l'on envifage l'Homme par rapport à Dieu, doit être regardée comme l'effet naturel d'une ne-
ceffité conftante & inévitable. Je ne
veux pas, MESSIEURS, en aller chercher des preuves bien loin, ni vous tenir long-tems dans l'attente. Je vous
en prens vous-mêmes à témoin, vous,
dis-je, qui m'écoutez : n'éprouvez-
vous pas tous les jours qu'il n'eft guéres en vôtre pouvoir, ou plûtôt qu'il
ne dépend point de vous abfolument,
de penfer telle ou telle chofe plûtôt
qu'une autre? (1) Dites moi, fi vous
le pouvez, y a-t-il quelcun qui trouve
toûjours à point nommé les penfées
qu'il voudroit ou qu'il fouhaitteroit
d'avoir? Forme-t-on fes idées à fa fantaifie? N'entrent-elles pas continuellement dans nos Efprits, bon-gré malgré que nous en ayions, & fans que
nous

(1) Voïez ce que l'on remarque, après Mr. BUR-
NET, Evêque de Saliſbury, dans l'Extrait de la Préface ſur le Traité de LACTANCE, de la mort des Per-
ſécu.

nous fâchions d'où elles nous viennent?
Ne changent-elles pas à tous momens
fans nôtre confentement? & lors qu'elles nous ont une fois échappé, pou-
vons-nons les rappeller avec tous nos
foins & toute nôtre induftrie? Que
conclurre de là, MESSIEURS, fi ce
n'eft qu'aucun Homme mortel, de quel
rang, de quelle qualité, de quelle condition qu'il foit, n'eft maître de fa propre Confcience, moins encore de celle
d'autrui; mais qu'elle dépend uniquement de l'Être Souverain & Eternel,
entre les mains de qui elle eft comme
de la Cire, qu'il tourne, qu'il manie,
qu'il forme, comme il le juge à propos, fans laiffer à perfonne que la gloire d'obéïr & de fuivre toûjours fes
mouvemens intérieurs.

Vous donc qui avez en main une
force fupérieure, ne vous enflez point
d'une fotte préfomption. Aiez égard
à la foibleffe inféparable de la condition
humaine; & ne vous fâchez pas fans
fujet contre des gens qui ne vous dé-
plaifent que parce qu'ils font d'une Re-
li-

fieuteurs; mois de Septembre des NOUV. DE LA
RE'PUBLIQUE DES LETTRES, 1687. pag. 985.

ligion differente de la vôtre. Loin d'i-
ci toute contrainte ; gardez - vous de
maltraiter en aucune forte ceux qui
obéïffant à la Loi de Nature, décident
par eux-mêmes quel parti eft le plus
fûr dans une chofe fi férieufe & de fi
grande conféquence, mais fujette à une
variété infinie d'opinions, & qui font
ou évitent ce que leur Confcience leur
prefcrit ou leur défend, d'une maniére
auffi invincible, qu'indifpenfable. A
quoi penfez-vous ? Ne voiez-vous pas,
qu'en voulant foûmettre la Religion à
l'Autorité Humaine, & ôter aux autres la Liberté de Confcience qu'ils ont
naturellement & fous le bon plaifir de
vôtre Créateur & vôtre Maître commun, vous vous rendez non feulement
coup.bles d'une fouveraine injuftice
envers les Hommes, mais encore, à
l'exemple de ceux dont la Fable ré-
prefente l'impiété fous l'image des *Gé-
ans*, vous faites la guerre à DIEU,
avec une audace auffi vaine qu'infenfée.
Si cette Majefté infinie avoit voulu qu'il
n'y

(1) On attribue une femblable réflexion au Roi de
Siam, dans le VOIAGE du P. *Tachard*. Voiez la BI-
BLIOTHEQUE UNIVERS. Tom. IV. pag. 483, 484.
Théodahade, Roi des *Goths*, l'avoit déja faite, en ces
termes : *Cùm Divinitas diverfas Religiones effe patiatur,*
non

n'y eût dans le Monde qu'une feule
Religion, lui étoit-il difficile (1) d'inf-
pirer à tous les Hommes les mêmes i-
dées en fait de Chofes Divines, comme il leur a donné à tous fans exception les mêmes fentimens du *Bien* &
du *Mal*, de la *Faim* & de la *Soif*, du
Froid & du *Chaud* ? Ou, fi l'on aime
mieux comparer ici le fort d'une chofe fi fainte & fi refpectable, avec la
connoiffance qu'on a de l'Arithmétique,
cet exemple feul ne fuffit-il pas pour
nous convaincre d'abord, que DIEU
auroit pû faire à l'égard de fon Culte
ce qu'il a fait par rapport à la Science
des Nombres ? Car comme il a formé
nos Efprits de telle forte, qu'ils conçoivent tous de la même maniére les
Véritez de cette belle Science, la plus
certaine de toutes, & dont l'ufage eft
fi grand pour les befoins de la Vie, on
voit auffi qu'en tous tems & en tous
lieux, chez les *Flamands*, chez les
Anglois, chez les *Allemands*, en *Italie*, en *Efpagne*, en *France*, dans l'A-
fri-

nos unam non audemus imponere. CASSIODOR. Lib.
X. *Var. Epift.* XXVI. Voïez auffi une Note de Mr. FA-
BRICIUS fur la Vie de *Proclus*, écrite par MARIN,
pag. 38, 39. *Edit. de Londres.*

O 5   (1) Vers

frique, dans les *Indes*, dans la *Tartarie*, dans l'*Amérique*, parmi tous les Hommes en un mot, de quelque condition, de quelque qualité, de quelque parti, de quelque Secte qu'ils soient, lorsqu'on veut compter, chacun trouve, par exemple, que

> (1) *Cinq & Quatre font Neuf; ôtez Deux, reste Sept.*

Il n'y a point de haine, point de superstition, point d'avarice, point d'ambition, point d'orgueil, point d'autre passion, qui puisse diviser les Hommes sur cet article, ni altérer une Régle si claire & si évidente. Mais, ô profondeur, ô merveilles infinies de la Sagesse Divine! Que nos lumiéres sont courtes, lors qu'il s'agit d'en pénétrer les desseins! Avec quelle soûmission ne devons-nous pas toûjours adorer ses voies, lors même que les raisons nous en sont cachées! Vous n'avez pas, ô DIEU, jugé à propos de mettre la Religion dans un degré d'évidence qui nous ramenât tous à une même *Foi*, comme

nous

(1) Vers de Mr. *Despreaux*, Sat. VIII. pag. 41. Edit. d'Amsterdam, 1701.

nous avons tous une même *Arithmétique*: vôtre volonté soit faite! Quelle folie n'est-ce donc pas, MESSIEURS, quelle arrogance, ou du moins quelle injustice, qu'un misérable Mortel fasse servir de prétexte à sa cruauté, cette différence de sentimens, que DIEU, le seul Maître souverain de nos Consciences, a permis pour fournir une ample matiére au Support, à la Douceur, à la Charité? Mais laissons là ceux qui sont capables d'entrer dans une opinion si barbare & si horrible. Pour moi, MESSIEURS, lors que j'ai considéré attentivement la constitution des choses humaines, comme il le faut nécessairement dans cette question, j'ai toûjours trouvé, que la Nature n'a pas produit un petit nombre de gens privilégiez, aux décisions desquels tous les autres soient tenus de se soûmettre aveuglément dans la Recherche de la Vérité, mais qu'elle a rendu tous les Hommes participans de la Raison, afin que chacun fît usage de ses propres lumiéres : & que rien n'est d'ailleurs plus conforme à l'Equité, que d'accorder à autrui les mêmes droits qu'on s'attribue à soi-même. En effet, la Nature

O 6   u

a fait tous les Hommes égaux, par cela même qu'elle leur a donné à tous les mêmes Facultez, & par conséquent elle n'a établi personne Juge de ce qui est avantageux à autrui, puis qu'elle n'a élevé aucun au dessus de l'autre. Si donc vous voulez vous conduire comme vous le trouvez à propos en ce qui regarde vos intérêts, j'y consens, il vous est permis; pourvû qu'à vôtre tour vous ne me refusiez pas la même liberté par rapport à mes affaires: mais si au contraire vous prétendez vous ériger en Arbitre de ce que je dois faire, ou non, pour mon avantage particulier, ne pourrai-je pas, avec autant de sujet, exercer à vôtre égard la même jurisdiction ? Il faut donc en venir nécessairement à dire, qu'en matière de Religion aucun Homme ne reconnoit ici-bas de Supérieur, qui puisse imposer quelque Loi à sa Conscience. Qu'on avertisse charitablement ceux que l'on croit être engagez dans l'Erreur, qu'on tâche de les ramener par la voie convenable d'une douce & forte persuasion; il est permis à chacun: mais après cela il faut leur laisser une entiére liberté de faire là-dessus ce qu'ils jugeront

font à propos; & on ne sauroit légitimement contraindre personne par la force des Armes, ou par la crainte des Peines, à embrasser la plus pure de toutes les Religions. La raison en est, que, par la Loi de Nature, on peut & l'on doit même rendre service à tout le monde, autant qu'il dépend de nous; mais on ne sauroit, sans crime, faire du tort ou nuire à qui que ce soit.

Si personne n'a *droit* d'imposer aux autres la nécessité d'embrasser une Religion qu'ils n'approuvent pas, ou d'abandonner celle qui leur paroît bonne; il n'y a non plus aucun *motif raisonnable* qui puisse porter personne à usurper cet empire sur la Conscience d'autrui. J'avoue qu'on auroit raison de ne pas souffrir une Religion perfide, meurtriére, scélérate, qui, comme autrefois les affreux mystéres des *Bacchanales*, autoriseroit les Faux-témoignages, les Fraudes, les Homicides, les Larcins, les Fornications, les Adultéres, & autres choses contraires au repos du Genre Humain; ou qui, selon la coûtume barbare des *Carthaginois* & de quelques autres Peuples, ordonneroit d'offrir à la Divinité en sa-

5. L'Intolérance n'a *point de motif raisonnable* qui puisse l'excuser en aucune maniére.

O 7   cri-

crifice des Créatures Humaines, pour
la (1) confervation & la profpérité defquelles on fait d'ailleurs des vœux très-
ardens. Car qu'y a-t-il de plus conforme à la Loi de Nature, qui eft la
Régle commune de tout Droit Divin
& Humain, que de fecourir fes femblables, & d'empêcher autant qu'on le
peut, que l'Innocent ne foit égorgé,
martyrifé, ou dépouillé de fes biens,
ni par la méchanceté ou les artifices
d'un Scélérat, ni même par le zélé
aveugle d'une Superftition pernicieufe?
Mais lors qu'une Religion ne renferme
rien qui favorife le Crime, ou qui porte au déréglement des Mœurs, à quoi
bon, je vous prie, voudroit-on empêcher ceux qui y font attachez, de fuivre la route qu'ils jugent la plus fûre
pour les conduire à la poffeffion du
Souverain Bien? ou pourquoi les pri-
veroit-on des efpérances qui les flattent
agréablement, & de la fatisfaction d'a-
gir felon leurs lumiéres, puis que cela
ne caufe aucun préjudice ni à nous-
mê-

(1) C'eft la réflexion d'un ancien Hiftorien Latin,
au fujet des *Carthaginois*, qui immoloient leurs propres Enfans: *Quippe Homines ut victimas immolabant: &
impuberes (qua atas etiam hoftium mifericordiam provocat)
atis*

mêmes, ni à quelque autre qui vive?
Bien loin de là, si nous trouvons que
leur Religion soit bonne, embrassons-
la au plûtôt : & si elle est mauvaise,
contentons-nous de la méprifer, ou de
nous en moquer. Mais quel que soit le
fondement d'une Religion, qu'est-ce
qui nous oblige de la proscrire, si elle
est véritable? & de quel droit l'entre-
prendrions-nous, si elle est fauffe?
C'est toûjours une affaire de Conscience, où les autres n'ont rien à voir: s'il
y a du bien ou du mal, cela n'intéresse
que ceux qui persistent à suivre la Religion qui leur paroît la meilleure. Or
une personne d'honneur & de probité,
un homme pieux, sage, modeste, en
un mot, qui s'est fait une habitude de
mesurer son droit non à ses passions &
à ses forces, mais aux Régles constantes de la Raison, pourroit-il sans rou-
gir s'abandonner si fort à une pure
malice ou à une noire envie, que de
prétendre ôter aux autres ou en tout,
ou en partie, une Liberté que la Nature

aris admovebant ; pacem Deorum fanguine eorum expofcen-
tes, pro quorum vita Dii rogari maximè folent. JUSTIN.
Lib. XVIII. Cap. VI.

(1) Volez

ture donne à tous généralement , &
à laquelle il donneroit atteinte fans qu'il
en revint aucun profit ni à lui-même,
ni à ceux qu'il voudroit en dépouiller?
Nul Homme n'a donc ni droit ni raifon valable d'empêcher l'exercice d'aucune autre Religion, qui n'intéreffe en
rien ni lui, ni qui que ce foit. Chacun au contraire a une bonne raifon &
un droit inconteftable de ne rendre un
Culte Religieux qu'à ce qu'il en reconnoît digne, & de n'entrer malgré lui
dans aucune Société Eccléfiaftique.
Qu'en matiére d'autres chofes une perfonne reçoive quelque avantage , fans
qu'elle le fâche ou qu'elle connoiffe fes
intérêts: que l'on puiffe même être
contraint à s'aquitter de certains Devoirs de la Vie: il n'y a rien là d'abfurde ou d'illégitime. Mais quand il
s'agit de la Religion, qui confifte effentiellement dans un faint commerce
entre DIEU & l'Homme, tout eft inutile, tout eft illicite, du moment que
la force y entre pour quelque chofe.

On peut changer de Religion, fans que perfonne ait droit de s'en formaliser.

Il n'eft pas moins permis à chacun
de *quitter une Religion*, après l'avoir
embraffée, qu'il lui étoit libre auparavant d'y entrer. En effet, on ne mérite

rite pas l'honneur d'être Membre de
la Société spirituelle qu'il y a entre
DIEU & les Hommes, lors que l'on
n'en aime pas le Chef avec une ardeur
extrême, & qu'on n'adore cette Majesté Souveraine que du bout des lê-
vres, sans avoir le courage de la suivre
constamment par tout où l'on croit que
son Culte est le plus pur. Celui qui
choisit une Religion en vûe de se procurer à soi-même un Bien, & un Bien
infini, peut aussi, sans faire tort à personne, conserver toûjours le droit
d'examiner si ce que l'on y enseigne
est exactement conforme à la Vérité.
Car, à moins que d'agir uniquement
par un esprit de parti, ce n'est point
en considération de la Secte que l'on
y entre ou qu'on y demeure, mais dans
l'espérance de joüir du Bien qu'elle
promet à ceux qui se rangeront sous
ses étendars. Tant que l'on est dans
cette pensée, la même raison qui a
obligé de se joindre à un tel Corps,
fait qu'on y doit demeurer. Mais aussi-
tôt qu'on vient à découvrir que l'on
s'est trompé, on a droit d'abandonner
une Religion où l'on ne trouve pas ce
que l'on cherchoit.

Il

Il faut néanmoins se soûmettre à la Discipline Ecclésiastique de la Société dont on est Membre.

Il ne s'enfuit pourtant pas de là, que ceux qui entrent dans une *Société Ecclésiastique*, puissent se conduire absolument à leur fantaisie. A Dieu ne plaise que nous adoptions une pensée si déraisonnable! Nous n'avons garde d'autoriser le Crime ou la Licence, sous prétexte de maintenir la Liberté qui est essentielle à la Religion. Je reconnois de bon cœur, que *quiconque se joint à une Société doit se conformer aux Régles qu'elle a établies* d'un commun accord, selon qu'elle l'a jugé à propos pour des raisons apparentes. (1) Il n'y a point de Corps qui puisse être florissant ou subsister même sans quelque sorte de Loi ou de Discipline : & celui qui fait une profession particuliére d'être une Ecole de Piété & de Vertu, doit sans contredit, plus que tout autre, réduire la Liberté qu'il s'attribue, aux bornes exactes du Devoir & de l'Honnête.

La Société Ecclésiastique ne doit point forcer les Consciences,

Cependant, comme le but d'une Société Ecclésiastique n'est pas d'entasser les Richesses de la Mer & de la Terre,

(1) Voiez la LETTRE Latine de Mr. *Locke* sur la *Tolérance*, pag. 18. de l'Original; & pag. 24. & suiv. de la Traduction Françoise, imprimée à *Rotterdam* en 1710.

(2) Nou

re, ni de s'aggrandir ou de dominer,
pour satisfaire ses désirs ambitieux,
mais d'éclairer l'Esprit, & de corriger
les déréglemens du Cœur, afin de parvenir par ce moien à la Souveraine &
Eternelle Félicité ; elle ne doit prescrire à ses Initiez que ce qui est capable de les unir avec D I E U , & de leur
faire espérer avec une confiance raisonnable les effets de sa faveur & de
son amour. Or cela ne pouvant se faire que par les sentimens & les mouvemens intérieurs de l'Ame, il s'en faut
beaucoup que la Discipline Ecclésiastique ne doive être armée d'une force
coactive, ou s'exercer avec une autorité despotique, ou établir la moindre
chose qui sente l'Avarice ou la Cruauté. Croiez-moi, les maniéres hautai-
nes & les voies de rigueur ne conviennent point ici. Ce n'est point par la
prison, par les coups, par les tourmens,
par l'effusion du sang, par les violences, que l'on agit efficacement sur la
Volonté. (2) Il faut des raisons & des
motifs convenables. Il faut convaincre
l'Es-

(2) *Non est opus vi & injuria; quia Religio cogi non potest. Verbis potius, quam verberibus, res agenda est, ut sic
voluntas destringatur.* L A C T A N T. Lib. V. Cap. XIX.
num.

l'Esprit, si l'on veut toucher le Cœur, qui attache l'Homme à DIEU. Les Supplices, qu'un Zéle barbare invente, tourmentent le Corps, mais ils ne font aucune impression sur la Conscience; & ils ne produisent en faveur de la Religion que des mensonges, de l'hypocrisie, des impostures : par où si l'on s'imagine que la Majesté Divine puisse être appaisée, ou plûtôt prise pour duppe, je crains bien qu'il n'y aît pour le moins autant d'impiété, que d'extravagance, dans une pensée si visiblement absurde.

Jusques où s'étend le pouvoir d'une Société Ecclésiastique. La Société Ecclésiastique n'a donc en main d'autre force, d'autre autorité, que celle des *Conseils*, des *Exhortations*, des *Instructions douces & paisibles*. Lors que tout cela a été emploié en vain, & n'a pû guérir l'aveuglement de ceux qui sont entrez dans quelque opinion particuliére; qu'on retranche du Corps, si on le juge à propos, ces Membres indociles qui refusent, comme on croit, de se rendre à

num. 12. *Ed. Cellar.* Voïez le COMMENTAIRE PHILOSOPHIQUE &c, I. Part. Chap. II. II. Part. Chap. II. & III. Part. Articl. III. XXXVII. & l'Extrait d'une Lettre Angloise de Mr. LOCKE, sur la

Tª

à la Raiſon. Voilà, MESSIEURS,
en quoi conſiſte tout le Pouvoir d'une
(1) Confrérie Religieuſe ; c'eſt la ſeule
punition juſte & raiſonnable qu'il lui
appartient d'infliger à ceux qu'elle a-
voit reçûs ſous certaines conditions.
Elle peut aller juſques-là ; mais elle ne
ſauroit paſſer plus loin ſans agir contre
la nature & le but d'une liaiſon volontaire, telle qu'eſt celle de la Religion,
qui ne permet pas qu'on retienne malgré lui qui que ce ſoit. Puis qu'il eſt
permis aux Particuliers d'embraſſer ou
de quitter une Religion, ſelon qu'ils
la croient bonne ou mauvaiſe ; en vertu dequoi la Société n'auroit-elle pas à
ſon tour le droit de les agréer, ou non,
pour ſes légitimes Membres ? Mais
auſſi pourquoi, ſous ce prétexte, dé-
clareroit-elle une inimitié & une guerre immortelle à ceux qu'elle refuſe de
recevoir, ou qu'elle ne veut plus ſouffrir déſormais? Quoi qu'après cette ſé-
paration ils ceſſent d'être unis avec les
Membres qui lui reſtent, par le nom
com-

Tolérance, dans le XIX. Tome de la BIBLIOTHE-
QUE UNIVERSELLE, pag. 370, & ſuiv.
(1) Voiez le PARRHASIANA de M. Le Clerc,
Tom. II. pag. 228, & ſuiv.

(1) Et

commun du Parti & la même Discipline Ecclésiastique, ils n'en sont pas
moins Hommes qu'auparavant, & ne
doivent pas moins être regardez comme vivant toûjours sous les Loix générales de la Société Humaine, qui
embrasse toute la Terre habitable. Le
Droit Naturel, cette Loi tacite que
la Raison nous enseigne, protége également & sans distinction tous ceux
qui ne se sont jamais accordez à pro-
fesser une même Religion: pourquoi
seroit-on ignominieusement privé de cet
appui, & déchû des priviléges de l'Humanité, par cela seul que l'on quitte
une Religion que l'on avoit embrassée?
Permettez-moi, MESSIEURS, d'emprunter ici la voix du Genre Humain,
& de m'adresser en son nom à ceux qui
peuvent être dans un autre sentiment:
S'il y a quelcun qui prétende, qu'il n'y
ait point de Droit commun entre lui
& tous ceux de quelque autre Religion
différente de la sienne, & qui veuille
autoriser par là son avarice, sa cruauté, & son impétuosité aveugle; qu'il
sâche que, sous ombre de Piété & de
zéle

(1) Et cùm inter nos cognationem quamdam natura constituit, consequens est hominem homini insidiari nefas esse.

zéle pour l'intérêt de sa Secte, il ren-
verse manifestement la Bonté, la Justice, la Pudeur, la Modestie, la Bon-
ne-Foi, & toutes les autres Vertus
d'où dépend la conservation du Genre
Humain; & qu'il se montre par là
aussi impie envers Dieu, que coupable
envers le Prochain d'une noire & a-
bominable méchanceté: puis que, sans
droit ni raison, il détruit, entant qu'en
lui est, la parenté originairement établie entre les Hommes (1) par la
Loi Naturelle & par la Providence
Divine.

Il est donc clair, que du moins
dans l'*Etat de Nature*, c'est-à-dire, a-
vant l'établissement des Loix & du
Gouvernement Civil, aucun Homme
ne pouvoit légitimement prononcer en
Juge souverain sur les idées qu'on doit
avoir de la Divinité, & sur le Culte
qu'on est tenu de lui rendre; moins
encore contraindre les autres par les
voies de la Force, par la Guerre, par
les Armes, de se soûmettre aveuglément à ses décisions. Cela étant, de
quel droit & avec quelle ombre de raison

*Le Sou-
verain n'a
non plus
aucun droit
de prescrire
à ses Sujets
telle Réli-
gion que
bon lui
semble.
Preuve de
cela par la
nature & le
but des So-
ciétez Civi-
les, dont on
fait voir
l'origine.*

ſt. Digest. Lib. I. Tit. I. *De Juſtit. & Jure*,
Leg. III.

(1) Voïez

son (1) les Princes prétendroient-ils a-
voir dans leurs Etats une telle autorité? La Société Civile se forme par l'u-
nion des Particuliers, elle n'est autre
chose que l'assemblage d'un certain
nombre de gens considérez entant
qu'ils forment un seul Corps : comment
donc pourroit-on attribuer au Souverain un droit dont aucun des Particuliers n'étoit revêtu? Il n'y a pas d'ailleurs la moindre raison qui oblige de
donner au Chef de l'Etat, en matiére
de Religion, plus de pouvoir que chacun n'en avoit naturellement. Est-ce
qu'il importe davantage au Souverain,
qu'il n'importoit aux Particuliers avant
l'établissement du Gouvernement Civil, que chacun n'aît pas une pleine
liberté de pourvoir, comme il l'entend,
au Salut de son Ame, sans faire tort à
personne? Si l'on considére l'origine,
les raisons, & le but de l'établissement
des Sociétez Civiles, on trouvera aussi,

____

(1) Voïez le COMMENT. PHILOSOPH. I. Part.
Chap. VI. pag. 214. & suiv. de l'Edit. de Rott. 1713.
la LETTRE Latine de Mr. Locke sur la Tolérance,
pag. 11, & seqq. 35, & seqq. 68, & seqq. de l'Original,
pag. 14. & suiv. 49, & suiv. 97, & suiv. de la Traduction
Françoise ; comme aussi l'Extrait de la Lettre Angl.
du même Auteur, dans la BIBLIOTH. UNIVERS.
Tom.

fi, que ce qui a obligé les Hommes,
auparavant difperfez par les Campagnes, par les Bois, par les Forêts,
par de vaftes Solitudes, à fe raffembler,
& à former des Villes, des Peuples,
des Corps d'Etat, ce (2) n'eft nullement
la Religion, mais la crainte des infultes où chacun vivant à part & indépendant, fe voioit expofé de la part
de fes femblables. En effet, l'expérience fâcheufe qu'on avoit faite de
l'infolence de certains Efprits féroces
ou brutaux, qui empêchoient qu'on
ne jouît paifiblement & en fûreté de
fes Biens, de fa Liberté, du bon état
de fon Corps & de fes Membres, fut
caufe que l'on s'avifa de fe joindre plufieurs enfemble fous de mêmes Loix &
un même Gouvernement, pour s'en-
trefécourir & maintenir le repos commun au dedans & au dehors par les
forces réunies de tous les Particuliers.
Voilà, MESSIEURS, la véritable
ori-

Tom. XIX. pag. 384, & fuiv. & l'Extrait d'un autre
Ouvrage Anglois, intitulé les Droits de l'Eglife Chrétienne &c. dans le X. Tome de la BIBLIOTHEQUE
CHOISIE de Mr. Le Clerc, pag. 321, & fuiv.
(1) Voïez là deffus le Traité de PUFENDORF, de
habitu Religionis Chriftianæ ad Vitam Civilem.

P

origine, le vrai motif, le but naturel
de l'établissement des Sociétez Civiles:
c'est ce qu'ont devant les yeux ceux
qui entrent dans un Etat, c'est à quoi
ils visent & à quoi ils s'attendent tous
unanimement. Lors qu'ils trouvent dans
la protection du Gouvernement une
telle sûreté, ils ont ce qu'ils cherchoient ; & il n'y a point de doute
qu'ils ne veuillent de bon cœur accorder au Prince tout le pouvoir qui lui
est absolument nécessaire pour le mettre en état de travailler efficacement
à procurer & à entretenir la Tranquillité Publique. Ainsi chacun doit regarder comme Bon, tout ce qui tend à
cette fin ; & comme Mauvais, tout
ce qui y est contraire. Le Souverain
défend le dernier, & commande l'autre : & si l'on contrevient à de telles
Ordonnances, il a en main le Glaive
pour punir le mépris de l'Autorité Civile. Un bon Prince néanmoins, en
usant de ce Pouvoir, ne se fâche jamais contre ceux qui péchent simplement par ignorance: que dis-je ? pas
même contre ceux qui commettent
quelque Crime de propos délibéré:
moins encore prend-il un plaisir inhumain

main à voir souffrir les Coupables. Il
ne regarde pas tant le passé, que l'avenir : il se propose uniquement de pourvoir à la Sûreté Publique ; il prend des
mesures pour empêcher qu'il n'arrive
désormais rien de semblable. Il sait,
que tous les Hommes sont naturellement portez à rechercher ce qui leur
est avantageux, & à fuïr au contraire
ce qui leur est nuisible ; & que cependant ils ne connoissent pas tous assez
bien leurs véritables intérêts : que l'un
se laisse séduire à un amour immodéré
des Richesses, l'autre aux appas trompeurs de la Volupté : que l'un est em-
porté par une ardeur de Colére, l'autre par la Crainte ou par la Témérité :
que peu de gens se contiennent par raison dans les bornes du Devoir, & que
tous succombent quelquefois à la Passion : qu'ainsi le seul moien de prévenir les desordres, c'est de réprimer la
malice ou la negligence des Citoiens,
par les menaces de quelque Peine, &
par leur exécution actuelle sur les in-
fracteurs des Loix ; en sorte que ceux
qui ne connoissent pas les avantages de
la Société Civile, ou qui n'en tiennent
aucun compte, soient du moins rete-

nus,

nus, autant que le demande le Bien Public, par la crainte & par la févérité des Loix, lors que venant à comparer la punition qui les attend avec le crime qu'ils font tentez de commettre, ils ne trouveront pas leur compte à troubler ainfi la Société, puis qu'il n'y auroit rien de bon à gagner pour eux.

Quelle eft l'étendue du Pouvoir des Souverains; & jufqu'où & comment ils prefcrivent la pratique de la Vertu. Mais comme l'Autorité du Prince s'étend fur tout ce qui a quelque rapport avec le but de la Société Civile; d'autre côté, tout ce qui n'influe là dedans en aucune forte, eft abfolument hors de fa Jurifdiction. En effet, à quoi bon s'attribueroit-il plus de Pouvoir qu'il ne lui en faut pour procurer la Sûreté & l'Utilité publique? Ceux de qui il tient la Puiffance Souveraine, ont-ils prétendu que, fans aucune raifon, on les dépouillât de leur chére Liberté, dont la confervation eft le principal motif qui les a fait réfoudre à fubir le joug des Loix? Ne nous imaginons pas une chofe fi abfurde. Le Gouvernement Civil n'eft point établi pour détruire ou diminuer la Liberté de ceux qui veulent bien s'y foûmettre, mais feulement pour en diriger l'ufage à l'Utilité commune. Les Hom-

Hommes certainement ne font entrez
dans la Société, qu'à condition qu'il
feroit permis à chacun de fe conduire
comme il le jugeroit à propos en tout
ce qui ne feroit ni bien ni mal à l'Etat.
Peut-être, Messieurs, croirez-
vous que je me trompe groffiérement,
ou même que j'extravague, fi j'ajoûte
ici que l'Honnête & la Vertu, qualitez fi refpectables, & qui fans contredit font le plus bel ornement du Genre Humain & de la Société, ne font
pourtant pas prefcrites toûjours & à
tous égards par les Loix Civiles, ni le
contraire défendu en tout & par tout.
Cependant, fi on examine la chofe
fans prévention, qu'y a-t-il de plus
vrai, & en même tems de plus conforme aux Régles de l'Equité? Il ne
faut que faire réflexion, qu'un Prince,
comme tel, n'envifage point la Vertu, l'Honnêteté, les Devoirs de la
Vie, par le côté le plus beau, par l'endroit qui attire les regards d'un Philofophe occupé à donner des Préceptes
complets, exacts, & fans indulgence,
pour produire dans le cœur de fes Difciples un amour fincére de la Sageffe,
& un attachement férieux à cultiver

P 3 &

& à perfectionner les Facultez de leur Ame. Il n'est pas certainement de l'office du Souverain, de faire le Docteur à l'égard de ses Sujets, d'orner leurs Esprits de belles connoissances, de modérer par des Leçons de Morale la fougue de leurs passions, de travailler à la reformation des mœurs par de douces remontrances & des discours raisonnez. Cela appartient aux Savans de profession, il faut leur en laisser le soin & la gloire. Il suffit au Prince de mettre un si bon ordre, que ni l'Etat, ni les Particuliers, ne reçoivent aucun préjudice par les effets de la folie, de la témérité, de l'imprudence, de la mauvaise Foi, & de la méchanceté de qui que ce soit. Il lui est indifférent que l'on agisse de bon gré, ou à contre-cœur; que l'on soit ignorant, ou éclairé, habile ou non; pourvû que l'on ne trouble pas la Tranquillité Publique, & que l'on observe avec soin ce qui est nécessaire pour le bien de la Société Civile. De là vient qu'il ne donne point d'avis, point de conseil; il ne fait que commander ou défendre:

il

(1) Voïez le JULIUS PAULUS de nôtre Auteur, qui vient d'être rimprimé, pour la troisiéme fois
dans

il n'exhorte point, il menace, il inti-
mide; il environne ses Loix de la crainte des Peines, comme d'un puissant
rempart & d'une forte barriére. Il
n'établit pas des Loix parfaites, qui
suffisent pour donner le modele d'une
conduite où il n'y ait rien à redire;
mais des Loix telles que le permet ou
que le demande le naturel des Peuples, divers, inconstant, grossier, fort
sujet à des passions déréglées. (1) Vouloir, par des Loix trop exactes & en
trop grand nombre, ramener des esprits ainsi faits aux Régles sévéres de
la Vertu & de la Sagesse, ce seroit ou
connoître bien peu la foiblesse humaine; ou être souverainement barbare &
cruel, si la connoissant on n'y avoit
point d'égard. Car pour quelle raison
ou dans quelle vûe commanderoit-on
ou défendroit-on des choses que les
menaces des plus rigoureuses peines
n'obtiendront jamais du Luxe, de
l'Avarice, de la Grossiéreté, de la Né-
gligence, de la Paresse, de la Sottise,
de la Sensualité, de l'Imprudence, de
la Témérité, vices si fréquens & si

com-

dans le Recueil de ses *Oeuvres*, *Cap.* X. pag. 366. de
cette derniére Edition.

P 4   (1) Voiez

communs dans le Monde? Ce feroit
une entreprife non feulement vaine,
mais encore injufte, puis qu'elle enga-
geroit à punir les Citoiens pour avoir
violé des Loix dont l'obfervation eft
au deffus de leurs forces. Ajoûtez à
cela, qu'en exigeant à la rigueur certaines chofes d'elles-mêmes très-hon-
nêtes, on auroit quelquefois à craindre qu'il n'en arrivât un mal plus fâcheux, que celui auquel on vouloit remédier. Il faut donc reconnoître, qu'un
Prince vertueux, grave, fage, & af-
fectionné au Bien Public, ne doit pas
toûjours prefcrire par des Loix accompagnées de Peines, ce qui eft d'ailleurs
conforme à l'Honnêteté; & qu'il peut
même quelquefois permettre (1) des
chofes vicieufes & deshonnêtes.

ceux qui ont formé les Sociétez Civiles n'ont ni voulu ni pû foûmettre la Religion à la volonté du Souverain.

Pardonnez-moi, Messieurs, fi
j'abufe ici de vôtre patience. Je me
fuis étendu peut-être plus que vous
ne l'auriez fouhaitté, à expliquer l'o-
rigine, les raifons, & le but de l'établiffement des Sociétez Civiles. Mais
il étoit important pour mon fujet, de
faire voir avec la derniére évidence,
que

(1) Voiez Pufendore, *Droit de la Nature & des Gens*, Liv. VIII. Chap. I. §. 4.

que l'on ne peut, en bonne Politique,
attacher aucune Peine qu'à ce qui intéreſſe le Repos Public, & la conſervation des Biens du Corps ou de la
Fortune, & que du reſte on doit laiſſer à chacun la liberté de ſe conduire
comme il le trouve à propos ; car cela
poſé, il eſt facile d'en déduire, ſans
que j'aie beſoin de m'y arrêter, ce qu'il
faut penſer au ſujet de la Religion dans
la matiére dont il s'agit. En effet, la
Religion de ſa nature tendant plûtôt à
la perfection & au bonheur éternel de
l'Ame, qu'à la proſpérité & à la feli-
cité temporelle des Sociétez Civiles ;
tous les Siécles du móins nous fourniſ-
ſant des exemples de Peuples auſſi différens par leur Culte & par les cérémonies de leur Service Divin, que par
leur langage & par leur climat ; &
néanmoins également illuſtres, puiſ-
ſans, heureux, par leurs Loix, par
leurs forces, par leurs richeſſes, &
dans la Paix & dans la Guerre : jugez
vous-mêmes ſans prévention, ſi *ceux*
qui ont formé les Sociétez Civiles ſe ſont
propoſez de ſoûmettre la Religion
ſans aucune néceſſité à l'Autorité des
Loix & du Souverain. Mais il y a plus :

P 5   (&

(& ce que je viens de dire n'est rien
en comparaison de ce que je vais ajoûter) je soûtiens que , *quand même ils*
l'auroient voulu, il n'étoit pas en leur
pouvoir de rendre la Religion esclave
des Loix Civiles. Car , comme elle
est plûtôt un présent du Ciel, qu'une
chose qui dépende de la Volonté Humaine ; les Hommes peuvent-ils jamais, en aucune maniére & à aucun
titre, décider à la pluralité des voix
d'une chose de cette nature, ou en faire la matiére de leurs conventions &
de leurs engagemens? Que conclur-
rons-nous donc? Voici, Messieurs,
en peu de mots ma pensée. Dans tout
ce qui concerne les affaires civiles,
l'Autorité du Prince est sans contredit
très-grande & au dessus de toute autre :
mais du moment qu'il s'agit de Religion, il n'a pas plus de pouvoir qu'un
simple Particulier: de sorte que, s'il
prescrit un certain Culte par des Loix
accompagnées de peines contre ceux
qui refuseront de lui obéïr en cette
occasion, il empiéte sur les droits d'autrui, il usurpe un empire qui n'appartient qu'à Dieu seul; & non seulement il n'avance guéres en voulant
ain-

ainſi forcer les Conſciences, mais encore il ne ſauroit ſe diſculper d'exercer un acte de Tyrannie.

J'AI donc prouvé, MESSIEURS, que la Religion eſt abſolument indépendante de toute Autorité Humaine: il faut maintenant venir à l'examen des raiſons dont on ſe ſert pour établir le contraire. Prémiérement, dit-on, il n'y a qu'*un ſeul chemin* qui méne à la *Vérité*, & en même tems à la *Vie heureuſe:* ſi quelcun ne le connoît pas, ou refuſe de le ſuivre, eſt-il rien de plus juſte & de plus honnête, que de l'y faire entrer de gré ou de force, ſelon le Droit commun de l'Humanité par l'Autorité ſacrée d'un Prince également *Dévot* & *Fortuné*, ou par le miniſtére de quelques perſonnes ſages, vertueuſes, pieuſes, qui agiſſent en ſon nom, ou plûtôt au nom de DIEU? Qu'y a-t-il de plus convenable à l'état d'un Particulier, que d'obéïr à la Majeſté Humaine la plus relevée & la plus auguſte après DIEU; ſur tout lors qu'elle exige de lui, avec autant de ſageſſe, que de bonté & d'affection, une choſe qui regarde, non quelque intérêt léger & momentanée de la Vie

SECONDE PARTIE de ce Diſcours, qui contient la RÉPONSE AUX OBJECTIONS des Intolérans.

Prémiére Objeſtion, tirée de l'importance du Salut, que l'on veut procurer à ceux qu'on force, & qui ne ſe trouve que dans une ſeule Religion.

P 6   Ci-

Civile, mais un *Bien infini & éternel?*
Voilà, Messieurs, un argument,
mais, si je ne me trompe, un argument bien frivole. Car en quoi donne-
t-il la moindre atteinte à l'opinion que
je défens? Tournez-le, s'il vous plait,
de tous les côtez, développez, examinez avec soin tout ce qu'il renferme; vous trouverez, je m'assûre, que
ce n'est qu'un vain bruit, un amas de
paroles qui ne signifient rien. Prou-
vons-le. Je vais répondre, Messieurs, de la maniére la plus simple
qu'il me sera possible. Hé bien donc!
nous qui sommes éclairez des lumiéres
agréables d'une Doctrine Céleste, nous
trouvons qu'il n'y a que cette seule
route véritable & assûrée pour parvenir au Salut. Soit. Mais les autres,
à qui Dieu ne fait pas de si grandes
graces, n'ont pas la même créance ou
le même bonheur que nous. Il y a
dans le monde une infinité de Sectes,
même parmi les *Chrétiens*, pour ne
rien dire de celles qui partagent les
Juifs, les *Paiens*, les *Mahométans*, &
ceux de quelque autre Religion. On
dispute encore quelle est la meilleure;
& quoi que la question intéresse également

ment tout le monde, on ne ſauroit la décider par la Raiſon toute ſeule & par le Droit de la Nature & des Gens, dont il s'agit entre nous. Qu'il n'y aît donc tant qu'il vous plairra qu'un ſeul chemin qui conduiſe au Salut : puis que nous ne convenons pas quel eſt ce chemin, & qu'on m'en montre pluſieurs, dont chacun eſt regardé & propoſé comme meilleur par ceux qui le ſuivent ; y a-t-il le moindre doute, que je ne doive me conduire ſelon mes propres lumiéres, plûtôt que par celles d'autrui, dans une affaire comme celle de mon Salut, qui m'intéreſſe ſans contredit plus particuliérement que tout autre ? D'ailleurs, ſi en matiére de Conſcience l'on doit ſe ſoûmettre aveuglément à autrui, au jugement de qui faudra-t-il s'en rapporter ? Sera-ce à celui du Prince ? Mais s'il ſe trouve que le Prince ſoit fort ignorant en ce qui concerne la Religion : (car c'eſt un (1) pur hazard que d'être appellé au Throne par la Naiſſance; & on ne voit pas toûjours un heureux aſſemblage de la Nobleſſe & de la

Puiſ-

(1) *Nam generari & naſci à Principibus, fortuitum* &c. TACIT, Hiſtor, Lib, I, Cap, XVI, num, 3,

P 7

Puissance avec le Bon-Sens & le Savoir) si encore, comme c'est la coû-
tûme des Grands, il veut tout emporter de hauteur & par autorité, plûtôt
que de me ramener par des exhortations & des instructions paisibles, à
quoi me vois-je réduit? Supposons
même, qu'il aît de l'étude, & que,
pour me convertir, il mette en usage
le seul moien naturel & légitime, qui
est celui des raisons : en ce dernier
cas, MESSIEURS, je ne saurois que
louer extrémement sa conduite, & je
lui dois sans contredit une grande reconnoissance d'un si rare témoignage
d'affection & de douceur; cependant
s'il ne vient à bout de me convaincre
entiérement de la vérité des sentimens
qu'il veut m'inspirer, pourquoi em-
brasserois-je, au péril de mon Salut,
une Religion qui ne me paroît pas
bonne? Mais n'est-ce pas une grande
présomption à un Particulier, de ne
vouloir point déférer aux sentimens
& à la volonté d'une personne sacrée,
entre les mains de qui la Providence
Divine & le consentement des Hommes ont mis de concert l'Autorité
Souveraine? Je me soûmettrai, MES-
SIEURS,

SIEURS, (1) à son jugement en tout ce qui dépend de moi; & je dois même, peut-être autant par prudence, que par respect & par modestie, relâcher un peu de mes droits en faveur de mon Prince, qui peut d'ailleurs me faire du bien, & me dédommager par quelque autre endroit de ce que je perds à lui obéir dans cette occasion fâcheuse. Mais la Religion est d'une toute autre nature: je ne saurois raisonnablement l'accommoder à la fantaisie d'autrui; c'est un hommage que je dois à DIEU, & il faut par conséquent que je le lui rende de la maniére qui me paroît la plus digne de cet Etre Souverain. Quelque élevé que le Prince soit au dessus de ses Sujets, si on le compare à DIEU, il n'est pas plus respectable qu'un simple Particulier; & il ne doit pas tenir à outrage la juste préférence que je donne hautement au Maître commun de lui & de moi. Pourrois-je d'ailleurs, à moins que d'être insensé, donner honteusement dans une flatterie si absurde

___

(1) Voiez la *Lettre* Latine de Mr. LOCKE sur la *Tolérance*, pag. 39. de l'Original, *pag. 55, & suiv.* de la Traduction Françoise.

(1) Voiez

de & si impie, que de mettre DIEU au dessous du Souverain ; puis que, si je viens à être privé de la faveur & de l'amour de cette Majesté Infinie, je suis perdu sans ressource ; n'y aiant point de Puissance supérieure capable de me remettre en possession ou de me dédommager d'un bien si inestimable.

Seconde Objection. Le Prince ne veut pas qu'on se soûmette à ses décisions, mais à celles des Ministres Publics de la Religion.

Voilà qui est bien, direz-vous, si le Prince décidoit lui-même, comme Souverain, de la Religion & de ses Articles. Mais autre chose est, lors qu'avec sa permission une *Assemblée* (1) *Ecclésiastique* aussi vénérable par sa piété & par sa vertu, que par sa sagesse & par ses lumiéres, prononce là-dessus au nom & en l'autorité de DIEU même. N'importe, MESSIEURS, j'en reviens à mon principe. Tant qu'il ne sera question que d'affaires civiles, j'en passerai par ce qui aura été décidé, bien ou mal, à la pluralité des voix ; parce que l'intérêt du repos public demande que l'on termine ces sortes de choses d'une

ne

_____

(1) Voiez la même *Lettre* de Mr. LOCKE, pag. 40, & *seqq.* de l'Original, pag. 57, & *suiv.* de la Traduction Françoise.

ne maniére ou d'autre, lors même qu'on n'y voit pas tout-à-fait clair. Mais il s'agit ici de la Religion, à l'égard de laquelle on est indispensablement obligé de suivre les lumiéres de sa Conscience ; de sorte que, jusqu'à ce qu'on soit bien convaincu, il faut suspendre son jugement, & renvoier la chose à une plus ample information. Car, encore que d'autres fassent profession de recevoir un Dogme, comme suffisamment établi, à leur gré ; cela suffit-il pour nous déterminer à y aquiescer, pendant qu'il ne nous paroît pas tel à nous-mêmes ? DIEU, en nous donnant la Raison, a-t-il prétendu que nous jugeassions par les lumiéres d'autrui, & non par les nôtres, de ce qui regarde nôtre intérêt capital ? Lors que le Souverain me renvoie à une Assemblée Ecclésiastique, il a beau la qualifier *Sainte*, il a beau me dire qu'elle tient ses séances & qu'elle prononce au nom & en l'autorité de DIEU ; si après tout je ne suis pas convaincu, que ce qu'elle enseigne soit capable de me faire obtenir le vrai & Souverain Bien qui est le but de la Religion, ne sont-ce pas

des

des décisions purement humaines, que
le Prince me propose, plûtôt que des
Dogmes & des Préceptes divins? Dois-
je m'étonner que (1) des Hommes soient
aveuglez par l'erreur, ou séduits par
leurs passions? Faut-il que, dans une
affaire de si grande conséquence, où il
s'agit de mon Salut, & du Salut éternel, je me laisse éblouïr à de vains
Titres, au faste des Honneurs & des
Dignitez, au lieu d'écouter les conseils
de ma Raison? Certainement nulle Autorité Humaine n'est ici pour moi d'aucun poids; je ne puis ni ne dois me
rendre qu'à l'éclat victorieux de la
Vérité. N'est-ce pas enfin la même
chose, que le Prince me force lui-même d'adhérer à ses erreurs, ou qu'il
m'y fasse contraindre par des gens que
je n'ai point établi ni n'ai pû établir
Juges Souverains de ma Foi, & auxquels à plus forte raison le Prince ne
sauroit donner cette autorité? Il y a
plus

(1) L'Histoire est si pleine des erreurs & des vices
des Ministres Publics de la Religion, & l'on a tant
de fois montré combien cela même rend nécessaire
l'examen des Doctrines & des Pratiques qu'ils veulent nous imposer; qu'il faut être bien simple, pour
se laisser éblouïr à leur autorité, & bien hardi pour
la faire valoir comme un argument qui seul soit de
quelque force. On peut voir ce que vient de dire là-
des-

plus: quand même la Religion, que
l'on veut me faire embraffer aveuglément, feroît au fond la meilleure,
tant que je n'en fuis pas convaincu,
je ne dois pas obéïr. Car en vertu de
quoi un Homme fage & attentif à fuivre inviolablement la Loi Naturelle,
s'engageroit-il pour l'heure dans une
voie qu'il croit mauvaife, quelque bonne & fûre qu'elle foit véritablement?
(2) Un Voïageur, je l'avoue, arrive
quelquefois au lieu où il alloit par un
autre chemin qu'il ne s'étoit propofé,
& la tempête, ou le hazard jettent fouvent à bon port un Vaiffeau dont le
Pilote ne favoit plus ce qu'il faifoit,
ni où il alloit. Mais y a-t-il jamais eu
perfonne qui, par un Culte & des Cérémonies qu'il jugeoit impies, ou def-
agréables à la Divinité, foit parvenu
au Souverain Bien, à l'amour & à la
faveur de Dieu, dont les graces ne
s'obtiennent que par les mouvemens
in-

deffus tout fraîchement (en 1713.) un Auteur Anglois, dans un *Difcours fur la liberté de penfer*, où il
propofe d'ailleurs nettement & affez au long les raifons fur quoi eft fondée cette liberté qu'il prétend que
chacun a naturellement. J'apprens que cet Ouvrage
vient d'être traduit en François.
(2) Voïez la *Lettre* Latine de Mr. LOOKE, pag.
44. de l'Original, pag. 62, & fuiv. de la Traduction
Françoife.

intérieurs d'une Piété fincére & entiérement dévouée à fon fervice? En voilà affez, Messieurs, fur cet article: car j'ai fuffifamment prouvé, que
ni le Prince, ni aucun autre Homme,
n'a droit ni raifon tant foit peu appa-
rente, de contraindre fes Sujets ou autres perfonnes, par les Armes ou par
les Loix, en un mot par la violence,
par la crainte, par les peines, de quelque nature qu'elles foient, à fuivre bon-
gré mal-gré qu'ils en aient telle ou telle Religion, parce que, fi on la croit
véritable, on l'embraffera de fon pur
mouvement, comme une chofe que la
Raifon nous fera voir avantageufe; &,
fi au contraire on la juge fauffe, on
he pourroit l'embraffer fans témoigner
du mépris ou de l'indifférence envers
la Majefté Divine, & fans fe perdre
foi-même. Or de là il s'enfuit, qu'a-
près s'être fervi de toutes les voies
honnêtes que la prudence & l'induftrie
peuvent fuggérer, on doit laiffer à chacun la liberté de faire comme il l'entend par rapport à fon Salut, foit qu'il
refufe d'entrer dans une nouvelle Religion, foit qu'il veuille s'éloigner ou en
tout, ou en partie, des fentimens re-
çus

çus dans celle qu'il a professée jusqu'a-
lors; d'autant plus que la Force ne serviroit de rien à le convertir; & que
d'ailleurs la Liberté de Conscience,
qu'il demande, ne tend ni à rien entreprendre contre l'Etat, ni à commettre
des injustices & des méchancetez envers le Prochain.

C'est, direz-vous, *faire à* DIEU
un outrage bien sanglant, que de corrompre sa sainte Religion, ou de l'a-
bandonner par pure légéreté. J'entens:
mais qui êtes-vous, vous qui parlez
ainsi, que vous vous érigiez en Scruta-
teur des Cœurs, & que vous préten-
diez être Défenseur en titre des intérêts
de la Majesté Divine? De quoi vous
mêlez-vous? De quel droit vous por-
tez-vous à venger un outrage qui ne
vous regarde point? Laissez à DIEU
le soin de punir les offenses que vous
croiez qu'il reçoit, & d'infliger la
peine, aussi-bien que de connoître du
crime. Que dis-je? Les Vices purement
internes, les erreurs & les souillûres de
l'Ame, ne sont même punissables en aucune maniére que devant le Tribunal
de cet Etre Souverain. Je ne m'arrêterai pas, MESSIEURS, à le faire voir;

la

la chose parle d'elle-même. Qui est-ce
qui connoit le Cœur, qui est-ce qui le
voit, si ce n'est DIEU seul? Quel autre que lui, le meut, le touche, le gouverne, le fléchit? Et que reste-t-il à
l'Homme, que de se laisser conduire,
& de suivre sans résistance par tout où
il croit que la voix de DIEU l'appelle? Lors donc qu'il s'agit d'examiner,
si quelcun a commis un Péché purement Spirituel, de quelle nature est ce
Péché, quelle en est l'énormité, s'il
mérite d'être puni, en quel tems, en
quel lieu, de quelle maniére, jusqu'où,
& dans quelle vûe il faut le faire : y
a-t-il quelque autre que DIEU, qui
puisse, si nous consultons les Régles
invariables de la Raison & de la Justice, y a-t-il, dis-je, quelque autre que
lui, qui puisse en connoître, & prononcer là-dessus ? cela ne répugne-t-il
pas manifestement à la nature des choses ? Pour ne pas dire, qu'on a mauvaise grace de se fâcher contre des
gens que DIEU ne hait point, auxquels du moins il fait part également
(1) des benignes influences de son Soleil,

(1) Voïez MATTHIEU, Chap. V. 45.

leil, & des Pluies fécondes de ſon Ciel :
quoi que, s'il vouloit, il pût ſur le
champ, & en mille maniéres, les ac-
cabler de ſes fleaux, leur faire ſouffrir
les plus rigoureux tourmens, & les ex-
terminer ſans reſſource. Si DIEU é-
pargne & comble même de biens ceux
par qui vous croiez qu'il eſt offenſé,
que ne devez-vous pas faire vous qui
ne recevez d'eux aucun tort, aucun
dommage ?

Ils ſont dans l'erreur, dites-vous,
& dans des *erreurs groſſiéres*, & cela
en matiére de *Religion* : or il n'y a
rien de plus *deshonnête* & de plus honteux dans toutes les choſes divines &
humaines, rien de plus *pernicieux*, rien
de plus contraire à l'Ordre de la Nature. Eſt-il poſſible qu'on oſe alléguer
des raiſons ſi pitoiables ? Il s'agit ici
du Tribunal Humain, quelque beau
nom qu'on lui donne ; & ſur ce pié-
là, ô Homme, vous appellez un crime l'attachement inviolable d'un Homme comme vous, à ſe conduire ſelon
ſes propres lumiéres dans une affaire
qui regarde la Conſcience ! Vous traitez d'injure faite à tous les Hommes,
une choſe à quoi chacun eſt indiſpen-
ſa-

Quatriéme Objeſtion, tirée de la turpitude & des ſuites funeſtes de l'Erreur en matiére de Religion.

fablement obligé par la Loi même de
la Nature, pour peu qu'il aît à cœur
la Juſtice & la Probité? Dites-moi,
je vous prie, ſi c'eſt un crime, quel
nom lui donnerez-vous? à quel principe faudra-t-il l'attribuer? car un crime qui intéreſſe le Genre Humain, &
les choſes même inanimées, doit être
ſans doute bien atroce & bien criant.
Ces gens-là, dites-vous, ne connoiſſent pas la Vérité. Mais peuvent-ils
avoir une connoiſſance que Dieu n'a
pas jugé à propos de leur donner? Et
puis, que ſavez-vous ſi ceux que vous
croiez être dans l'erreur, ne ſont pas
au fond dans le parti de la Vérité?
Combien de fois n'arrive-t-il pas que
ce que l'on tient pour le plus vrai, ſe
trouve faux, ou, au contraire, que
ce que l'on regarde comme faux, ſe
trouve vrai? (1) Il ſe peut faire auſſi
que ni eux ni vous n'ayiez bien rencon-
tré, quoi que vous vous flattiez également les uns & les autres. D'un côté,
le chemin de la Vérité eſt fort obſcur,
fort

(1) Voiez le Commentaire Philoſophi-
que, I. Part. Chap. V. pag. 181. & ſuiv. & II. Part.
Chap. V. pag. 353. & ſuiv. de l'Edition de Rotterd.
1713.

(2) Je me ſouviens ici d'un beau paſſage de Seneque:

fort gliffant, fort difficile : de l'autre, l'obligation d'obferver les Loix de la Société Humaine eft de la derniére évidence. Dans cette fituation des chofes, je ne vois rien de plus jufte, que de fe fupporter réciproquement. Suppofé même que les autres foient effectivement plus éloignez, que vous, de la Vérité, que vous importe ? S'ils s'égarent, tant pis pour eux ; c'eft leur affaire, & non pas la vôtre. Vous pouvez déplorer leur malheur, de ce que Dieu ne leur a pas fait les mêmes graces qu'à vous ; mais vous ne fauriez pour cela feul les traiter de Méchans & de Scélérats. Ils font donc dignes de vôtre compaffion ; bien loin de mériter d'être l'objet d'un nouveau & fingulier genre de Haine. (2) Vous auriez autant de raifon de vous emporter contre un Aveugle, de ce qu'il ne voit pas ; contre un Boiteux, de ce qu'il cloche ; contre un Manchot, de ce qu'il n'a pas l'ufage de tous fes membres. Ce font-là, direz-vous, des imper-

---

QUE: *Illud potius cogitabis, non effe irafcendum Erroribus. quid enim fi quis irafcatur in tenebris parum veftigia certa ponentibus ? quid fi quis Surdis, imperia non exaudientibus ? .... quid fi ills irafci velis, qui ægrotant, feneſcunt, fatigantur ? De Ira, II, 9.*

Q   (1) On

perfections naturelles, & non pas des défauts de la personne. Je vous soûtiens moi, qu'il faut penser la même chose de l'Erreur, sans en excepter celle qui concerne la Religion. On y tombe par foiblesse, & non par malice. (1) C'est donc un malheur, & non pas un crime. Ainsi les Errans ne font nullement sujets à la peine par les Loix de la Société Humaine, puis qu'ils ne les ont point violées, comme tels.

Cinquiéme Objection, ti-rée du bien que l'on prétend faire aux Errans, en usant en-vers eux d'une cha-ritable & salutaire rigueur.

Si je pille, dites-vous, si je tourmente, si je persécute, si je tue, il suffit, pour me disculper du reproche odieux d'attenter sur la Liberté d'autrui, que je sois obligé malgré moi d'en venir à ces extrémitez ; & que j'agisse, non par aucun motif de haine, mais par un mouvement de piété, & dans l'espérance de *sauver une per-sonne qui periroit sans cela.* (2) Lors que, dans un accès de Folie ou de Fré-nesie, quelcun veut se jetter dans la Riviere, ou dans un Puits, ou dans un Abî-

(1) On trouvera ceci fort étendu, dans le COMMENT. PHILOSOPH. Part. II. pag. 470. *& suiv.* & *Supplément* Chap. XIV. *& suiv.* Voiez aussi la Lettre LII. de l'Empereur JULIEN.
(2) Voiez la III. Part. du COMMENT. PHILOSOPHIQUE, Artic. III. IV. *& suiv.* VIII. XXX. &c.

où

Abîme; tout le monde ne juge-t-il pas
que c'est une très-belle action, de l'en
empêcher bon-gré mal-gré qu'il en ait?
Le Droit Civil ne permet-il pas à tous
ceux qui voudront s'intéresser (3) pour
un Criminel, que l'on méne au supplice, d'appeller en son nom de la Sentence, quand même le Criminel s'y soûmet-
troit, & qu'il s'opposeroit formellement
à l'Appel? Qu'un Homme sage, pieux,
dévot, imite donc une telle conduite.
Qu'il maintienne les intérêts temporels
de son Prochain, sans abandonner pour
cela ses intérêts spirituels, & les intérêts
de Dieu même. Qu'il tâche, autant qu'il
pourra, de gagner les gens par la douceur & par la voie de la persuasion: mais
après l'avoir mise inutilement en usage,
qu'il recoure sans scrupule à la Crainte, aux Douleurs, aux Peines, aux
Supplices, pour vaincre l'opiniâtreté
insensée des Errans, pour les rendre
susceptibles de la lumiére de la Vérité,
& pour faire entrer profondément les
in-

___

où l'on réfute *les paralogismes & les petites moralitez*, ou
plûtôt les misérables déclamations *du grand Evêque
d'Hippone.*

(3) DIGEST. Lib. XLIX. Tit. I. *De appellationibus
& relationibus*, Leg. VI. COD. Lib. VII. Tit. LXII.
Leg. XXIX.

inſtructions dans leur ame. Alors ils lui
ſauront auſſi bon gré de la rigueur ſalutaire dont il aura uſé envers eux,
qu'un Malade eſt obligé à ſon Méde-
cin de ce qu'il lui a rendu la Santé,
quoi qu'il le faſſe ſouvent par la diéte,
par la faim ou par la ſoif, d'ordinaire
par des remédes déſagréables, quelquefois même par le feu ou par le fer, toûjours en l'aſſujettiſſant à certaines choſes qui lui cauſent beaucoup d'ennui,
de douleurs, & de ſouffrances. Qu'en-
tens-je, bon Dieu! L'Impudence même, ſi elle empruntoit une voix humaine, pourroit-elle tenir un autre langage? Voiez, Messieurs, les belles comparaiſons dont on ſe ſert pour
nous éblouïr! N'eſt-ce pas ſe moquer
des gens, que de prétendre nous paier
de ſi miſérables chicanes? Péndant que,
contre tout droit & raiſon, on maltraite des Innocens d'une maniére à laſſer
la cruauté la plus barbare, on ſe vante
d'a-

(1) Longè diverſa ſunt Carnificina & Pietas : nec poteſt
aut Veritas cum Vi, aut Juſtitia cum Crudelitate conjungi;
Lactant. Lib. V. Cap. XIX. num. 17. Libet igitur
ex his quærere, cui potiſſimùm præſtare ſe putent, cogendo
invitos ad ſacrificium? Ipſiſne quos cogunt? At non eſt be-
neficium, quod ingeritur recuſanti. Sed conſulendum eſt
etiam nolentibus; quando, quid ſit bonum, neſciunt. Cur
(160

d'avoir la Piété à cœur! Dans le tems
qu'on perſécute & qu'on fait mourir
une perſonne, on oſe ſe comparer à
ceux qui lui rendroient quelque grand
ſervice, ou qui lui ſauveroient même
la Vie! (1) Si c'eſt-là un acte d'Humanité, d'Amour, de Charité, de Bé-
néficence ; qu'appellera-t-on Haine,
Inhumanité, Barbarie, Rage de nuire
au Prochain? Impitoiable Tyran, ſi tu
aimes les Hommes, comme tu veux
nous le faire accroire, ſi tu te propo-
ſes ſincérement de leur procurer la faveur de Dieu, le Souverain Bien; ne
tourmente point, ne déchire point cette partie de l'Homme de laquelle tu ne
ſaurois tirer que de la douleur, & jamais un mouvement volontaire. Laiſſe
le Corps en repos; & pour guérir l'A-
me des erreurs où tu la crois plongée,
tâche de la gagner par des raiſons convaincantes. Tout l'appareil des Supplices ne ſert de rien ici : ils ne font
qu'ex-

ergo tam crudeliter vexant, cruciant, debilitant, ſi ſalvos
volunt ? aut unde pietas tam impia, ut eos miſeris modu aut
perdant, aut inutiles faciant, quibus velint eſſe conſultum ?
An vero Diis præſtant ? At non eſt ſacrificium, quod ex-
primitur invito &c. Idem, ibid. Cap. XX. num. 5, &
ſeqq. Edit. Cellar.

(1) Volez

qu'extorquer des menſonges, des déguiſemens, des paroles feintes; & ce n'eſt point par là qu'on s'unit avec DIEU; mais par l'Eſprit, par la Volonté, par des ſentimens ſincéres & des mouvemens entiérement libres. La Cruauté eſt toûjours Cruauté. On ne ſauroit jamais prendre pour l'effet d'une affection véritable, & d'un ſincére deſir de ſauver quelcun, la fureur de ceux qui le battent, qui l'inquiétent, qui le martyriſent, qui le perſécutent inutilement; que dis-je? qui le tuent même avant que ſon Ame ſoit guérie du mal dont ils font ſemblant de vouloir la délivrer. Prens garde au contraire, que, ſous prétexte de rendre un office d'Ami, tu n'exerces au fond l'hoſtilité la plus barbare & la plus abominable que l'on puiſſe concevoir; puis qu'en ôtant la vie à celui que tu crois être dans l'erreur, tu le mets pour toûjours hors d'état de ſe convertir & de ſe ſauver.

Il

(1) Voïez les CONVERSATIONS SUR DIVERSES MATIE'RES DE RELIGION, par feu Mr. Le Céne, Entretien II. pag. 74, & ſuiv. & le COMMENT. PHILOSOPH. II. Part. Chap. I. Voïez auſſi une Lettre Latine de feu Mr. VAN PAETS, adreſſée à feu Mr. Bayle, & imprimée à Rotterdam en 1686. in.

Il faut, dites-vous, vaincre par la crainte & par la douleur l'*opiniâtreté* & l'obstination inflexible des Errans. (1) Vous traitez donc ainsi d'*opiniâtre* & d'obstiné, celui que vous ne pouvez ramener par des raisons ! Qu'est-ce qui l'empêchera de vous faire à son tour le même reproche ? Chacun est fortement attaché à ses sentimens. Vous méprisez ses raisons, qui ne vous satisfont point : il n'est pas touché des vôtres, qui lui paroissent frivoles. A moins que, de vôtre pure autorité, vous ne vous érigiez en Arbitre Souverain du Vrai & du Faux, vous voilà à deux de jeu. Vous ne voulez ni l'un ni l'autre adhérer aux erreurs d'autrui : vous voulez tous deux suivre les lumiéres de vôtre propre Conscience, & faire entrer dans vos sentimens ceux qui en sont éloignez. Pourquoi blâmez-vous en lui ce que vous faites vous-même ? Ou pourquoi désespérez-vous de sa conversion, quoi que vous n'y voyiez

Sixiéme Objection, tirée de l'opiniâtreté prétendue des Errans.

in quarto, sous ce titre : H. V. P. *ad* B**** *de nuperis* ANGLIÆ *motibus Epistola, in qua de diversum à publica Religione circa Divina sentientium differitur tolerantia*, pag. 11, *& seqq.* Toute la Lettre, qui est courte, mérite d'ailleurs d'être luë.

(1) Voiez.

yiez encore aucune apparence ? Ce qui
n'arrive pas aujourdhui, peut arriver
demain; (1) & il y a au deſſus de nous
un DIEU puiſſant, qui conduit toutes
choſes, & qui ſait, quand il veut, triompher de la prévention la plus incura-
ble & la plus enracinée. Quoi qu'il en
ſoit, ce n'eſt pas une opiniâtreté vi-
cieuſe, c'eſt plûtôt une conſtance louable, d'avoir un ſi fort attachement à
ce que l'on eſt tenu d'embraſſer avec
un amour ſincére & invariable, que de
ne ſe laiſſer ébranler ni à force d'argent,
ni par des priéres & des ſollicitations,
ni par des menaces, ni par la force &
par l'autorité du Souverain même. Un
Soldat brave & qui a l'ame bien faite,
loue la Vertu, même dans ſon Ennemi: à combien plus forte raiſon un
amateur ſincére de la véritable Sageſſe,
qui unit les Hommes prémiérement
avec DIEU, puis les uns avec les autres,

(1) Mr. *Noodt* imite ici ce qu'un ancien Auteur Latin dit dans une autre vuë , *Quod hodie non eſt , cras
erit*......

*Quod non exſpectes, ex tranſverſo fit ,
Et ſuper nos Fortuna negotia curat.*
PETRON. Cap. XLV. & LV. Ed. *Burmann.*

(2) L'Auteur fait alluſion à la réflexion de JUS-
TIN

tres, par les lumiéres communes de la Raison, doit-il eſtimer & reſpecter dans ceux d'une Religion différente de la ſienne, l'intention louable & le beau motif, de préférer Dieu conſtamment à toutes choſes?

Il eſt, direz-vous, d'un Homme ſage & pieux, de *maintenir le Culte, les Cérémonies*, en un mot toutes les *Inſtitutions* dont Dieu lui-même eſt l'Auteur. D'accord. J'avoue même, que ſi ces Pratiques ſont juſtes, bien fondées, & propres à inſpirer la Piété, il faut les défendre ſérieuſement & de toutes ſes forces; & qu'on a raiſon de regarder comme ſemblable en quelque façon à Dieu, (2) quiconque donne au monde un ſi bel exemple, que celui d'embraſſer avec chaleur la défenſe des intérêts de la Majeſté Divine. Il s'agit ſeulement de ſavoir de quelle maniére on doit s'y prendre; (3) & c'eſt
ſur

Septiéme Objection, tirée de l'obligation où l'on eſt de maintenir la vraie Religion, & de travailler à la propagation de la Foi.

TIN au ſujet de *Philippe de Macédoine*, qui avoit pourſuivi les *Phocéens*, ſous prétexte qu'ils avoient pillé le Temple d'*Apollon* à *Delphes*. DIGNUM *itaque qui Diis proximus haberetur, per quem Deorum majeſtas vindicata ſit.* Lib. VIII. Cap. II. num. 7.

(3) C'eſt la réponſe que faiſoit un ancien Docteur de l'Egliſe: *Sentiunt enim, nihil eſſe in rebus humanis Religione præſtantius, eamque ſummâ vi oportere defendi : ſed in ipſâ Religione, fit in defenſionis genere falluntur.* De-

Q 5   *ſere.*

sur quoi nous ne convenons pas plus,
que sur le fond même de la Religion.
Vous trouvez qu'un Dragon ou un
Bourreau est un digne Défenseur de la
Religion : & moi je vous soûtiens,
qu'on ne sauroit choisir de Missionaire
plus incapable de travailler efficacement
à la propagation de la Foi, & qu'un
infame & un scélérat comme celui-là
doit être emploié à toute autre chose.
S'il faut dire la vérité, c'est trahir la
Religion, & donner lieu de croire
qu'elle n'a pas dequoi se soûtenir par
elle-même, lors que, pour la faire recevoir, on appelle à son secours la crainte des Peines. Loin d'ici donc tous les
instrumens affreux de la Guerre & des
Supplices : laissez-là les Rapines & les
Extorsions : point de Coups, point de
Tortures, point de Gibets, point de
Bûchers ; il faut ici d'autres armes.
Nous n'avons pas besoin d'emprunter
celles de la Cruauté, ni d'avancer le
régne de DIEU par des voies crimi-
nelles. La véritable Religion s'affer-
mit par une Raison saine & tranquille,
par un Bon-Sens épuré & une Sagesse

ex-

fendenda enim Religio est, non occidendo, sed moriendo &c.
LACTANT. Lib. V. Cap. XIX. num. 22.

exquife, par une Connoiffance claire
& diftincte. Peut-être vous imaginez-
vous, (vous devez du moins le fuppofer felon vos principes) que fans être
convaincu par aucune preuve fatisfai-
fante, chacun peut croire & comprendre tout ce à quoi on lui commande
de foûmettre aveuglément fes lumières. Mais confidérez bien comment
nôtre Efprit eft fait, examinez la nature & les propriétez de l'Entende-
ment Humain, vous n'y trouverez rien
qui dépende de quelque détermination
toûjours arbitraire. Il ne fe laiffe conduire que par des inftructions & par des
remontrances: il donne fans balancer
un entier confentement à une Propofi-
tion dont on lui a démontré la vérité;
mais, tant qu'il n'eft pas convaincu,
tout l'appareil de la Cruauté ne fauroit
jamais le lui arracher. Si un Tyran
(qu'il me foit permis d'emprunter encore ici un exemple tiré de l'*Arithmétique*) fi un Tyran furieux m'ordonnoit de croire, que *Deux* & *Trois*, par
exemple, font *Huit:* quand même il
me menaceroit des plus rigoureux fup-
plices, quand il feroit tout prêt à me
les faire fouffrir, quand je me verrois

actu-

actuellement entre les mains du Bourreau; que je compte sur mes doits,
que j'examine tous les rapports de ces
Nombres avec la derniére application,
jamais je ne pourrai obtenir sur moi,
quelque défir que j'en aie, de m'imaginer que *Deux* & *Trois* faffent plus de
Cinq. Toutes les menaces, toute la violence du monde n'en fauroient venir à
bout. Je puis tromper, je puis men-
tir, je puis faire dire à ma langue ce
que la douleur m'arrache : mais il
m'eft abfolument impoffible de penfer
une chofe fi contraire à mes idées. Il
en eft de même en matiére de Religion: foiez-en affûrez, vous qui n'ê-
tes aveuglez ni par un efprit de Parti,
ni par la Haine, ni par l'Ambition,
ni par l'Avarice. Répandre le fang,
tourmenter, piller, confifquer les biens,
maltraiter les gens, les perfécuter, ce
n'eft pas défendre la Religion, (1) c'eft
la deshonorer, c'eft la fouiller, c'eft la

pror

_____

(1) C'eft encore ce que difoit un Docteur Chrétien des prémiers Siécles : *Nam fi fanguine, fi tormen-
tis, fi malo Religionem defendere velis; jam non defendetur
illa, fed polluetur atque violabitur. Nihil eft enim tam vo-
luntarium quàm Religio : in qua fi animus facrificantis a-
verfus eft; jam fublata, jam nulla eft.* LACTANT. Lib.
V. Cap. XIX.

(2) C'eft une objection de ST. AUGUSTIN. Frif-
ITA

profaner. L'aquiescement volontaire lui
est si essentiel, que si on la professe
sans en avoir le cœur convaincu & pé-
nétré, autant vaudroit-il ne l'embrasser point du tout.

Mais, dira-t-on, la *volonté* fait aussi
le principal caractére qui distingue la
Vertu d'avec le *Vice* : (2) cela n'empêche pourtant pas que les *Loix ne nous*
astreignent à pratiquer la prémiére, &
à fuïr l'autre. Pourquoi donc le *Culte*
Divin, sous prétexte qu'il ne sert de
rien s'il n'a le cœur pour principe, seroit-il exemt de la contrainte des Loix ?
On confond ici, MESSIEURS, deux
choses que la Raison nous fait regarder
comme distinctes, l'office propre de la
Loi, & celui de la *Religion*. Que fait
la *Loi* ? Raisonne-t-elle ? Point du tout.
Quoi donc ? *Je le veux, je l'entens :*
Faites ceci, ou cela; voilà quel est son
longage. Elle ne se propose pas de rendre gens-de-bien ceux à qui elle com-
man-

Huitième
Objection.
Les *Loix*
forcent à
pratiquer
la *Vertu* &
à fuïr le *Vi-
ce* : pour-
quoi ne
contrain-
droient-el-
les pas à la
Religion ?

*...ra dicis, relinquar libero arbitrio. Cur enim non in homi-
cidiis & stupris, & quibuscumque aliis facinoribus & flagi-
tiis, libero te arbitrio dimittendum esse proclamas?* CONTRA
CRESCENTIUM, *Lib.* IX. *Cap.* LI. Ce passage est cité
par JUSTE LIPSE, dans son Traité *De una Religione;*
Ouvrage pitoïable, & dont les plus forts argumens
consistent en des exemples de ceux qui ont été Persécuteurs & Intolérans.

Q 7　　　　　　(1) Ci-

mande: elle se contente qu'ils ne faſſent du tort à perſonne. (1) Ainſi elle
a uniquement en vûe de régler l'extérieur, ce qui ſuffit pour ſon but. Lors
donc qu'elle preſcrit la Vertu, ce n'eſt
pas proprement entant que Vertu, ou
comme une choſe qui demande la ſin-
cérité & la pureté du Cœur, mais
comme la pratique de certaines Actions
avantageuſes à l'Etat: de même, quand
elle défend le Vice, elle n'exige pas
qu'on le déteſte & qu'on l'abhorre dans
ſon ame, elle en condamne ſeulement
les effets nuiſibles à la Société; & elle
tient pour bons Citoiens ceux même
qui au fond ſont de malhonnêtes-gens,
pourvû qu'ils ne contreviennent point
à ſes ordonnances & à ſes prohibitions.
Voilà les fonctions de la Loi: celles
de la Religion ſont bien différentes.
La *Religion* a pour but de rendre les
Hommes ſages: elle ne veut rien de
forcé, elle exhorte, elle perſuade. Elle condamne même les actes extérieurs

les

(1) Ciceron dit, que ce n'eſt pas la connoiſſance du Droit Civil qui fait l'Honnête Homme; mais
que la Vertu eſt le fruit de l'Inſtruction, & non pas
des Menaces ni des Recompenſes propoſées par les
Loix. *Quod verò Viros Bonos Jure Civili fieri putas, qula
Legibus & Præmia propoſita ſint Virtutibus, & Supplicia
Vi-*

les plus conformes à la Vérité & à la
Vertu, les plus beaux en apparence,
lors que l'Esprit & le Cœur n'y ont
point de part. En effet, quelque bonne que soit une action en elle-même,
quelque honneur qu'elle fasse à la Religion, mérite-t-elle un titre si glorieux, lors que la Conscience, que
Dieu a établie au dedans de nous pour
Juge Souverain du Bien & du Mal,
nous la représente comme mauvaise?
Or, dans le cas dont il s'agit, on la
fait comme mauvaise, & nullement
comme bonne. Il n'en est pas de même de ce que les Loix Civiles prescri-
vent. Que l'on croie bien ou mal faire, pourvû que l'on agisse conformément à la Loi, cela est indifférent
pour l'Utilité Publique.

Il importe à l'*Etat*, direz-vous, de
*régler la forme, la maniére, & les ce-
rémonies du Culte Divin.* Tout ce que
l'intérêt public demande ici, c'est,
à mon avis, qu'il ne se fasse point
d'As-

Neuviéme Objection, ti-rée de l'in-térêt de l'E-tat, qui de-mande qu'on règle ce qui concer-ne la Reli-gion.

Vitiis : equidem putabam, Virtutem Hominibus (si modo tradi ratione possit), instituendo & persuadendo, non minus, & vi ac metu tradi. Nam ipsum quidem illud etiam sine cognitione Juris; quàm sit bellum cavere malum, scire pos-sumus. De Oratore, Lib. I. Cap. LVIII.

(1) Voles

d'Assemblées suspectes, où l'on trame
des conspirations contre l'Etat, & où
les Initiez soient autorisez à commettre des fornications, des adultéres,
des incestes, des meurtres, des parricides, des actes de Faussaire ou de
Faux-témoin, des fraudes, des trom-
peries, & autres crimes défendus par
les Loix Civiles, aussi bien que par
le Droit Naturel. Car on ne peut pas
honorer du beau nom de *Religion*,
un complot abominable de gens dont
la liaison tend à la ruïne du Genre
Humain. C'est une pure scélératef-
fe, cachée sous le voile spécieux de
la Religion. Du moment que quelcun viole ainsi l'Ordre du Gouvernement, & donne quelque atteinte au
but naturel des Sociétez Civiles, (1)
le respect de la Divinité n'empêche
nullement qu'on ne puisse user envers lui de la sévérité des Loix, tout
de même que s'il ne se couvroit pas
d'un

---

(1) Voïez la *Lettre* Latine de Mr. LOCKE, pag. 73,
& *seqq.* pag. 105, & *suiv.* de la Traduction Françoise: & le COMMENT. PHILOSOPH. Part. II. Chap.
V. pag. 341. & *suiv.* Chap. IX. pag. 428. & *suiv.* &
le *Supplément*, Chap. dernier, pag. 452. &c. de l'E-
dit. de *Roll.* 1713.

(2) Voïez PLINE, *Hist. Natur.* Lib. XXX. Cap. I.

SUE-

d'un ſi beau prétexte. C'eſt ainſi que
l'Empereur *Tibére* (2) abolit en *A-*
frique l'uſage barbare & criminel d'offrir des Victimes Humaines en ſacri-
fice; & le Sénat Romain, la Fête
(3) des *Bacchanales*, à *Rome* & dans
l'*Italie*. Mais lors qu'une Religion ne
fait du mal à perſonne, & qu'elle
n'engage à rien de méchant ou de
deshonnête, mais qu'elle inſpire au
contraire la Vertu & les Bonnes Mœurs,
& qu'elle recommande la ſoûmiſſion
au Gouvernement Civil; pour quelle
raiſon ne la ſouffriroit-on pas? Préten-
dra-t-on qu'il faille punir non les crimes de la Secte, mais la Secte comme
telle, quelque innocente qu'elle ſoit?
Qui ne voit, qu'il y auroit en cela u-
ne ſouveraine injuſtice, & une cruauté horrible? Le Sénat Romain en uſa
avec plus d'équité & plus de ſageſſe,
lors qu'en faiſant raſer tous les édifices
où ſe célébroient les myſtéres pernicieux

SUÉTONE, dans la Vie de *Claude*, Cap. XXV. MI-
NUT. FELIX, Cap. XXX. TERTULLIEN, Apolog.
Cap. IX. LACTANCE, *Inſtit. Div.* Lib. I. Cap. XXI.
& le Commentaire d'HIERÔME COLUMNA ſur ce
vers d'ENNIUS, *Ille ſuos Deiveis mos ſacrificare puellos,*
pag. 28, & ſeqq. Edit. Amſtel.
  (2) TIT. LIV. Lib. XXXIX. Cap. XIV, & ſeqq.
                                    (1) DA-

cieux & abominables des *Bacchanales*,
il ordonna, (1) que si quelcun croioit
ne pouvoir en Conscience se dispenser
de consacrer solennellement à *Bacchus*
un certain tems pour cette Fête, il
allât en faire sa déclaration au Préteur
de la Ville, qui proposeroit la chose
au Sénat; & que, si alors le Sénat y
donnoit son consentement, dans une
séance où il n'y eût pas moins de cent
Sénateurs, il pourroit s'aquitter de cet
acte religieux: bien entendu qu'il n'y
eût pas plus de cinq personnes qui
assistassent au Sacrifice, qu'ils n'eussent
point de Trésor commun, & qu'il
n'y eût point de Maître des Cérémonies, ni même de Prêtre, qui s'y joignît.

Dixième Objection. La diversité des Religions cause mille *troubles* & mille *désordres* dans la Société.

Ceux, dites-vous, qui innovent
quel-

(1) *Datum deinde Consulibus negotium est, ut omnia Bacchanalia Romæ primum, deinde per totam Italiam diruerent.... in reliquum deinde Senatusconsulto cautum est,* Ne qua Bacchanalia Romæ, neve in Italia essent. Si quis tale sacrum solenne & necessarium duceret, nec sine religione & piaculo se id omittere posse apud Prætorem Urbanum profiteretur; Prætor Senatum consuleret; si ei permissum esset, quum in Senatu centum non minus essent, ita id sacrum faceret, dum ne plus quinque sacrificio interessent; neu qua pecunia communis, neu quis Magister sacrorum, aut Sacerdos esset. TIT. LIV. *Lib.* XXXIX. *Cap.* XVIII.

(2) Voiez le Traité DE LA RAISON HUMAINE, pag. 7, & *suiv.* le COMMENT. PHILOSOPH. Préface.

quelque chofe dans la Réligion, ou
qui la changent entiérement, donnent
lieu à des Opinions nouvelles & dan-
gereufes : d'où il naît des Conventi-
cules, des Cabales, des Confpira-
tions, des Troubles, des Séditions,
qui ne font nullement avantageufes à
la Société Civile. Mais (2) vous ne
tiendriez pas ce langage, fi vous
n'aviez intérêt de perfuader une telle
chofe, & de jetter les Efprits foibles
dans des craintes chimériques, pour
fatisfaire vôtre ambition ou vôtre a-
varice, vous, qui ne voulez pas fouffrir une Secte nouvelle, ou une Religion que vous n'aimez pas. Les *E-
gyptiens* avoient des maximes bien différentes : car (3) on dit, que, pour
affermir leur Empire, ils inventérent
di-

face du Tom. I. pag. 124. & *fuiv.* de l'Edit. de *Rott.*
1713. Part. II, Chap. VI. & Part. III. pag. 17. & *fuiv.*
la BIBLIOTHEQUE UNIVERS. Tom. XII. pag.
276, & *fuiv.* le PARRHASIANA, Tom. I. pag. 297,
& *fuiv.* & Tom. II. pag. 199, & *fuiv.* comme auffi
le Traité DE LA TOLERANCE, qui eft à la fin des
Converfations de feu Mr. LE CENE *fur diverfes matie-*
res de Religion, (pag. 253, & *fuiv.*) Ouvrage qui n'eft
qu'une Traduction d'un petit Livre de ORELLIUS,
qui avoit paru fous le Titre de *Junii Brpti. Vindicia pro*
libertate Religionis.
(3) C'eft ce que remarque DIODORE DE SICI-
LE, dans fa *Bibliot. Hift.* Lib. I. Καὶ ἴνως μυθῶτας
ἐμυνθόυςι Νηιοται οἱ κατ' Αἰγύπτον &c.

(1) *Vti-*

diverſes ſortes de Religions ; dans la penſée que cette différence de ſentimens & de culte ſeroit comme une barriére qui empêcheroit les Peuples de conſpirer enſemblé contre le Gouvernement. L'Empereur *Julien* uſa de la même politique. Lors qu'il voulut faire ouvrir les Temples du Paganiſme & redreſſer ſes Autels, pour rendre plus ſûre l'exécution de ſon projet, (1) il manda les Evêques diviſez entr'eux ſur la Religion, & quand ils eurent été introduits dans ſon Palais avec le Peuple qui avoit pris parti pour chacun, *il les exhorta de mettre fin à ces diſſenſions civiles, & les aſſûra que chacun pouvoit, ſans rien craindre, ſuivre la Religion qui lui paroiſſoit la meilleure : ce qu'il fit*

(ajoû-

(1) *Utque diſpoſitorum roboraret effectum, diſſidentes Chriſtianorum Antiſtites cum Plebe diſciſſa in Palatium intromiſſos monebat, ut civilibus diſcordiis conſopilis, quiſque nullo vetante Religioni ſuæ ſerviret intrepidus. Quod agebat ideo obſtinaté, ut diſſenſiones, augente licentia, non timeret unanimantem poſtea Plebem.* AMMIAN. MARCELLIN. Lib. XXII. Cap. V. Voici la réflexion que fait MONTAGNE, après avoir rapporté le paſſage même de cet Auteur : " En quoy cela eſt digne de conſidera-
,, tion, que l'Empereur Julien ſe ſert, pour attiſer lé
,, trouble de la diſſention civile, de cette meſme re-
,, cepte de liberté de conſcience, que nos Roys vien-
,, nent d'employer pour l'eſteindre. On peut dire d'un
,, coſté, que de laſcher la bride aux parts d'entrete-
,, nir.

(ajoûte là-deſſus l'Hiſtorien qui nous
apprend cette circonſtance) *afin que
la Liberté de Conſcience augmentant les
diviſions, il n'eût point à craindre déſormais que le Peuple ſe réünit contre
lui.* Mais qu'eſt-il beſoin d'autoritez
& d'exemples ? Conſidérons la choſe
en elle même. Pourquoi eſt-ce que
le Prince ou l'Etat prendroit ombra-
ge d'une Opinion ou d'une Secte,
quoi que nouvelle, lors qu'elle n'eſt en
rien contraire ni aux bonnes mœurs,
ni à l'Autorité du Souverain ? car
du moment qu'elle paroît funeſte à
la Société, il faut la bannir, non parce qu'elle eſt nouvelle, mais parce
qu'elle eſt nuiſible. Si la nouveauté
ſeule autoriſoit à proſcrire une Religion, en vertu de quoi eſt-ce que les
pré-

,, nir leur opinion, c'eſt eſpandre & ſemer la divi-
,, ſion, c'eſt preſter quaſi la main à l'augmenter ; n'y
,, ayant aucune barriere ni coërction des loix, qui
,, bride & empeſche ſa courſe. Mais d'autre coſté on
,, diroit auſſi, que de laſcher la bride aux parts d'en-
,, tretenir leur opinion, c'eſt les amollir & relaſcher
,, par la facilité & par l'aiſance, & que c'eſt eſmouſ-
,, ſer l'aiguillon, qui s'affine par la rareté, la nou-
,, velleté, & la difficulté. Et ſi croy mieux, pour
,, l'honneur de la devotion de nos Roys ; c'eſt que
,, n'ayant pû ce qu'ils vouloient, ils ont fait ſem-
,, blant de vouloir ce qu'ils pouvoient. *Eſſais*, Liv.
,, II. Chap. XIX. à la fin.

(1) Voiez

prémiers Chrétiens auroient pû se plaindre des cruelles persécutions du Paga-
nisme, au milieu duquel ils venoient
annoncer une Doctrine sans contredit
toute nouvelle, & qui ne pouvoit que
paroître fort étrange? On a lieu, direz-vous, de tenir pour suspectes les
(1) Assemblées particuliéres, sur tout
celles qui se font de nuit. Mais les
gens d'honneur & de probité ne se
cachent point, à moins que le péril
qu'il y a de s'assembler ouvertement
ne les y contraigne. D'ailleurs, on
peut envoier quelcun à leurs Assemblées, pour voir tout ce qui s'y pas-
se. Rien n'empêche même que le
Souverain, s'il le juge à propos, ne
fixe le nombre de personnes dont elles peuvent être composées, comme
nous avons remarqué ci-dessus que le
pratiqua le Sénat Romain en permet-
tant aux Particuliers de faire des sacrifices à *Bacchus*, après l'abolition des
Bacchanales. On peut aussi défendre
aux Sectes, sous quelque peine, de
s'injurier & de se damner les unes les
au-

---

(1) Voiez la *Lettre* Latine de Mr. LOCKE, pag. 79.
& *seqq.* de l'Original, pag. 113. & *suiv.* de la Traduction Françoise.

autres. Enfin, que chacun aît la liberté d'entrer dans telle Religion que
bon lui femblera, ou d'en fortir: &
que ceux qui font de différentes Com-
munions fe mettent bien dans l'efprit,
qu'ils font Hommes les uns & les
autres, fort fujets par conféquent à
tomber dans l'erreur, comme ils ne
l'éprouvent que trop fouvent: du refte qu'ils ne trompent perfonne. De
cette maniére, chaque Parti aiant à
cœur l'Intégrité, l'Honneur, & la
Piété, tous ferviront Dieu fincére-
ment: aucun ne fera foûmis aux déci-
fions humaines & au caprice des Princes en matiére des chofes qui regardent la Confcience. Il n'y aura alors
aucun fujet de haine ni de querelles,
parce que chacun pourra dire librement ce qu'il penfe, fans que les paffions trouvent leur compte à lui faire
déguifer fes fentimens, ou à remplir
fon Efprit de nuages qui obfcurciffent
la Vérité, ou à l'animer contre ceux
qui ne font pas de la même Religion.
Le Prince n'aura non plus rien à
craindre des Sectes & des Opinions
nouvelles: pourvû qu'il ne fe mêle
pas dans des Difputes innocentes, fur
des

des choses qui n'intéreſſent en aucune
manière le Gouvernement Civil ; &
qu'il ne favoriſe pas une Secte, au
préjudice de l'autre. En un mot, à
moins que les Diſputes ne ſoient fo-
mentées par le Souverain, ou entrete-
nues par un eſprit de chicane & par la
licence de ſe déchaîner en invectives
les uns contre les autres, elles ne cau-
ſeront point de diviſion dans l'Etat,
& elles tomberont bien-tôt d'elles-
mêmes. Qui ne ſait avec quelle chaleur on a agité dans le dernier Siécle
la queſtion (1) du *Sabbat*, & celle de
la (2) *longue Chévelure* ? Cependant
l'une & l'autre de ces Diſputes s'eſt
évanouïe, le Magiſtrat les aiant mé-
priſées, ou ne s'étant point mis en
peine d'entrer dans les démêlez des
Théologiens. Y a-t-il quelcun aujour-
d'hui d'aſſez ſimple pour s'imaginer,
qu'on

_____

(1) Voïez en peu de mots l'hiſtoire de cette Diſpute, dans la BIBLIOTHÈQUE UNIVERSELLE,
Tom. V. pag. 520, & ſuiv.
(2) Deux Miniſtres Flamands donnérent occaſion à
cette Diſpute. Comme ils étoient à table dans une
maiſon où ils avoient été invitez, le plus âgé, qui
portoit des cheveux courts, ſe mit à cenſurer l'autre
de ce qu'il les portoit longs, & fondé ſur un paſſage
de St. PAUL (I. *Corinth.* XI, 14.) il l'accuſa de violer
le Droit Naturel. Cela produiſit un grand nombre de
Li-

qu'on donne quelque atteinte à la Religion en soûtenant qu'il y a des *An-
tipodes* : Opinion que LACTANCE
(3) & plusieurs autres de ceux qu'on
appelle *Péres de l'Eglise*, ont traité
d'erronée ou même d'impie ? Qui est-
ce qui ne tient pas pour une chose
fort indifférente à la Religion, de savoir si c'est le *Soleil*, ou la *Terre*, qui
tourne ; quoi qu'il y aît eu des gens
qui se sont opposez avec de grandes
clameurs à l'opinion du mouvement
de la Terre ? Par le Droit Canon, le
Prêt à usure, même sur le pié le plus
modique, est déclaré un grand crime ;
& les *Papes* lancent des anathêmes
contre tous ceux qui n'approuveront
pas ou qui violeront un reglement si
sévére. Il y a eû même parmi nous
des gens qui ont donné dans cette
Morale outrée. Dans les Etats néanmoins

Livres de part & d'autre. Chacun avoit pris parti
parmi les Ecclésiastiques, où l'autorité du vieux Ministre avoit presque terrassé l'opinion du jeune. SAU-
MAISE même se mit enfin sur les rangs, & par l'explication subtile qu'il donna au fameux passage, il fit
voir que sa Critique n'étoit pas aussi heureuse à pénétrer le sens des Auteurs Sacrez, qu'à expliquer les
Auteurs Profanes.

(3) Voiez ses INSTITUTIONS DIVINES, Lib.
III. Cap. XXIV.

R   (1) Voiez

moins comme celui-ci ; où les Loix & les Coûtumes sont fondées sur d'autres maximes ; tout le monde croit généralement, que, par le Droit de la Nature & des Gens ; le *Prêt à usure* considéré en lui-même, & réduit à ses justes bornes, est aussi permis & aussi (1) innocent, que le Contract de *Louage*, dont il est aussi une véritable espéce.

Onzième Objection. Il faut du moins extirper les *Religions Idolatres & Superstitieuses*, pour ne pas laisser corrompre la véritable Religion.

Voilà, MESSIEURS, une réfutation de la plûpart des raisons qu'alléguent ordinairement ceux qui prétendent que la Religion est soûmise à l'Autorité Humaine & aux Loix Civiles. Peut-être se retranchera-t-on à dire, qu'il faut du moins purger l'Etat & la Société Humaine, des erreurs grossiéres ; de la *Superstition*, de l'*Idolatrie*, & autres semblables abus de la Religion qui sont également extravagans & impies ; de peur que la véritable Religion ne se corrompe par le voisinage des fausses. Mais cette pensée ne me paroît pas moins absurde, que pernicieuse au Genre Humain, & je m'engage à vous

(1) Voïez le beau Traité de nôtre Auteur, DE FŒNORE ET USURIS, publié en 1698. & rimprimé

vous le faire voir par des preuves in-
conteftables. Comment donc? direz-
vous. Le voici, MESSIEURS. Sup-
pofons, j'y confens, qu'un Prince,
pour rendre fervice à une Religion
fainte & raifonnable, veuille arrêter le
cours de la Superftition, défendre des
Pratiques ridicules & impertinentes,
abolir tout Culte impie : voilà qui
eft bien. Il me refte feulement une
petite difficulté : dites-moi, je vous
prie, fi je dois après cela refufer le
même droit à un autre Prince qui eft
d'une Religion toute oppofée ? Car
l'Autorité Souveraine réfide avec une
égale force dans l'un & dans l'autre,
& aucun d'eux ne croit fa Religion
mauvaife. On peut donc tourner la
medaille, & du moment que vous accordez à quelcun le droit de s'oppofer à une Religion fauffe & abfurde,
vous ne fauriez faire un crime à perfonne de ce qu'il travaille à l'extirpa-
tion de toutes les Sectes différentes de
la fienne. Car fi l'on peut faire tous
fes efforts pour éteindre une Religion
fauffe ou impie, la queftion fe réduit
à

mé depuis peu, en 1713. dans le Recueil de toutes
fes Oeuvres.

R 2

à favoir fi celle, dont on n'eft pas,
mérite d'être regardée fur ce pié-là.
Or qui en connoîtra ? qui en décide-
ra ? qui aura le privilége d'affermir
fa Religion fur les ruines de l'autre ?
Ne fera-ce pas celui qui fe trouvera
le plus fort, ou à caufe de la Souveraineté, dont il eft revêtu, ou par
la fupériorité de fes Armes, & ceux
qu'il autorifera ou qu'il aidera dans u-
ne telle entreprife ? Ainfi la Religion,
qui doit être accompagnée de fincérité & d'une pleine perfuafion, & uniquement fondée fur l'Autorité Divine, ne fe foûtiendra plus par les lumiéres de la Raifon & par les confeils de la Sageffe, mais par l'Autorité Humaine, ou par la Force. Or
y a-t-il rien de plus honteux, de plus
injufte, de plus extravagant ? je vous
en laiffe les juges. Sous l'Empire de
Néron & de fes Succeffeurs, la *Religion Chrétienne*, toute fainte, toute divine qu'elle eft, ne refpirant
qu'Honnêteté, que Moderation,
qu'Humilité, que Douceur, qu'Hu-
ma-

(1) C'eft ce que nous apprend TACITE: *Re-
preffaque in præfens exitiabilis fuperftitio* [Chriftiano-
rum] *rurfus erumpebat ...... haud perinde, in crimine
in-*

manité , que Courage, que Fidélité,
que Conſtance , fut néanmoins rejet-
tée & cruellement perſécutée : dira-
t-on que les *Chrétiens* n'avoient pas
lieu de ſe plaindre , parce que le Souverain regardoit alors leur Secte comme (1) une Superſtition pernicieuſe,
& ceux qui en faiſoient profeſſion ,
comme autant de Scélérats & de gens
convaincus d'avoir une haine mortelle
pour tout le reſte du Genre Humain?
Lors que dans la ſuite cette Religion
fut dominante, eſt-ce que, pour être
autoriſée par les Loix & appuiée de la
force des Armes & du Bras Séculier,
elle en devint plus pure & plus véritable , que quand elle n'avoit d'autre
ſoûtien que la vertu , l'innocence , &
la ſimplicité de ſes Sectateurs ? Les
Paiens, d'autre côté, dans le tems
qu'on leur défendit l'exercice public
de leur Religion , qu'on abattit leurs
Autels, qu'on fit fermer leurs Temples, étoient-ils adonnez à des Super-
ſtitions plus abominables, que lors que
maîtres de l'Empire ils perſécutoient
les

incendit , *quam odio humani generis, convicti ſunt.* Annal. Lib. XV. Cap. XLIV. num. 5, 6.

R 3   (1) Il

les *Chrétiens*, auxquels ils ne pouvoient véritablement reprocher aucun crime, ni la moindre chose qui tendît à l'Impiété? Il n'est pas nécessaire d'alléguer ici d'autres exemples semblables, tirez des Siécles suivans; personne ne les ignore. Je ne saurois m'empêcher néanmoins de vous rappeller celui de (1) THOMAS CRANMER, Archevêque de (2) *Cantorberi*, dont la fin tragique fait voir bien clairement les fâcheux retours auxquels un Intolérant s'expose. Car, le Parti contraire étant devenu le plus fort sous le Régne de MARIE; ce Prélat éprouva en sa personne le feu de la Persécution, qu'il avoit lui-même allumé sous le Régne d'EDOUARD contre ceux qui étoient dans d'autres sentimens que les siens. Concluons, que la Vraie Religion (3) n'a pas plus de droit, que les Fausses, d'employer

(1) Il fut brûlé à *Oxford*, le 21. Mars 1556. " On " remarqua (ce sont les termes de Mr. BURNET, aujourd'hui Evêque de *Salisbury*) " que durant le Ré- " gne de HENRI VIII. il avoit consenti à l'exécu- " tion de *Lambert*, & d'*Anne Askew*, qui souffrirent " pour les sentimens dont il fit ensuite profession... " On ajoûta, que c'étoit lui qui avoit pressé l'execu- " tion de *Jeanne de Kent*, & de *George van Pare*, " sous EDOUARD; & que, s'il éprouvoit la mê- " me

ploier la Force ou l'Autorité du Gouvernement Civil, pour extirper les
autres Sectes, ou pour s'oppofer à leur
établiffement.

Mais, direz-vous, l'*Idolatrie* eft
une *chofe extravagante & odieufe au*
vrai D I E U. Qui en doute? Y a-t il
aucun Homme de bon-fens, & éclairé, qui puiffe approuver les idées
monftrueufes des Idolatres, & qui ne
foit au contraire perfuadé qu'il faut
bien prendre garde de ne tomber jamais en aucune maniére dans un tel
aveuglement? Mais il n'eft pas queftion ici d'examiner, fi une perfonne
fage, grave, & de probité, doit s'abftenir de toute fuperftition impie ou
infenfée: il s'agit uniquement de favoir, fi, par cela feul que les Idolatres font coupables devant D I E U, on
doit les perfécuter & les bannir de
l'Etat & de la Société? & fi l'on peut
em-

L'Idolatrie par elle-même n'eft pas une raifon fuffifante pour autorifer à perfecuter une Religion.

,, me rigueur par l'autorité de M A R I E, c'étoit un
,, jufte jugement de Dieu. *Hift. de la Reformation;*
Tom. II. pag. 171. de la Traduct. Françoife, *Ed. de*
Londres.
　(2) Il y a dans l'Original, *de Cambrige (Cantabrigien-*
fim) fans doute par une faute d'impreffion.
　(3) Voiez le C O M M E N T. P H I L O S O P H. Tom. II.
Chap. VIII, *& fuiv.*

R 4　　　　(1) Voiez

emploier contre eux légitimement la voie des Armes ou les châtimens des Loix? Pour moi, MESSIEURS, je n'ai garde d'adopter une pensée si téméraire & si dangereuse, & je crois avoir de très-fortes raisons pour la rejetter. (1) Prémiérement, qu'entendrons-nous par le mot d'*Idolatrie?* car les idées qu'on y attache, sont fort différentes & fort variables. Et quand aurions-nous fait, si nous voulions considérer les naturels, les mœurs, les Sectes, tant des Savans, que du Peuple, dans tous les Païs du Monde, & la diversité prodigieuse d'Opinions, de Rites, de Cérémonies, qu'on y remarque? De plus, la nature & le but des Loix Humaines ne (2) demande pas que les Législateurs punissent tout ce qui est désagréable à Dieu. Je ne parle pas de la Dureté, de l'Inhumanité, de l'Avarice, du Luxe, de l'Envie, de la Haine, de l'Oisiveté, de la Paresse, de la Témérité, de l'Yvrognerie, de l'Intempérance, de la Dé-

(1) Volez la *Lettre* Latine de Mr. LOCKE sur la *Tolérance*, pag. 58, & *seqq.* de l'Original, pag. 82, & suiv. de la Traduction Françoise.
(2) Volez le *Droit de la Nature & des Gens*, de PUFEN.

Débauche, de la Senſualité, qui ſont des Vices, de l'aveu de tout le monde, & par leſquels D I E U eſt certainement offenſé. Cependant lors qu'ils ne donnent aucune atteinte au Bien de l'Etat, & qu'ils ne cauſent d'ailleurs du préjudice à perſonne, ceux qui s'y abandonnent ſont à couvert de la ſévérité de toutes les Loix Humaines. Qu'y a-t-il encore de plus infame, que le *Menſonge*, & que le *Parjure?* Les Loix néanmoins ne les puniſſent point, tant qu'ils ne font aucun tort ni à l'Etat, ni aux Particuliers; & l'on remet au jugement de Dieu ceux qui ſe ſont rendus coupables de tels pechez. Je ne dirai pas non plus, qu'autrefois (3) à *Rome* on voioit tous les jours des Femmes, même des plus diſtinguées, ſe faire avorter impunément, preſque à la vûe de tout le monde; quoi que cela paſſât alors, comme aujourdhui, pour une action abominable & qui ne peut partir que d'une Mére dénaturée : juſques à ce qu'en-

FENDORF, Liv. VIII. Chap. III. §. 14.

(3) Voiez le J U L I U S P A U L U S de nôtre Auteur, publié pour la troiſiéme fois dans le Recueil de ſes Oeuvres, Cap. XI.

R 5   (1) Voiez.

qu'enfin les Empereurs *Sévére* & *An-tonin* défendirent, fous peine d'exil, ces avortemens volontaires. Mais voici quelque chofe de plus furprenant. Qui croiroit, MESSIEURS, qu'il aît jamais pû être permis aux Péres, je ne dirai pas feulement d'expofer leurs Enfans au fortir du ventre de leur Mére, en des lieux où il leur reftoit quelque reffource dans l'efpérance, quoi qu'incertaine, de la compaffion des Étrangers; mais encore d'étouffer eux-mêmes ces pauvres créatures, de les jetter dans la Riviére, de les laiffer dans un Défert, pour y périr infailliblement ou de faim & de froid, ou par la dent de quelque Bête féroce? Je fremis, quand je penfe à une coûtume fi barbare, fi cruelle, fi horrible. Cependant la *Gréce*, qui étoit alors l'Ecole du Savoir & de la Politeffe pour tous les Peuples, & *Rome* enfuite, la Maîtreffe du Monde, combien de tems ne l'ont-elles pas foufferte? (1) CONSTANTIN même, lors que le Chriftianifme étoit dé-

---

(1) Voiez le JULIUS PAULUS de nôtre Auteur, où il a traité cette matiére à fond.

déja dominant, ne put pas venir à bout d'abolir la licence de ce crime abominable. Les Empereurs VALEN-TINIEN, VALENS, & GRATIEN, furent les prémiers qui oférent le défendre fur peine de la vie: tant il étoit difficile de s'oppofer à un ufage fi commun, & fi ancien! Puis donc que la conftitution de l'Etat & la fituation des affaires demandent quelquefois qu'on tolére un fi grand nombre de Vices, & de Vices éclattans; fautil s'étonner que l'Idolâtrie même, lorfqu'elle ne trouble point le Repos Public, & qu'elle n'apporte aucun obftacle au Bien de l'Etat, ne doive point être punie par les Loix, quoi que tout homme fage & éclairé ne puifle que la regarder avec une fouveraine horreur?

Ici il me femble entendre dire à quelcun: Vous donnez donc tant à l'intérêt de l'Etat, que d'approuver qu'on tolére l'*Idolatrie*, qui étoit punie de mort par la *Loi de Moïfe*, par cette Loi divine, pleine de fageffe & d'équité? Qui que vous foyiez qui faites cette objection, un peu de patience, & je vais vous fatisfai-

Réponfe à l'objection tirée de la peine de mort que la Loi de Moïfe décernoit contre les Idolatres.

R 6 re.

re. (1) C'eft fans contredit avec beaucoup de raifon que tout le monde a un
grand refpect pour une Loi que Dieu
donna lui-même au Peuple Hébreu par
le miniftére de *Moïfe :* ne trouvez pas
mauvais néanmoins, que nous ne la
fuivions pas aujourd'hui en tout &
par tout. Chaque Etat a fa conftitution particuliére ; & les Loix d'un
certain Gouvernement ne peuvent pas
plus être convenables à tous les hommes, à tous les lieux, & à tous les
tems, qu'un feul & même remede
ne peut guérir toutes les maladies,
dans cette diverfité infinie de tempé-
ramens, de fexe, d'âges, de cli-
mats, d'alimens, de mœurs, & de
vices. Pour ne rien dire des Loix
de *Moïfe* fur le (2) *Jubilé,* fur le (3)
Prêt à ufure, fur la (4) *punition du
Larcin & des Injures,* fur le privilége
des *Zélateurs,* fur *l'abftinence* (5) *du
Sang & des chofes étouffées,* & fur plufieurs autres chofes qui ne s'obfervent.
pré-

(1) Voiez les CONVERSATIONS SUR DIVER-
SES MAT. DE RELIG. pag. 89, & fuiv. & pag. 265,
& fuiv. & le COMMENT. PHILOSOPH. Part. II.
pag. 322. & fuiv. de l'Edition de Rott. 1713.
(2) Voiez le LÉVITIQUE, Chap. XXV.
(3) Voiez EXODE, XXII, 25 : LÉVITIQUE,
XXV.

préfentement nulle part ; qui ne fait qu'il permit la *Polygamie*, qui eft aujourd'hui punie de mort en quelques endroits, & en d'autres moins févérement, mais d'ailleurs généralement regardée parmi les *Chrétiens* comme une chofe illicite & criminelle ? La Loi de *Moïfe* condamne à mort les (6) *Adultéres :* parce que les *Juifs* étant la plûpart affez éloignez de la Mer, & adonnez à l'Agriculture plus qu'à toute autre profeffion, fe marioient prefque tous ; & que même chaque Homme pouvoit avoir autant de Femmes qu'il vouloit. Mais nos Loix ne font pas fi févéres fur ce chapitre ; parce que nous avons à faire à un Peuple voifin de la Mer, & dont le commerce par toute la Terre fait que les gens mariez vont fouvent en voiage, & y demeurent long tems. L'Humeur farouche, colére & vindicative des *Juifs*, obligea *Moïfe* à permettre aux Maris (7) de ré-

XXV, 37. DEUTERONOME, XXIII, 19, 20.
(4) Voiez EXODE, Chap. XXII.
(5) Voiez LEVITIQUE, XVII, 10, 13. XIX, 26. DEUTERONOME, XII, 23.
(6) LEVITIQUE, XX, 10.
(7) Voiez DEUTERONOME, Chap. XXIV.

répudier leurs Femmes quand bon leur
sembleroit : au lieu que, parmi nous,
le *Divorce* est défendu, hormis pour
cause d'Adultére, ou d'une Désertion
malicieuse qui détruit l'usage & le but
de la Société Conjugale. Je n'alléguerai
rai pas, Messieurs, un plus grand
nombre d'exemples : ceux que je viens
de vous indiquer, suffisent pour vous
convaincre, que la différence des Loix
& des Peines établies dans le Tribunal Humain n'est pas fondée sur la nature même des choses défendues, mais
sur l'Utilité Publique de chaque Société ; & qu'ainsi toutes celles qui é-
toient nécessaires au Peuple Juif, ne
conviennent pas à nos mœurs & à nôtre
état. Vous souhaittez sans doute, que
je vous explique maintenant, d'où
vient que je trouve juste la Loi qui
punissoit l'Idolatrie parmi les *Juifs*,
pendant que je soûtiens qu'aucun autre Peuple ne sauroit sans injustice é-
tablir une Loi comme celle-là. En effet, c'est ce qui me reste encore à
prouver, pour achever de mettre dans
tout son jour la foiblesse de l'objection que je réfute. Or il n'y a rien
de plus facile que de montrer le fon-
de-

dement de la différence qu'il y a ici
entre les Loix des *Juifs*, & celles des
autres Peuples. Il ne faut que faire
attention à une raison toute particuliere, fondée sur la constitution du Gouvernement des *Juifs*, qui autorisoit
parmi eux la punition de l'Idolatrie,
& qui ne tire point à conséquence
pour quelque autre Nation que ce
soit. Car y en a-t-il aujourdhui aucune qui soit si heureuse, que d'avoir
DIEU lui-même pour Conducteur &
pour Prince temporel ? Nous le re-
gardons tous à la vérité comme le
Maître de l'Univers, & comme le
Souverain Législateur du Genre Humain, réuni sous son Empire par la
liaison générale que forme entre tous
les Hommes la Raison qui leur est naturellement commune. Mais où trou-
vera-t-on un Peuple, à qui il donne
des Loix écrites, & qu'il gouverne
lui-même comme Chef de l'Etat, en
conséquence d'une convention faite
entre lui & les Citoiens? C'étoit-là,
MESSIEURS, le glorieux avantage
de la Nation Judaïque. Dieu l'hono-
ra de son Alliance, & voulut en être
le Souverain temporel, à condition
qu'el-

qu'elle lui feroit fidéle, & qu'elle ne
donneroit aucune atteinte à la forme
du Gouvernement & de la Religion,
à laquelle chacun s'étoit foûmis par la
bouche de *Moïse*. Ce grand & confidérable principe du Droit Public é-
toit le fondement du bonheur & des
efperances de tous les *Ifraëlites*. De
là dépendoit la confervation & la profpérité de ce Peuple chéri du Ciel.
Quiconque donc entreprenoit d'inno-
ver quelque chofe dans la Religion
fans un ordre ou une permiffion particuliére de DIEU, commettoit fans
contredit un crime de Léze-Majefté,
puis qu'il violoit de propos délibéré
ce qui faifoit, pour ainfi dire, le lien
& l'ame de l'Etat, & qu'en voulant
introduire un Culte fuperftitieux il re-
connoiffoit par là un autre Souverain
que celui qui étoit établi par les
Loix Fondamentales (2) de la Société
Civile des *Juifs*.

Voi-

(1) Mr. LE CLERC, dans l'Extrait qu'il vient de
donner de ce Difcours, (*Bibl. Choifie*, Tom. XI. pag.
253.) ajoûte à cela deux obfervations importantes,
auxquelles je renvole le Lecteur.

(2) *Poftremo hoc moderamine Principatûs inclaruit, quod
inter Religionum diverfitates medius ftetit : nec quemquam*
ini-

Voilà, MESSIEURS, quelle é-
toit la conſtitution du Gouvernement
des *Juifs*, & en même tems la véritable raiſon pourquoi une des Loix de
Moiſe défendoit l'Idolatrie ſur peine
de mort. Vouloir maintenant que cette Loi ſubſiſte parmi nous, ou chez
d'autres Peuples qui ont une forme de
Gouvernement toute différente, n'eſt-
ce pas une ſouveraine extravagance?
Je ſuis fort trompé, ſi *Valentinien I.*
n'avoit compris l'abſurdité de cete
penſée: car, quoi qu'il fût Chrétien,
(2) *il ſe diſtingua ſi fort par ſa modération*, (ce ſont les propres termes
d'AMMIEN MARCELLIN) *qu'il
témoigna une entiére impartialité dans la
maniére dont il en uſoit envers ſes Sujets, de quelque Religion qu'ils fuſſent.
Il n'inquiéta perſonne pour ce ſujet: il
ne preſcrivit pas tel ou tel Culte, qui dût
être permis dans ſon Empire: il ne fit
point d'Edits fulminans pour contraindre*
ſes

*L'Intoléran-
ce eſt funeſte
& à l'Etat
& au Prince.*

inquietavit, neque ut hoc coleretur imperavit aut illud:
nec interdictis minacibus Subjectorum cervicem ad id quod
ipſe coluit inclinabat: ſed intemerata reliquit has par-
tes ut reperit. AMM. MARCELLIN, Lib. XXX.
Cap. IX.

(1) H4-

ſes Sujets à adorer la même Divinité, que lui : mais il laiſſa les choſes dans l'état où il les avoit trouvées. Jouiſſez, grand Empereur, de la gloire que vous vous êtes ainſi aquiſe par vôtre juſtice & vôtre équité. Vous vous êtes attaché exactement & ſincerement à la Religion qui vous paroiſſoit la meilleure : mais vous n'avez pas néanmoins ſouffert que l'on regardât & que l'on punît comme des Criminels, ceux de toute autre Religion qui ne faiſoient du tort à perſonne ; en ſorte que, ſi d'un côté vous étiez *pieux* & *religieux*, de l'autre vous vous ſouveniez que vous étiez *Prince*, & que vous repréſentiez l'Etat, ſous la protection duquel doivent être tous ceux qui ne donnent aucune atteinte à la paix, à la ſûreté & à l'utilité publique. L'Hiſtorien Païen, que je viens de citer, rend un témoignage honorable & authentique à la ſage modération de *Valentinien :* mais je ne ſaurois m'em-

---

(1) *Haruſpicinam ego nullum cum maleficiorum cauſis habere conſortium judico : neque ipſam aut aliquam praeterea conceſſam à majoribus Religionem genus eſſe arbitror criminis. Teſtes ſunt Leges à me in exordio Imperii mei datae, quibus unicuique quod animo imbibiſſet colendi libera facultas tri-*

m'empêcher d'y ajoûter la propre Déclaration de cet Empereur, qui est pleine de douceur, d'humanité, & de modestie. *Je trouve,* (1) *dit-il, que l'Art des Haruspices* (2) *ne renferme rien par lui-même qui porte à faire du mal: & je ne crois pas que cette Pratique de Religion, non plus qu'aucune autre, soit une espéce de crime; témoin les Loix que j'ai faites au commencement de mon Régne, par lesquelles j'ai accordé à chacun une entiére liberté de suivre telle Religion que bon lui sembleroit. Je ne condamne donc pas l'Art des Haruspices en lui-même; je défens seulement qu'on l'exerce d'une maniére nuisible à qui que ce soit.* Par cette Constitution, MESSIEURS, *Valentinien* s'aquitta du Devoir d'un Prince bon & prudent. Que si dans la suite, (comme les Princes sont d'ordinaire changeans, & sujets à vouloir le contraire de ce qu'ils avoient approuvé eux-mêmes, parce qu'ils suivent trop aveu-

---

tribuit est. Nec Haruspicinam reprehendimus, sed nocenter exerceri vetamus. COD. THEODOS. de Maleficis & Mathematicis, Leg. IX.

(2) C'est-à-dire; l'Art de prédire l'avenir en considérant les entrailles des Victimes.

aveuglément les conseils d'autrui, qui, comme les vagues de la Mer, les agitent & les font flotter de côté & d'autre, autant qu'ils les aident) si, dis-je, dans la suite cet Empereur & d'autres Princes, ont agi d'une maniére différente, c'est à eux à voir comment ils pourront justifier leur conduite. Car en vertu dequoi s'arrogent-ils un droit qu'ils ne tiennent ni de la Raison, ni du consentement des Peuples, qui est le fondement de toute Autorité légitime? A quoi enfin a abouti de tout tems cette barbare & absurde tyrannie, si ce n'est à fournir un spectacle non seulement fort affreux, mais encore honteux & funeste au Genre Humain, & aux Princes même qui ont voulu l'exercer? Certainement lors que l'Ignorance, l'Envie, l'Ambition, la Superstition, l'Avarice, soûtenues des forces publiques, ôtent à tout le monde, pour l'intérêt d'un petit nombre de gens, la liberté de chercher la Vérité, & persécutent, comme des personnes suspectes & dangereuses, ceux qui cultivent les Connoissances solides & qui s'attachent à l'étude de la Sagesse: que

que peut-on attendre de là, si ce
n'est de voir l'Etat exposé à mille
troubles, s'appauvrir tous les jours,
se dépeupler, s'affoiblir, tomber dans
la barbarie; & le Prince persécuteur,
ou les autres qui l'imitent, se couvrir
d'un opprobre éternel, & rendre leur
mémoire odieuse à jamais, s'attirer de
leur vivant de la haine, des embuches,
mille périls au dedans & au dehors,
se repentir enfin, mais trop tard de
leur folie?

CE que je dis-là, MESSIEURS, *Conclusion.*
je pourrois le prouver par un grand
nombre d'exemples, & anciens, &
modernes: mais le tems destiné à ce
Discours est déja fini; & il me suffit de vous avoir démontré avec la
derniére évidence, que la Religion
n'est point du ressort des Tribunaux
Humains, & qu'elle ne reléve que de
DIEU, le seul maître de nos Consciences. J'ajoûterai seulement une
chose que nous avons tous intérêt de
bien comprendre: c'est que nous devons nous estimer heureux & benir le
Ciel, de ce que nous vivons dans un
Païs, où par un effet de la Providence Divine & de la sage & pieuse con-
dui-

duite des Magiſtrats de cette puiſſante
République, chacun peut ſervir Dieu
ſelon les mouvemens de ſa Conſcience,
& perſonne n'a à craindre ni le Bourreau, ni le Soldat, ni un Eccléſiaſti-
que fourbe, cruel, impie, ſuperbe,
ſcélérat, qui avec une audace diabo-
lique dreſſe des embûches aux biens,
à l'Honneur, à la vie, à la liberté de
tout ce qu'il y a de perſonnes ſages &
vertueuſes, depuis le plus petit juſqu'au plus grand, & ſans reſpecter les
plus hautes Dignitez. Une tyrannie ſi
cruelle, ſi affreuſe, ſi déteſtable, op-
primoit nos Ancêtres, & violoit envers eux tout Droit Divin & Humain.
Mais ils ſe remirent en poſſeſſion de leur
liberté naturelle, avec un courage hé-
roïque, & une fermeté qui leur a
aquis une gloire immortelle dans l'eſprit de tous les honnêtes gens. Ils
nous ont laiſſé au plus juſte titre du
monde cet héritage précieux, comme
un bien qui doit paſſer à leur Poſtérité la plus reculée : C'eſt à nous à
prendre garde de ne pas nous montrer
indignes d'un ſang ſi généreux, & de
ne point perdre par nôtre pareſſe &
par nôtre nonchalance le fruit d'un
bien

y len si grand, si inestimable, mais plûtôt de laisser à perpétuïté cette liberté entiére & sans aucune diminution, à nôtre Patrie, à nos Enfans, à nos Descendans, qui sont, après DIEU, ce que nous pouvons & que nous devons avoir de plus cher au monde.

FIN du Second Discours de Mr. NOODT, & du dernier de ce Volume.

www.ingramcontent.com/pod-product-compliance
Lightning Source LLC
Chambersburg PA
CBHW070753030726
47504CB00003B/541